当代体育法的理论基础与实践路径

欧阳泽蔓◎著

中国出版集团　中国民主法制出版社

全国百佳图书　出版单位

图书在版编目（CIP）数据

当代体育法的理论基础与实践路径 / 欧阳泽蔓著.
北京: 中国民主法制出版社，2024.9. — ISBN 978-7
-5162-3762-5

Ⅰ. D922.164

中国国家版本馆 CIP 数据核字第 2024DW6159 号

图书出品人：刘海涛
出 版 统 筹：石　松
责 任 编 辑：刘险涛　吴若楠

书　　名 / 当代体育法的理论基础与实践路径
作　　者 / 欧阳泽蔓　著

出版·发行 / 中国民主法制出版社
地址 / 北京市丰台区右安门外玉林里 7 号（100069）
电话 /（010）63055259（总编室）　63058068　63057714（营销中心）
传真 /（010）63055259
http: // www.npcpub.com
E-mail: mzfz@npcpub.com
经销 / 新华书店
开本 / 16 开　787 毫米 × 1092 毫米
印张 / 11.75　字数 / 225 千字
版本 / 2025 年 2 月第 1 版　　2025 年 2 月第 1 次印刷
印刷 / 山东蓝彩天下教育科技有限公司

书号 / ISBN 978-7-5162-3762-5
定价 / 68.00 元

前　言

体育，作为人类文化的重要组成部分，既是一种普遍的社会现象，也是个体与集体追求健康、快乐和卓越的重要方式。随着现代社会的发展与体育活动的多样化，体育领域不断扩展其社会、经济和文化的边界；相应地，体育法律作为一门新兴的法律分支，应运而生，成为调整体育领域复杂关系的重要工具。

本书旨在全面分析与探讨体育法的理论基础、法律制度、实践路径，以及其在当代社会中的应用和发展。本书共分为八章，涵盖了体育法的概念与发展、体育法律理论与制度基础、大学体育法律制度、体育赛事组织的法律责任、反兴奋剂法规与实践、体育合同管理法律实务、体育组织中的法律法规遵守，以及奥林匹克制度文化与法律保障等多个方面。

第一章为读者铺设了理解体育法的基础，深入探讨了体育法的定义、性质、学科定位及其与其他法律部门的关系。此外，通过追溯国际体育法和中国体育法的发展历程，本章为读者提供了一幅体育法发展的历史画卷。

第二章则聚焦于体育法律关系的构成，包括体育法律主体、客体及权利义务，以及体育法律制度的类型、功能、原则和规范。通过对这些基本理论的深入剖析，本章建立了理解和分析体育法律问题的理论框架。

在第三章中，特别关注了大学体育的法律地位、责任、教学与训练法规、竞赛与活动法规，以及法律制度的实施。这不仅是对大学体育法律制度的全面解读，也是对高等教育体育法律实践的深入探讨。

第四章则专注于体育赛事组织的法律性质、责任类型及其责任的认定和承担。这一章节对于理解和解决体育赛事中可能出现的法律问题具有十分重要的意义。

在第五章中，涉及了国际和中国的反兴奋剂法规体系，以及法规的实施和监督，为读者提供了一个关于如何在体育活动中保持公平与诚信的法律视角。

第六章探讨了体育合同的类型、特点、订立、履行以及纠纷解决等实务问题，为体育领域的合同管理提供了法律指导和实践建议。

第七章着重于体育组织的法律治理、法规遵守机制及其违法行为的法律责任。这一章节有助于增强体育组织的法治意识和合法运作能力。

最后，第八章则是对奥林匹克运动的法律地位、制度文化和法律纠纷解决机制的深入分析，展示了奥林匹克运动与法律之间的紧密联系。

整体而言，本书不仅是体育法领域的学者和实务工作者的重要参考书籍，也适合对体育法感兴趣的学生和广大读者。通过对体育法的全面阐述和深入分析，本书旨在提升读者对体育法律问题的认识和解决能力，促进体育领域的法治建设，为构建更加公正、有序的体育环境贡献力量。

CONTENTS 目　录

第一章　体育法的概念与发展

第一节　体育法的定义与性质

一、体育法的学科定位

体育法作为一门新兴学科，其科学性引起了广大学者的关注和探讨。体育法的科学性主要体现在其方法科学、理论科学和实践科学三个方面。

体育法的方法科学性，首先体现在它的解决问题的方法上。体育法运用法律的方式和方法，通过制定和实施体育法规，以保障和促进体育事业的健康发展，解决体育活动中的法律问题。其次，体育法的学科方法也反映出科学性，因为它不仅借鉴了一般法学的学科方法，但同时也因体育特性在原有方法的基础上进行了创新和拓展。

体育法的理论科学性主要体现在其学科理论的建设上，其包括体育法的基本理论、体育权益保护理论、体育纠纷解决理论等。这些理论对于体育法的发展起着十分重要的推动作用，它们都反映出体育法的科学性质；如，体育权益保护理论、体育纠纷解决理论在理论构建与实践应用中体现出的独特性就是体育法的科学性的强有力证明。

体育法的实践科学性体现在其与社会现实的密切关系上。它适应体育活动和体育产业的发展需要，为解决实际问题提供了有力的法律支持。例如，对于体育纠纷的解决，体育法不仅提供了法律框架，而且还为纠纷的公正、公平和公开解决提供了有效保障。此外，体育法还在维护运动员权益、规范体育市场、预防和处理体育赛事中的各类违法行为、构建和谐体育环境等方面发挥着十分重要的作用。

同时，体育法的科学性也体现在其预见性和超前性上。体育法关注的不仅是当前体育活动中的法律问题，而且通过对未来的预见，为未来可能出现的问题提供预防和解决的办法。这同时也反映出体育法作为一门独立的法学门类，具有其自身的科学性。

此外，在运用法学的基本原理处理体育活动中产生的法律问题时，体育法的具体性、特殊性进一步证明了其科学性。体育法在处理问题时融入了体育的特性与相关的法理原理，严密的逻辑推理与具体案例的相结合，这一点正是它的科学性的有力体现。

然而，体育法的科学性也还在不断深化和发展中。我们应不断探索体育法的学科理论，完善体育法的制度设计，提高体育法在解决体育活动中出现的法律问题的效率和效果，以进一步凸显出体育法学科的科学性。同时，我们也需要关注体育法与社会发展、体育事业发展之间的关系，引导和推动体育法与时俱进，为体育事业的健康发展提供坚实的法律保障。

体育法作为一门新兴的法律学科，旨在调整社会中涉及的与体育有关的法律关系，保护参与体育活动者的合法权益，以及推动体育事业的发展。体育法不仅仅是体育的法律规定，其同样包含了宏观的社会属性和深远的社会影响，这是体育法与其他法律学科的一大区别所在。

体育活动是社会性很强的活动。参与体育活动的人们包括专业运动员、业余运动爱好者、运动员的家属等，涵盖了社会的各个阶层和年龄段，是社会公众广泛关注并参与的活动。因此，体育法在法律规范形式上会尽量偏向大众化和通俗化，更加符合落地实施的社会化需求。

另外，体育法也是瞄准体育活动的公正性、公平性，尤其在竞技体育方面。体育比赛的公正公平对于社会公众是至关重要的，这也是体育法的社会属性体现之一。对违反公平竞赛原则的非法行为，例如，操纵比赛结果、使用禁止药物提高运动员的成绩等，体育法会给予严厉的拒绝并严惩不贷。

体育法的社会影响则主要体现在体育活动中的公共秩序和道德标准的维护上。体育活动往往涉及大量的公众人物和众多的社会公众，其中不仅包括运动员，还有球迷、赞助商、传媒等多个利益相关方。这就使得体育法必须倾向于维持公共秩序和道德标准，避免一些非法、违规的行为对社会产生不良影响。

另外，体育法的制定和实施对社会的体育风气以及公众的体育观念也有深远影响。例如，通过体育法对职业运动员的劳务权、商业权等权益的保护和调整，可以为法定的体育产业化和职业化发展创造法律的有利条件，推动社会体育事业的健康发展。通过体育法对体育教育、体育保障、体育福利等方面予以调整，可以提供体育公共服务，认识和创新体育观念，建立人们的增强体育观念，提高人民的身体素质，也会对社会有深远的积极影响。

总体来看，体育法作为一门适应我国体育事业发展并主导体育活动健康运行的法律学科，其社会属性和社会影响力是深远的、兼具实质性和形式性的，需得到更多的重视和研究。唯有如此，我国体育事业才能在法制化、规范化的轨道上得到更好地发展。

体育法是近几十年来随着体育产业的快速发展而成立的一门新兴法学学科。它的存在和发展对于体育赛事的规范，促进体育产业的健康发展，保障体育参与者权益有着重要的意义。然而，作为一门新兴的独立学科，体育法的学科定位，以及其与其他学科的关联性，一直是学习和研究体育法的关键问题。

体育法是一门独立的法学学科，其特殊性主要体现在其研究对象、研究方法和内容上。它的研究对象是体育活动中产生的法律关系和法律问题，研究方法是运用法学理论和方法，解决体育活动中的法律问题，包括体育行为的正当性、公平性、合规性和公正性等问题。其内容主要包括体育法律制度、体育法规、体育法律关系等问题。

但是，体育法并不是一门孤立存在的学科，它与其他学科有着密切的关联。体育法与体育学的关系，体育学作为体育法的基础学科，为体育法提供了研究对象和理论基础。体育法不能脱离体育活动进行研究，只有通过对体育活动的深入了解，才能更好地解决体育活动中的法律问题。

体育法与经济学的关联一方面体现在体育产业经济活动中的法律问题上，如版权问题、赞助问题、转会问题等。在面对这些问题时，我们需要运用经济学的理论和方法进行研究，可以说，经济学为体育法提供了研究的视角和方法。此外，体育法还需要关注经济活动对运动员权益的影响，探讨如何在经济活动中更好地保护运动员的权益。

与社会学的关联则体现在体育法研究中的社会因素。体育活动是社会活动的一种，其存在和变化受到社会伦理、文化、价值观等多种因素的影响。体育法研究中需要考虑这些社会因素，如何在法律制度中体现社会公平、公正的价值观是体育法的重要研究内容。社会学为体育法提供了一个更广阔的研究维度。

除此之外，体育法与众多的学科都有着紧密的关联，如行政管理学、文化学、伦理学、心理学等。这些学科对于体育法研究的价值和意义不可忽视。

综上所述，体育法不仅有明确的独立学科定位，而且与其他学科有着密切的关联。这需要我们在进行体育法的学习和研究时，不仅要深入理解体育法自身的理论和方法，更要注重跨学科的学习和研究，才能更好地理解和解决体育活动中的法律问题。

体育法是体育领域专门的法律规范，为全球体育活动提供了统一或相似的法律规则。它相较于其他法学目标，具有更为开放、自由、公平的学科特性。考虑到体育活动的跨地域、跨文化性，体育法的规定不仅在本国或本区域有应用，也在全球范围内有着广泛的普遍性。

体育法的全球定位关键在于其两个核心理念：公平性和公正性。这两个理念成了体育法在全球领域广泛应用的基石。对这两个理念的追求，决定了体育法在世界舞台上的定位，不仅是针对不同种族、性别、年龄和不同层级的体育活动，还体现在对体育活动中可能出现的违法、违规行为的惩罚。这种公平公正的含义，在全球体育领域都得到了普遍认可。

正因为如此，体育法的全球定位使其成为跨文化干预与协商的有效工具。体育法为跨社区、跨文化、跨国的体育活动提供了有意义的法律并规范其行为。此外，体育法还描绘了全球体育的法律架构，这一架构不仅意味着对各项体育活动的规制，也涵盖了对赞助激励制度、广告宣传、肖像权益保护等多元体育产业的法律支持与监督。

在应用方法方面，体育法遵循公正、公平的原则，遵循国际体育规则，配合与各国的国内法律。在处理国际体育法律问题时，体育法必须了解和尊重不同文化和社会背景中的体育活动。同样，在处理涉及国际体育争端的法律问题时，体育法也采用中立、独立的原则，以确保各方公平、公正的权益。

对于体育法而言，其全球定位并不仅仅表现在法律应用的广度上，更包括深度。它不仅解决了体育活动中的法律问题，也服务社会文明和对公平、公正、诚实、尊重等普世价值的追求。体育法全球定位强调全球视野，以及对世界各地不同体育文化差异的理解和尊重。

体育法在全球范围内的定位，展示了它的广阔视野与深远影响力。体育法的全球定位为我们提供了一个全新的视角，让我们能从法律的角度看待体育活动的管理方式，公正公平的竞赛环境，以及体育活动与社会其他层面的密切关联。体育法全球定位的理论研究和实践，也为世界体育领域的发展提供了十分重要的参考和研究基础。

二、体育法与其他法律部门的关系

体育法与刑法的关系，或者说，体育法与刑法的牵连，是体育法在实际运用过程中，不可避免地要接触到的一个重要问题。这种关系的存在很大程度上决定了体育法的实质内容和在实践中的应用策略。解析这一主题，必须首先立足于对体育法的理解，这样才能更好地理解其与刑法的联系。

体育法，简言之，以保证公平竞赛和公众的权益为目的的一部分法律规定，包括体育管理法、体育竞赛法、体育产业法等，依照各类体育活动的特点制定相应的规定，体育法是一部分独立的法律，与我国其他的法律并无根本性的冲突。

转向刑法，身为一部全民性法律，其涵盖的内容广泛，主要用于规定那些被视为犯罪行为并对这些行为作出相应处罚的规定。那么，体育法与刑法的联系在哪里呢？

首先，体育法中的违规行为有可能触犯刑法。例如，在药物禁用、假赛、非法赌博等方面，如果体育运动员、教练员或者有关工作人员违反了相关规定，利用体育活动进行非法行为，就可能构成刑法所规定的犯罪行为。这种情况下，体育法仅能作出相应的行政处罚，比如禁赛、取消比赛资格等，而具体的刑事责任则需要依照刑法来确定。

其次，体育法对于一些特定的行为，如暴力行为，作出了特殊的规定。在大多数情况下，体育活动中的暴力行为并不构成刑法意义上的犯罪，但如果超出一定的限度，依然可能按照刑法的规定作出处罚。体育法在这方面起到一种补充和延伸的作用。

再者，体育法可视为刑法的一种补充，可以对刑法中难以处理的一些细节问题，如假赛、赌博等进行规定和处罚，能够有效地预防和减少体育领域中的犯罪行为。

总的来看，体育法与刑法并不是相互独立的两套法律体系，而是在实际运用中相互影响、相互融合的。体育法在发挥体育规范的效果的同时，也保障了社会正义的实现，刑法在遏制犯罪的同时，也对体育活动的公正性和公平性提供了有效保障。尽管体育法与刑法之间存在一定的牵连，但二者并无冲突，相反，它们相互为补、相互为用，形成了有机的结合，以维护体育活动的正常进行，保证公众利益和社会秩序。

体育法是独立的法律分野，但它涉及的问题常常与其他法律分支，如民法有交叉和重叠。因此，理解体育法与民法的交叉关系对于理解和应用这两个领域的知识尤为重要。

体育法与民法的交叉主要体现在以下方面，其中最重要的一个方面是合同关系。在安排体育活动时，经常涉及体育组织、参赛人员、赞助商和观众之间的合同关系，这些合同关系需要按照民法的规定来处理。例如，运动员的签约、赞助合同、版权转让合同等，这些合同的签订、履行、解除都需要依据民法的有关规定。在体育赛事中有时便会出现合同纠纷，这时便需要依照民法来裁决。因此，体育法与民法在合同关系这个领域有着密切的交叉。

此外，体育法与民法的交叉还体现在人身权方面，这包括名誉权、肖像权、隐私权等。这些人身权在体育活动中有着特殊的应用，并且对于保护参与体育活动的各方的权益有着重要的意义。例如，在体育活动中，如果对运动员的名誉进行损害，那么将需要按照民法的有关规定进行裁决；如果未经许可出售运动员的肖像，那么这将触犯到肖像权，需要按照民法进行处理。因此，体育法与民法在人身权这个领域也有着较为明显的交叉。

再者，体育法与民法的交叉也体现在损害赔偿方面。在体育活动中，由于各种原因可能造成了参与者、观众、赞助商等方面的损失，这时候就需要对这种行为进行法律追责，决定因此产生的损害赔偿责任。这种损害赔偿责任的决定需要依据民法的有关规定。因此，体育法与民法在损害赔偿这个领域有着明显的交叉。

还需要注意的一点是，在处理体育法与民法的交叉问题时，肯定需要考虑到体育活动的特殊性，需要将一般性的民法规定与体育实际情况相结合，不能简单地进行法律适用。

以此可见，体育法与民法的交叉并不少见，而且有着十分密切的联系，各种体育活动的开展都必须严格遵守法律规定，并尽可能地维护各方的合法权益。在实际运用中，既要考虑体育活动本身的特点，又不能忽视民法的一般性规定。只有这样，才能确保体育活动的正常进行，同时也能提升我们解决法律问题的能力和效率。

体育法与商业法的融合是当代体育法发展的必然趋势。随着社会经济的发展与进步，体育事业的商业价值被越来越多地挖掘和利用。在这一过程中，体育法与商业法的交融也成为现代社会进步的必然表现。致使体育活动不仅仅是体育竞赛，复杂的商业模式也使得体育法不可避免地会与商业法相继入场。

体育法是一门专门规定体育领域的法规制度和维护体育活动的公平公正而开展运动竞技行为的法规，它们的主要内容包括体育诉讼法规、体育刑法、体育商法和体育保险法等。商业法则是规范商业活动和保护商业权益的法律规范，包括商法、合同法、商标法、反不正当竞争法等。两者的融合主要是体育法的运用与体育商业活动中商业法的应用。

体育竞赛中的商业活动，比如，广告宣传、赞助商权益、体育器材销售、运动员经纪公司的运作等，从法律角度来看，都是商业活动，都要遵循商业法的规管。涉及体育组织与企业、商家乃至运动员之间的合同时，合同法的运用也是必不可少的。此外，商标权益、独家市场推广权等问题，涉及反不正当竞争、商标法等商业法律问题。

因此，广大的体育活动现今已然凌驾于竞技，成为体现一个国家的文化品牌和国际影响力的渠道，它们的商业价值无可估量。然而，体育活动中的商业化对体育法规的审查和完备性也提出了挑战。为了在这个变化多端的背景下确保体育法的实际应用，我们有必要将体育法与商业法进行深度融合。并且在体育活动中出现的经济纠纷，将商业法中的相关规定也带入到裁决体育纠纷中，这就是体育法与商业法融合的实质和必要性。

体育法与商业法的融合，既是法律进步的必然结果，也是体育法适应体育事业发展的需要。法律应跟上时代的步伐，及时解决体育商业化带来的各种法律问题，尤其在硕大的体育商业机器面前，体育法应强调其独立性，以维护公平竞争的原则，防止体育赛事被金钱污染，使体育事业健康发展。体育法应与商业法一样，发展出专门针对具体情形的条款，保护各方权益，提供解决纠纷的依据。

与此同时，融合体育法和商业法规则也是为了满足现代体育的发展需求。体育法与商业法的合理融合不仅可以有效防止体育赛事中的非法商业活动，为运动员提供合理公平的比赛环境，同时也能为体育赛事的商业运营提供有力的法律支持，有助于体育事业的可持续发展。

不可否认的是，体育法与商业法融合的道路仍是曲折复杂的，有待我们用实际行动探索、改革、创新。然而，只要我们坚守体育公平的原则，尊重体育精神，充分发挥法律的作用，我们必将在体育法与商业法的合理融合中找到公正公平的体育赛事运营之道。

体育法是一种特殊的法律部门，它以体育活动为调整对象，其主要任务在于规范和调整现今社会体育活动的各种关系。体育法是一种复杂且独特的法律部门，这不仅表现在其特定的调整对象上，也表现在其法律构成的多元化上。很多法学家都清楚地指出，体育法是一门将含有体育因素的各种法律纳入其中的新的法律，它不仅仅是普通社会法律的一个特殊领域，并且包括着特殊性和一般性、本国性和国际性的法律规则，既有普通法律规则，又有专门的体育规则，其法律构成因此呈现出公开、个别、大杂烩的特点。

在体育法的构成中，国际法是一个不可忽视的重要元素。国际法与体育法的联系并不仅在于体育法在法律构成中的国际化特征，而且体育法中包含了很多国际法的重要原则，如公平竞赛原则、公正处置原则等。这些原则在国际体育竞赛中发挥着至关重要的作用，可以说体育法是国际法原则在体育活动中的重要应用。

首要的，体育法与国际法的联系体现在其共享的权责基础上。在国际社区中，各国不仅要负责自己国内的体育活动，同时也要承担起其在全球体育领域所负的责任。这一点不仅表现在各国参与国际体育组织活动，合作组织和承办各种国际体育赛事等方面，同时也表现在各国在实施其体育政策时需要遵守的国际性准则。

然后，另一方面，国际法中的很多规则和原则也被体育法所采用，这也是体育法与国际法联系的另一个重要方面。例如，在竞赛公平原则上，国际体育组织普遍承认并实行"公平竞赛、公正处置"的原则，这一原则浸透在体育活动的每一个方面，也是体育法最基本的价值取向。比如，在体育权益保护上，国际法上的知识产权保护、个人权益保护等原则获得了体育法的积极倡导和推动，并在世界范围内推广和实施。

再者，体育法与国际法的联合还表现在它们"相同的影响力"上。体育没有国界，而体育法的影响力更是超越了国家的疆界，成为全球性的法律调整体。无论是在体育运动的规则制定，还是在对体育纠纷的解决中，体育法都借鉴了国际法的理念和原则，使体育活动更加公平公正，也使体育的全球化趋势得以有效地体现和推进。

总结来看，体育法与国际法之间的联系广泛而深入，这既体现在体育法的相关构成中，也体现在体育法的应用实践中。这种关系既反映了体育活动中包含的公平竞争、公正等国际法原则的实施，也反映了体育活动的国际化和全球化的趋势。只有深入理解和把握这种关系，我们才能全面地理解体育法的内质和特征，进而有效提升体育法的研究和应用。

体育法与宪法的关系是一个相当复杂且内涵丰富的话题。体育法是指在国家法律监管下，具有特定形态、特殊功能的法律规范，规范体育活动的实施以及体育组织、体育工作者和体育者的行为。而宪法，作为一国法律的基础和最高准绳，是对国家权力的最高规范，它规定了国家政治生活的基本原则和基本制度。

在理解体育法与宪法的关系之前，我们首先需要理解的是，宪法是一部包含强制力、广泛普遍适用的规范，对体育活动的运行和发展具有基础性的引导和约束作用。体育法则是根据宪法精神，根据体育发展的实际情况设立的法律规范。

体育法与宪法的关系主要体现在以下几方面：其一，宪法是体育法的根本依据。体育法应遵循宪法的基本原则，既不超越宪法的边界，也不违反宪法的精神。体育法应当保持与宪法的一致性和服从性，这是体育法存在和发展的基本前提。

其二，宪法为体育法的发展提供了法理基础。宪法突出了公民的基本权利和自由，包括体育运动的权利。根据宪法的精神，每一个公民都有参加体育活动的权利，并应享有公平、公正的体育环境，这就为体育法的存在和发展提供了明确的法理依据。

其三，宪法对体育法的具体规定有指引作用。宪法的具体条款指引出体育法应当规定公民有参与体育活动的权利，广泛开展体育锻炼，提倡全民健身的理念。

结合以上分析，可以看出体育法与宪法之间的关系十分密切，体育法在宪法的基础上发展，通过实现公民的体育权利、制定合理的体育规范，进一步推动体育事业的繁荣发展，促进社会的和谐稳定。同时，体育法的立法和实施，也需遵循宪法的基本原则和精神，必须顺应社会主义核心价值观的要求，更好地服务于人民的需求，为构建体育强国打下坚实的法律基础。体育法与宪法的关系是一个繁荣发展的过程，需要我们进一步对其进行研究和探讨。

第二节　体育法的历史演进

一、国际体育法的起源与发展

体育比赛一直是人类历史的重要组成部分，无论是在古希腊的奥林匹克运动会，还是在古代中国的中华体育大会都可以找到体育比赛的身影。然而，真正的体育法在早期体育比赛中并没有被提及，这是因为在那个时候，体育比赛主要受到习俗和传统的规范，而不是制度化的法律。

国际体育法的起源最初可以追溯到奥林匹克运动会的重生。1894 年，法国人皮埃尔·德·顾拜旦发起并成功创建了国际奥委会，标志着现代奥林匹克运动会的诞生。此时，原本体育赛事的自我约束和传统章程转变为具有法律效力和约束力的体育法。这也是第一次确定了不同国家和地区在体育领域内应遵循的基本原则和规则，构成了国际体育法的雏形。

顾拜旦在提出并实行了体育比赛中的"公平、公正、公开"的原则，这个原则后来成为现代国际体育法的核心理念。同时，他也首次提出了反对体育比赛中的不正当行为，包括使用兴奋剂、操纵比赛结果和游戏精神等现象，这些都在后来的国际体育法中得到了明确的规定和约束。

随着国际体育赛事的日益增多，各类体育组织的建立，国际体育法的发展趋势也日趋明显。尤其在 20 世纪，随着奥林匹克具有全球影响力的广播的普及，使得体育爱好者对公平竞赛的要求越来越高，这种严谨的态度也推动了国际体育法的进一步发展。

无论是国际奥委会还是各大体育联盟都制定了一系列体育法规，这些规则不仅对运动员的行为有明确的约束，也规定了赛事组织者、裁判员以及观众的行为规范。同时，随着赞助商、媒体等商业因素进入体育领域，体育法也逐渐覆盖了体育经济、体育市场以及体育版权等领域。

在现代社会，国际体育法已经成为全球体育界的共识和标准，为所有国家和地区的体育活动划定了行为准则，确保了体育竞赛的合理、公正和公平。未来，随着科技、经济以及文化等因素的影响，国际体育法必将进一步地发展和完善，为全球体育界的持续发展提供稳健的法律保障。

国际体育组织与法规框架的构建，其实是对国际体育环境的一种规范，其中倾注了人们对于公平竞赛、体育精神的尊重和传承，以及对于体育活动公平、公正、公开原则的落实。当今世界，不论是奥林匹克运动会，还是各大联赛，都离不开这个法规框架的指导和规范。

国际体育组织起源于 19 世纪初的欧洲，其最初的目标是为对抗暴力和无序，为体育比赛提供公正、公平的环境。最初的国际体育组织往往是由不同国家的体育协会或运动组织联合而成，其主导的活动通常是各类体育竞赛和体育交流活动，以此推动世界体育的发展。

然而，随着体育活动的日益国际化和规模化，国际体育组织的地位和作用越来越重要。比如，国际奥委会（IOC）的出现，使得奥林匹克运动会有了统一的组织和规范，从此也开启了现代奥运的历程。国际奥委会充分利用自身的权威，阐释和维护奥林匹克宪章，对于国际体育赛事有着巨大的影响力。同时，诸如国际足球联合会（FIFA）、国际篮球联合会（FIBA）等都在各自的比赛领域起到了十分重要的作用。

国际体育组织不仅通过管理各类体育赛事，保障赛事公平公正，也在制定、执行体育法规方面起到了积极的作用。这些规定不仅关乎比赛制度，比如，比赛地点、时间和方式，更涵盖了如何对待运动员的权益、如何保护公平竞赛、禁止任何形式的体育欺诈等方面。

比如，2007 年国际奥委会就在其全球范围内启动了世界反兴奋剂机构（WADA），目的就是为了落实对运动员禁用兴奋剂的规定，维护体育的公平性与公正性。此项规定的出台，极大地提高了运动员的体育道德和职业操守，也为维护公平竞赛做出了重要贡献。

法规架构的建立，并不是一蹴而就的过程。包括运动员的权益、赛事管理、反兴奋剂等一系列问题，既包含了体育的专业性，也涉及法律的公平性、公正性等多维度的问题。在实践中，国际体育组织往往通过专门的委员会或者工作小组，来研究和制定这些具有广泛适用性的规定和规则。

现今的国际体育组织，是维护世界体育秩序、保障运动员权益、制止体育欺诈的重要力量。国际体育法的起源和发展，无论是在实践还是在理论上，都离不开国际体育组织以及这些组织制定的法规框架。以此观之，国际体育属性和法规框架的构建，对于推动现代体育向前发展，具有不可替代的重要作用。

我们一起回顾一下国际体育法的发展，以及每个重要的历程对于当时和现在体育领域的影响。

我们具有全面了解的第一个历史重要里程碑是 1921 年，国际足球联合会（FIFA）在汉堡的会议上制定了足球领域的第一套国际规则和规定，这在一定程度上代表了国际体育法的起点。这一步骤标准化了全球范围内的足球比赛，使之在全球范围内得到推广并确立足球作为全球最受欢迎的体育项目的地位。

然后，我们看到的第二个重要里程碑是 1945 年，第二次世界大战结束后，随着国际体育组织的发展及数量的增长，国际体育法作为一门独立的法律学科逐渐形成。其重要性在于，它为国际体育比赛提供了统一的法规，是各国间体育交流、比赛、教育等工作得以顺利进行的重要条件和保障，无论对政策制定者、运动员，还是观众，都起到了正向的促进作用。

这之后的另一个具有开创性的历史节点出现在 1966 年，国际奥林匹克委员会在其第 64 届会议上明确了对反兴奋剂的态度，并在接下来的 1968 年墨西哥城奥运会上首次进行了兴奋剂检验。这一里程碑确立了体育公平竞争原则在国际体育比赛中的重要地位，兴奋剂问题因此被正视，并成为所有体育组织必须对抗的问题。

往前推进，我们来到了 1984 年。在这一年，国际奥委会推出了具有里程碑意义的"奥运会市场计划"。这一计划将奥运商业运作提升至新的高度，标志着运动赞助进入了一个全新的、商业化的时代，同时也确认了国际体育法对于商业合作的重要监管和调控作用。

直至今天，国际体育法的发展历程仍在继续。值得注意的是，2005 年联合国教科文组织推动形成的《反对兴奋剂公约》，至今已得到试验、运动员教育、反兴奋剂制度建设等多方面的积极回应。我们也在目睹着国际体育法正在呈现新的可能性和应对新的挑战。

从历史的角度来看，每一次国际体育法的重大进步，都让我们看到了人类追求公正和公平的体育精神，都有着深远且重大的影响。无论是规则的设定，还是新问题的应对，都体现了国际体育法在保障和规范国际体育活动中的不可替代的重要地位。今天的我们，也许正站在历史的一个新转折点，国际体育法的演化仍在继续，它将如何回应未来的挑战，值得所有热爱体育的人共同期待。

当代国际体育法在面临全球化、资本化、科技化改变和人权保护等方面存在着显著的问题和挑战。这在一定程度上反映了国际体育法制度的不足，也呈现了当代国际体育法改革和发展的方向和重心。

首要的问题和挑战来自全球化。随着全球化的不断推进，国际体育法面临的法律问题也日趋复杂。国际间的运动组织、国际赛事的举办、运动员的流动等都涉及广泛的法律问题。而很多问题都无法在单一的法律体系下得到解决，需要国际体育法的介入。如何在全球化背景下对国际体育法进行完善，使其能够公平、透明地解决跨国的体育法律问题，是我们面临的重要挑战。

资本化对国际体育法的影响不可忽视。现代社会下，体育行业的资本化趋势日益明显，这不仅挑战了传统的体育理念，也对国际体育法体系提出了严峻的挑战。如何在保证运动员权益的同时，也满足体育市场化的需求，如何处理体育与商业之间的矛盾，这一方面需要全球体育行业各参与者的共同努力；另一方面也需要国际体育法的规范和引导。

科技进步也给国际体育法带来了问题和挑战。例如，生物科技的进步对运动员表现的影响，科技手段是否改变了体育竞赛的公平性、公正性等问题。科技进步对运动员训练、参赛方法以及观众的体验都产生了深远影响，这同样需要我们通过完善国际体育法来对科技在体育中的应用进行规范。

人权保护是当代国际体育法面临的另一个重要问题。体育角逐的背后，涉及运动员的名誉权、肖像权、隐私权等多项基本权利。如何在保护运动员、教练员、观众等参与体育的各方面的权益，确保他们在享受体育带来的快乐的同时，也能享受到应有的尊严与权利，是国际体育法需要考虑的重要问题。

确实，当代国际体育法面临着许多问题和挑战，这既是时代发展的必然结果，也是国际体育法制度化的重要趋势。面对全球化、资本化、科技化和人权保护等挑战，只有通过不断审视、完善和发展国际体育法，才能让体育走向公平、透明和全面发展的道路。

国际体育法作为促进全球体育公平、公正和清洁的重要手段，其发展受到了各国政府、体育组织及全球公众的高度关注。结合现阶段的发展现状及趋势，未来的国际体育法的发展预计将进一步展现以下主要特征。

一是国际体育法将更加关注体育伦理和公平性的问题。从最初的赛事规则，到竞赛公正，再到运动员权益的保护，我们可以看出国际体育法的核心是公平和公正。促进公平竞赛，维护体育赛事的权威性和公信力，是国际体育法的重要任务。随着科技的发展，一些黑科技将可能被运用于体育赛事中，如基因操作等，对此，国际体育法需要制定更为严厉的规定和惩罚措施，以确保比赛的公平性。

二是国际体育法将进一步完善对全球体育治理问题的规定。近年来，全球体育活动的商业性越来越强，随之而来的是各类关于商业纠纷的法律问题，包括版权 disputes、商标权 disputes、赞助合同 disputes 等。国际体育法在全球范围内的形成和发展，对这些问题的解决具有重要的推动作用。预计，国际体育法将在这方面发展出更多实际操作性的规定和解决方案。

三是国际体育法将进一步强化对运动员权益保护的规定。随着运动员权益保护意识的提高，国际体育法将更加注重运动员的权利保障，包括身体健康、经济利益、人文尊严等各种权益，特别是对童工和妇女权益的保护。

四是国际体育法将与国内体育法更加紧密地协调和配合。在未来的发展过程中，国际体育法和国内体育法的关系将会得到更加明确的定义，保证国际体育法的全球可执行性；同时，也尊重各国的国内法制。

五是国际体育法将更加科技化。从无人机的使用，到电子眼的普及，科技在体育赛事中的重要性日益明显。面对新的科技挑战，国际体育法需要在保证公平、公正的同时，进行适应和改革。比如，如何在科技助攻的背景下，保证比赛的公平性？如何确保技术装备的统一标准以避免"装备战"？

此外，未来的国际体育法尽可能地普及化和生活化也是一个重要的预测。在体育活动日趋普及化的当下，每个人都可能成为体育法的主体，因此国际体育法应尽可能地降低其专业难度，让每个人都能理解和遵守。

这就是未来国际体育法可能的发展趋势，也是全球体育法学者和实践者的期望。因此，为了达成这些目标，各方应一起努力，推动国际体育法的发展，确保全球体育公平、公正、清洁。

二、中国体育法的历史与现状

中国古代体育法的主要特征和影响对当前体育发展产生了十分深远地影响，其法律制度和体育观念在很大程度上塑造了今天的体育环境，为体育法的发展提供了重要基础。

谈到中国古代体育法的主要特征，其一，体育法律制度的形成主要受国家政权、主流文化和社会经济结构的影响。这表现在体育规则的严肃性、系统性以及公平性上。体育比赛不再是单纯的娱乐活动，而是受到一定的法律制约与规范。

其二，以士族权贵为主导的体育观念也在古代就已形成，并长期影响中国体育的发展。士族权贵看重文化教养，体育活动也被看作提高品德、增强体魄的手段，因此古代体育法有着很强的道德意识。

其三，法权与道德观念的结合是另外一个重要特征。古代中国体育法是法权与道德观念的有机结合，这使得体育法在被法律规范的同时，也兼具提升人的品德的作用。

其四，官方对体育的引导和规范力度强大，体现在皇家主办的比赛、乡里社区的乡村运动会等多种形式上。国家层面的体育活动常常作为一种警示或者善意的展示，凸显出官方对体育活动以及规则制定的力度。

以上这些特征无一不融入了中国古代体育法的每一个瞬间，无论是明赏重罚的比试，还是公开的理智竞技，都充分显示出古代体育法的特点。

谈及中国古代体育法的影响，第一，我们可以看到，古代体育法对现代体育规则的影响是显而易见的。由于公平公正、竞争公开的古代体育规则的卓越表现，现代体育规则也保留了很多古代的法律特色。

再者，体育法在道德教化上的功能也被继承和发扬。这是由中国古代体育法的道德属性决定的。这一道德属性虽在现代体育法中有所淡化，但在人们的体育观念中，仍然占有很大的份额。

此外，古代体育法还为中国体育文化的特色和独特性打下了基础。在中国的体育文化中，更看重的是对人的全面发展，包括体能训练、道德教育等各个方面。古代体育法就此提供了充分的实践经验和理论支撑。

国家对体育的重视和调控，也可看作古代体育法对现代体育法的影响。因此，在今天的中国，体育不仅仅是一种娱乐方式，同时也是国家软实力的重要展示。

可以看出，中国古代体育法的主要特征和影响是多方面的，而且影响深远。在进一步发展现代体育法时，中国的丰富历史经验和独特文化基因将会为我们提供更多有用的借鉴和启示。

近现代体育法的形成是在长期的社会历史进程中发展起来的，其形成与变化受到社会、经济及文化变迁的多重影响，可以看作社会历史发展规律在特定领域的表现。具体来看，近现代体育法的形成与变化具有一定的时代性，并随着时代进步和社会发展，其自身也在不断发展变革。

对于中国体育法的历史与现状来说，明确体育法的发展脉络和主要特征是至关重要的。根据有关研究，中国体育法的发展可以划分为起步期、稳步发展期和全面发展期。起步期一般定位在 20 世纪 50—70 年代，这一阶段，体育法的立法与实践活动尚处于萌芽阶段；稳步发展期从 80 年代开始，法制化程度有所提高，一系列体育法律法规陆续出台，体育法的理论研究也开始得到关注；到了 90 年代开始的全面发展期，体育法的发展呈现出全面、深入和系统的特点。

了解了中国体育法的发展脉络，我们需要进一步分析近现代体育法的形成与变化。较早的体育法主要以行政法规为主，而近现代体育法则日趋完善，包括了刑法、民法、经济法等多个法律领域，形成了体育法的与众不同的特点。体育实践中出现的新问题，例如，赛事组织、广告经营、知识产权保护等，都推动了体育法的发展，使其逐渐形成完善的法律体系。

进入 21 世纪，全球体育产业的快速发展为中国体育法的发展提供了更加广阔的舞台。随着体育产业化、专业化和市场化的进程日益加快，体育法又出现了新的变革。从制定相关法律法规，到运动员权益保障，再到体育赛事经营等方面都让体育法日趋完善。

当然，我们不能忽视中国体育法发展中存在的问题。一是法律法规制定的速度与社会发展需求的不匹配；二是法律适用中存在的问题；三是法律执行力度的不足；等等。这些问题固然存在，但中国体育法的发展态势依然乐观，在未来的日子里，体育法将在保障公平公正的体育竞赛，保护运动员权益，规范体育产业经营等方面发挥更大的作用。

未来的中国体育法发展需要在保障社会公正、公平、公开原则的前提下，以满足人们日益增长的体育需求为导向，坚持问题导向，加强体育法治的实践探索，努力完善体育法的法律体系，借鉴国外体育法的先进经验，不断提高体育法的立法水平和执行效果。

中国体育法的历史与现状告诉我们，发展体育法，完善体育法制，我们需要把握体育的特殊性，深入理解体育和法律的内在联系，坚实推进中国体育的法制化建设。这既是时代赋予我们的重大任务，也是我们追求美好生活的必然选择。

新中国早期体育法的发展是中国体育法历史中的一个重要阶段。在这一时期，中国体育法从无到有，逐步结束了中国体育的原始混沌状态，从而开启了中国体育法发展的历程。

1949 年，新中国成立之初，体育法之名并未明确出现在法律文献中。然而，这并不影响对体育进行规范和管理的需求。体育作为一个社会生活的重要组成部分，在新中国的社会建设之初，其重要性开始逐步受到中国政府的重视。此时新中国的立法工作尚处于起步阶段，没有专门的体育法，但是体育法的基本内容与原则已经潜藏在周恩来总理于1949 年 1 月 30 日在全国政协一次会议上所提出的"全面发展体育决心"的内在之中。

这个阶段的体育法以国家对体育活动的控制和治理为主要内容，显示出明显的行政法的特点。在体育管理上，新中国借鉴了苏联模式，实行统一领导、集中管理的原则。可以说，新中国早期的体育法实质上是体育行政法。行政管理体制下的体育法，体育活动是国家行政管理的重要对象，通过法律来予以规范。新中国的体育法以国家的意志和法律形式直接介入体育活动，通过法律的方式，保障体育活动的进行，并实现体育的公益目标。

至于新中国早期体育法的具体颁布，可以追溯到 1953 年。当年，我国通过了《全国全民体育运动条例》和《中国体育会章程》两部体育法规，这两部法规是新中国早期体育法发展中的里程碑，标志着新中国体育法的初步建立。

《全国全民体育运动条例》把全民体育运动巩固和发展人民体质、增强国民防御力量的任务提升到法规层面。该条例规定，全民体育运动遵从全面发展、大众化发展的原则，把体育运动推到城市与农村的广大区域。"大众化、全面化"成为新中国早期体育法的重要指向，这一特点贯彻了新中国早期至现在的体育发展。

《中国体育会章程》则是新中国早期的一部社团法，这部法规不仅规定了中国体育会的任务、组织形式和活动方式，而且明确了中国体育会的地位和权限，保障了中国体育会的正常运作。该法规的颁布，对于新中国早期的体育组织，尤其是群众性的体育社团的活动，起到了关键性的规范和指导作用。

新中国早期体育法的发展，既是体育发展的需要，也是社会主义法制建设的体现。虽然，这个阶段的体育法主要集中在行政法的层面，但它在确立体育活动法律地位，规范体育活动等方面发挥了重要作用，为后续的体育法发展奠定了基础。在这个阶段，中国体育法规定了体育活动的基本原则，为体育提供了全面发展的条件，推动了体育活动的健康进行，使体育在我国的影响范围日益扩大，标志着中国体育法在全套法律体系中占有一席之地。

改革开放后，中国体育法得到新进展，不仅理论得以丰富和发展，而且在实践中也取得了一系列的新成果。作为一种特殊的法系，中国体育法的新进展具有其独特的历史标志和现实特征。

从理论方面看，体育法学的增长主要体现在研究的深度与广度上。深度方面，研究者不再满足于对法律基础知识的整理和分类，而是尝试从社会、经济、文化等多元视角去理解和解读体育法，探究其深层次的法理依据和制度设计。广度方面，体育法的研究领域有了新的拓宽，既包括传统的体育竞技规则和运动员权益保护等问题，也兼顾到体育产业、体育赛事商业化和体育知识产权等新兴议题，构成了更全面的研究视野。

在实践层面，中国体育法的新进展表现得尤为突出，主体表现在以下几方面。

一是在体育赛事管理中，我国已经形成了完善的法规制度。如，《体育法》《反兴奋剂条例》等一系列体育法规，为大型赛事的正常进行提供了有效保障，提升了赛事的公平性和公正性。

二是在运动员权益保护方面，政府和相关机构已经采取了一系列措施确保运动员的合法权益。如，设立运动员权益保护委员会，增设专业的体育仲裁机构，实施运动员保险制度等，都为运动员提供了充分的法律保障。

三是在体育产业发展上，体育法的新进展带动了中国体育产业的蓬勃发展。以法律为引领，我国明确了体育产业发展的路线图和政策导向，推动了体育产业的健康发展。

四是在体育知识产权保护上，我国加强了体育知识产权的法律保护，如通过版权法和商标法等法律手段保护体育赛事的知识产权，有效地提升了我国体育产业的附加值。

通过对改革开放后中国体育法新进展的分析，不难看出，中国体育法的新进展在推动中国体育事业发展上起到了关键作用。它强调公平公正的体育赛事，保障运动员的合法权益，促进体育产业的健康发展和保护体育知识产权的重要性。可以预见，随着体育法不断发展和完善，将更好地服务于我国体育事业的发展，为我国体育事业增添更加强大的法律动力。

本书中，讲述了中国体育法的历史与现状，在此基础上，以现代体育法现状与未来发展趋势为引导，探讨中国体育法如何在法律框架和社会环境的发展下形成。

在现代社会，体育法已经广泛应用于体育组织、运动员、裁判、观众、赞助商等关系的调整和保护。中国的体育法在近些年也开始步入系统化和规范化的发展轨道。现代体育法在中国的法律体系中旨在调和体育活动与法律规定之间的关系，因此在其发展历程中，融合了不同领域的法律原则和规定。

体育法在现代社会中的步伐，也暗示了中国体育法的未来发展趋势。法定权力、司法保护、行政监管和民事权益保护等因素将进一步丰富体育法的内容和外延。特别是几大热门领域——计划经济转变为市场经济的改变、体育产业化的推动、体育事业的社会化、法制环境的温床等，都为体育法的快速发展与完善提供了足够的空间。

　　法定权力方面，未来的体育法将加强公权力调控在体育活动中的应用，更好地解决一些体育活动中的问题，比如，运动员的健康、体育赛事的公平、体育机构的合法性等。司法保护方面，现代体育法将更注重维护体育活动参与者的合法权利，防止暴力、欺诈、不公等违规行为对体育活动产生的不良影响。行政监管方面，现代体育法将强化行政机关在体育活动中的监管角色，对体育组织、运动员、赞助商等进行规范，并设立有效的行政约束和司法裁决机制。民事权益保护方面，现代体育法将更侧重于保护平民社会的体育权益，调控和平衡各个体育行业关系人之间的收益分配，从而更好地推动体育市场经济的发展。

　　因此，尽管中国体育法的发展还处于初期阶段，存在诸多问题和挑战，如问题复杂性、法律不确定性、法律执行难度等，但是大方向的发展趋势是明确的，那就是体育法的系统性、规划性、公平性将更加明显，将在加强体育活动的法治化、规范化、科学化方面发挥更大的作用，后续需要对其涉案面、角色辨析、权责清晰、刑责和资格追究等方面进行深入研究和完善。

　　总的来说，旨在现代体育法现状与未来发展趋势的研究，不仅关乎到体育法发展的现状问题，更涉及如何进行科学的预测和策略设计，以适应中国体育产业发展的需求，完成体育法理论研究及实践的双重任务。

第三节　体育法的研究对象与方法

一、体育法的研究领域

　　体育竞赛规则与法律规定是体育法的重要研究领域之一，涵盖了关于体育活动的各种规则和法律的设定、实施、违反以及惩罚等方面的内容。该领域对于维护体育活动的公平公正，规范体育市场运行，保障体育人权有着重要作用。

　　体育竞赛规则是指通过制定和实施一系列规则或准则来规范体育比赛的细节和程序，其目的是为了保证比赛的公正性与公平性，防止弊端的产生，确保选手的权益。这些规则不仅限于比赛过程中的行为，还包括比赛之前的准备和比赛之后的处理。体育竞赛规则与运动细则、赛制、比赛程序、运动员资格、裁判员任命等息息相关。

法律规定也是对体育活动进行约束和指导的重要手段。在体育活动中，一部分问题可以通过体育竞赛规则来解决，但一些重大、基本问题，比如，选手的入场资格、比赛的公平公正、裁判的裁定等，必须通过法律来进行规范。没有法律的规定，便无法对体育活动进行有效地约束和调控。

体育竞赛规则与法律规定的最大差别在于强制性和权限性。体育竞赛规则对于参与体育活动的人来说，具有必须遵守的强制性。而法律规定则具有上位法的地位，违反法律规定将会受到法律的惩罚。同时，体育竞赛规则主要由有关体育组织制定和实施，而法律规定则归属国家立法机关拟定及执行。

关于体育竞赛规则与法律规定的温和解决，需要同等重视体育活动的特性和运动员的权益。不同的体育项目，其竞赛规则存在着差异，需要根据实际情况来拟定规则。同时，需要确保运动员的权益不受损害。

在进行体育法的研究时，了解和深入研究体育竞赛规则与法律规定至关重要。我们需要了解各种体育活动的运作模式以及体育竞赛规则的设定和实施过程，研究这些规则和法律对体育活动的影响。只有这样，才能更好地理解体育法的实质，争取在体育活动中更好地实现公平公正，进一步发展体育事业。同时，研究体育竞赛规则与法律规定、分析现有问题和挑战，也能积累经验和教训，推动体育法的进一步完善和发展。

体育竞赛规则与法律规定是体育活动中不可忽视的重要元素。我们应该全面、深入地理解和研究这些规则和法律，旨在通过改进和完善法令，更好地服务于体育活动，进一步提升体育活动的公平性和公正性，保障运动员和所有相关方的权益。希望在这个过程中，我们能够更好地理解体育法的重要性，为运动员和体育组织提供更有力的法律保障。

体育组织的法律地位与治理是体育法的研究领域中一项重要的议题。体育组织作为体育活动的主导与执行者，在整个体育领域具有不可替代的角色。其法律地位与治理方式，不仅影响到体育活动的正常进行，也潜移默化地影响到社会公平公正、规范秩序的建立。

体育组织的法律地位主要表现在其享有的权利与义务，以及其在法律体系中的位置。由于体育组织的特殊性，其法律地位并不能单纯地类比于一般的法人或是非法人组织。一般情况下，体育组织根据其功能与性质，可被赋予公权力或私权力，或是二者兼有，因此其法律地位极具复杂性。

例如，对于执行公权力的体育组织，其法律地位往往接近于行政机关，在执行职责时享有一定的制度性保护。这对于体育组织执行规划、管理、监督等职能非常必要，也有助于体育组织发挥规范管理的角色。而对于具有私权力的体育组织，其具有企业法人的一些权利与义务，更侧重于商业运营和市场竞争，法律地位更倾向于一般的法人组织。

不同的法律地位，便会带来不同的治理方式。具有公权力的体育组织，其治理方式应当以公共服务和社会责任为主导方向，更多地考虑公共利益和社会效益。具有私权力的体育组织，则应将经济效益和市场竞争作为主要目标，规范经营、提高效率，实现组织的可持续性经营。

体育组织的有效治理需要有深入的理论基础和丰富的经验积累。例如，可以借鉴公司治理的一些成熟理念和实施方式，如股东大会、董事会等决策机构多重机制的设置，或是通过制定内部规章制度，明确监督和评估机制等。

但在实际运作中，需要注意体育组织的独特性。体育组织的目标并非仅仅追求经济利益，更为重要的是推动体育事业的健康发展，服务大众体育需求，承担起社会的责任和使命。这就要求在组织治理中形成符合体育性质和特点，服务体育目标的换位独特的治理方式。

体育组织的法律地位与治理成为体育法研究的重要领域，解决体育组织法律地位与治理问题，不仅需要对体育法的深入研究，同时还需要借鉴相关法律领域的研究成果，实践中的尝试与探索，也是摸索前进的重要环节。本书的撰写，就旨在通过阐述体育组织的法律地位与治理，提供一些启示和指导，以期为体育法的发展和体育组织的规范管理提供一石二鸟的效果。

运动员权益保护作为体育法的研究领域重点，应当被赋予足够地关注和重视。而要深入认识这一主题，必须对运动员权益产生的背景、具体内容、在运动员生涯中的重要性以及现有法律问题等方面有所了解。

说起运动员权益保护，我们不妨从运动员权益的产生谈起。在现代社会，体育逐渐从业余的、娱乐的性质中走出，转向职业化、商业化。这种转变使运动员的地位显得尤为重要，体育竞赛的结果直接影响到运动员的收入、形象以及未来发展。因此，保护运动员的权益，维护他们的合法权益，成为体育界和法律界所要努力的目标。

运动员的权益包括了许多方面，包括身心健康权、名誉权、商标权、著作权、训练与比赛权、参与决策权、收入分配权以及合同权益等。这些权益是运动员在体育事业中能否得到充分尊重和发展的关键。而每一项权益的保护，都需要有完备的法律体系作为后盾。

运动员的权益在他们的生涯中有着重要的影响。他们的收入、声誉、健康、发展前景等都与这些权益密不可分。如果运动员的权益得不到保护，他们可能会陷入物质和精神的双重困境，从而影响他们在竞技场上的表现，甚至影响他们的人生。

然而，在现实情况中，运动员权益保护的法律问题依然突出。比如，对于体育纠纷的解决机制不明确，运动员的合同权益常常被侵犯，运动员的身心健康没有得到充分地保障，以及运动员的参与决策权被忽视等。这些问题在很大程度上既束缚了运动员的发展，也影响了体育产业的健康发展。

所以，我们需要研究和解决运动员权益保护的法律问题。可能的解决路径包括建立并完善运动员权益保护的法律法规，设立体育纠纷解决机构，建立健全运动员权益救济机制，设立运动员权益保护基金，提高运动员权益保护的社会认知度等。

然而这个问题并非一蹴而就，需要我们的长期努力。只有如此，才能在法律尊重和保护每一个运动员的合法权益的同时，有效推动体育产业的健康繁荣。

体育赛事包括赞助与广告的商业法律关系是当代体育法研究的一个重要领域。其主要内容涵盖了体育赛事的赞助关系、广告行为以及与这两种商业行为相关的法律问题。由于体育赛事的商业化程度越来越高，体育赛事的赞助与广告已经成为体育产业的重要驱动力；因此，使用法律的手段对其进行规范对保护相关各方的合法权益具有重要的意义。

体育赛事的赞助关系是指赞助商通过支付一定的经济报酬，获取赞助体育赛事的权利，从而达到提升自己品牌影响力的目的。这种关系通常通过赞助合同来约束。在合同中，赞助商的权利和义务，赛事组织方的权利和义务，赞助费用的支付方式，违约责任等内容都需要列明。此外，还包括赞助商 Logo 的使用范围、赞助方案的实施细则，等等。

广告行为则是另一个重要组成。根据广告法的规定，广告内容不得含有虚假或者误导消费者的内容，不得对消费者的身心健康造成不良影响。这对体育赛事来说，意味着广告内容不得含有对赛事结果、运动员表现等方面的虚假宣传，不得损害运动员和赛事的公平性和公正性。

同时，体育赛事的赞助与广告还可能存在一些法律风险。比如，如果赞助商的经营业务存在违法行为，那么赞助的体育赛事就可能受到连带的信誉损伤；又如，如果广告内容涉及到名誉权、商标权等方面的侵权行为，那么即便是作为广播方的体育赛事也同样可能面临法律责任。

在实际的研究过程中，需要借助于比较法、案例分析法、经济分析法等研究方法，对体育赛事的赞助与广告的商业法律关系进行深入研究。可从赞助合同的疏漏和风险、赞助广告的合法性等方面进行深入剖析。

根据国内外相关法律规定和裁判案例，提出合理的解决策略和建议。这样，不仅可以达到对学理性知识的把握和认识，同时也能够 对社会实践性问题提供应对策略。

因此，对体育赛事的赞助与广告的商业法律关系的研究，不仅可以从理论上丰富和发展体育法的学科体系，而且有助于提升体育赛事组织者、赞助商、广告商在实践中遵法经营、规避风险的能力；同时，也有利于保护消费者和社会公众的合法权益，依法规范和治理体育市场。

二、体育法的研究方法

体育法定量研究方法是理解和研究体育法的一种重要手段。在很大程度上，体育法的研究方法决定了体育法研究的深度和广度。

体育法定量研究的核心是统计学和计量经济学。这方面主要利用统计分析的方法，通过对体育法文本的词频统计、强制力对比、生效周期、法律后果等方面进行数据收集和分析，通过定量化的方法抽象出体育法的基本规律和特征，以理解和研究体育法的本质。

定量研究的方法包括描述性统计方法和推断性统计方法。描述性统计方法主要是对收集到的数据进行整理和分析，确定数据的一些基本特性，如平均数、中位数、频数、百分比等。推断性统计方法则是根据样本数据推断总体的特性。

以描述性统计方法为例，假定我们要研究国际足球比赛中红黄牌的数量与比赛结果的关系。我们可以搜集一定周期内所有比赛的红黄牌数量和比赛结果，对这些数据进行整理和分析。我们可能会发现在申诉成功的比赛中，红黄牌的数量比失败的比赛要少。这就是一种定量的研究结果。

推断性统计方法更为深入。如果我们想要研究球员年龄与其进球数量的关系，我们可以收集一定数量的球员的年龄和他们的进球数量，进行相关性分析。如果发现年龄和进球数量有显著的正相关，那么我们就可以推断，球员的年龄增长时，其进球数量也可能增长。

除此之外，我们还可以借助其他的统计工具，如回归分析、方差分析、非参数统计等，来辅助我们的研究。如，如果我们研究年龄、身高、体重等因素在特定体育项目上的影响程度，就可以借助多元回归分析工具，分析各因素对结果影响的程度，从而为体育咨询和运动员训练提供参考。

最后，我们还应该注意，定量研究方法虽然能够提供很多具有参考性的结果，但这并不是说定量研究方法能解决所有问题。体育法的研究，还需要以实证研究为基础，结合定性研究方法，如理论的构建、案例分析等，从而更好地理解和研究体育法。同时在收集数据、分析数据的过程中，也需要强调数据的准确性和真实性，只有这样，才能使研究结果具有可信度和科学性。

体育法定性研究方法在体育法研究中起到重要作用。研究体育法是法学研究的一部分，但又有其独特性。体育法作为一个独立的研究领域，需要特殊的研究方法和研究手段。这其中，定性研究方法成为一种重要的研究手段，在理论研究和实践研究中用的比较广泛。

定性研究方法是一种主要从非数值的角度研究社会现象、人的行为或者思想观念的方法，一般意味着研究者关注问题的深度和研究对象的具体文化、历史背景等，而非仅仅关注统计数据。在体育法研究中，定性研究方法常常被用来进行更为深度的、全面的理解和分析。

采用体育法定性研究方法的一个显著特征是对于数据背后的深层含义的深入挖掘。体育法界定的是运动员、教练、裁判员、体育组织与行政机构等的法律关系，是一门跨学科性较强的法律学科，不仅需要理论指导，也需要大量案例的支持。为了深入理解和讲清楚这些关系和法律问题，体育法研究人员经常需要运用定性研究方法，通过深入接触和观察获取数据，全面并深入地分析体育法的内容和应用。

定性研究方法在体育法研究中有几个重要的应用领域。一方面，定性研究有助于挖掘体育法的基础理论，探索体育法的法理和原则；另一方面，定性研究可以用来分析体育法的实践问题，提取实际操作中的问题，深入理解问题的本质，从而找到问题的解决办法；另外，定性研究可以用来进行体育法的评价研究，更好地了解体育法的实际效果，为体育法的优化提供指导和依据。

体育法定性研究的具体方法有很多种。其中，个案研究是一个常见的方式。通过研究具体的体育法律事件，研究人员可以深入地理解相关的法律规定，清晰地探讨事件的处理过程和解决方案。还有访谈研究法也是一个常见的定性研究方法，访谈研究可以直接从参与者口中获取信息，展现他们的真实思想和感受。

结构分析法也是一个重要的定性研究手段，在研究某一具体法律规定或问题时，可以通过结构分析法解析法规结构，串联理解法规的内在逻辑。

虽然定性研究方法在体育法研究中起到了重要的作用，但需要注意的是，定性研究并不能完全取代量化研究。有些问题通过定性研究无法深入挖掘，此时就需要通过量化研究来帮助我们理解问题。另一方面，定性研究方法也有其自身的局限性，如研究结果的普遍性和可推广性等问题。因此，在体育法研究中，我们需要灵活运用多种研究方法，科学分析、全面研究，深入理解和掌握体育法的内涵，为我国体育事业的发展提供法律保障和服务。

案例分析在体育法研究中的应用展现了其独特性与重要性。在对体育法进行深入探究的过程中，案例分析被广泛运用，这一研究方法厘清了体育法有关规定及实施的复杂脉络，使得我们能针对独立的、具体的事件更深入地了解体育法的实施情况。

案例分析，是体育法研究中经验性最强，最能接触实际运营情况的一种方法。不同于抽象理论的解读和分析，案例分析上升至实际层面，深入到法律执行的细密部分，彻底考察在实际运用体育法时出现的问题和不足，由此提供进一步完善体育法规定的具体依据和方向。

具体而言，案例分析在体育法研究中表现出以下几个应用价值。首先，案例分析可以检验体育法的执行效果。通过解析具体案例，探究法规在运用中是否达到预期效果，是否在遵守体育精神和公平原则的同时，有效地解决了实际中出现的法律问题。

其次，案例分析有利于把握体育法的发展趋势。实际案例反映了体育运动与相关法律关系的发展态势，分析案例可以让我们精准掌握未来体育法可能需要面临的新问题和新挑战，提前进行针对性的研究和备案。

最后，案例分析在体育法研究中是弥补理论研究不足、提升理论研究效果的关键方法。同时，案例分析使理论知识与实际操作有机结合，降低了理论研究的抽象性，确保了体育法研究的实用性。如果说理论研究为体育法提供了通用、基础的工具，那么案例分析则是这些工具的实际应用，是理论研究的具体测试和展现。

值得注意的是，我们在进行体育法的案例分析时，应注意保持公正、独立的立场，充分挖掘案例背后的法律问题和法律关系，确保案例分析的准确性和科学性。同时，我们也应多角度、多层次地剖析案例，以便充分理解体育法在实际运用中的问题与特征。对于同一案例，我们不妨从体育精神、公平原则、运动员权益等多个角度出发，这样既可以拓宽研究视角，也有利于我们找出体育法中隐藏的、更深层次的问题。

综合上述考量，案例分析在体育法研究中的应用是非常必要且重要的。而且，借助案例分析，我们不仅能更深入地理解并改进体育法，而且也能将体育法的理论学习与实践操作有效地结合起来，进一步提升自己对体育法的理解与运用。同时，案例分析的应用也提升了体育法研究的经验性与实用性，成为我们研究体育法的重要工具。

体育法作为一个独立的、含有特殊法义的法学门类，其研究的本质、目标、范围以及研究方法，体现其特殊性，并同其他法学门类相区别。研究的主要方法有比较、历史、逻辑和案例方法等。在这其中，比较研究法的重要性不容忽视。

诞生于19世纪初的比较法学方法是一种控制个别法的发展、完善和改革的一种主要手段。比较体育法的研究具有重要的理论价值和现实意义，尤其在我国体育法的学科建设、体育法的立法工作以及体育法学教育中，比较体育法的地位和作用日益凸显。

比较研究体育法首先有助于认识和理解体育法的性质、功能和发展趋势。通过比较研究，我们可以了解不同国家和地区体育法的发展历程、立法模式、法律制度安排以及案例裁判等，从中发现体育法普遍存在的共性问题和特性问题，进而形成一种全面、系统的视角去认识和理解体育法。这就可能促使我们从实证的角度揭示体育法的本质属性和基本特征，帮助我们深化对体育法的理论认识。

其次，比较研究体育法有助于我国体育法的立法工作。通过比较体育法的研究，我们可以积累和吸取其他国家和地区体育法的宝贵经验、成功做法以及重要启示，这对于我们完善、创新和提高我国体育法的立法质量具有十分重要的指导作用。通过比较和借鉴，我们可以超越传统，促进体育法的创新，使体育法保持时代发展的步伐。

最后，比较研究体育法有助于提高我国体育法学教育的质量和水平。在全球经济一体化、体育产业国际化的大背景下，体育法学的教育也必须具有国际化的视野和圈层。通过比较研究，我们可以培养熟悉并能适应国际体育法发展趋势的体育法学人才，为我国的体育业发展贡献力量。

我们应积极将比较法研究方法引入到体育法的研究之中，这样才能更好地理解体育法，完善受法，提高我们的体育法理论水平和实践水平。值得一提的是，比较法是一种独有的、相对独立的科学方法，它要求我们有一个较高的法律理论素养，有较强的比较法理论修养，有一定的语言能力，熟悉比较的法源和法律材料，能进行深入地分析和评价，还必须具有严谨的实证精神和批判精神。

概括来看，比较研究在体育法中的重要性主要表现在以下几方面：它可以揭示体育法的一般性规律，提供对体育法本质了解的一种重要视角；可以为我国体育法的立法提供借鉴和参考，有助于推动我国体育法的发展；有助于提高我国体育法学教育的质量和水平，培养合格的体育法人才；有助于推动我国与国际体育法的交流和发展。

在体育法的研究中，实证研究法占有相当重要的地位。实证研究法，即以客观存在的事实为研究对象，注重实际数据和证据的收集，通过观察、分析、对比、归纳，遵循严谨的逻辑推理，达到寻找法律问题解决之道的科学方法。它的要求是研究者必须实事求是，切实对研究对象进行深入的实地考察和系统的数据收集，结果不能脱离现实真相。

实证研究在体育法研究中的角色主要体现在以下几方面：首要的是对体育法实际运作情况的认识。通过实证分析，我们可以了解到体育法在现实生活中的具体运作情况，发现其存在的问题和不足，提供了改进的依据和方向。其次，通过实证研究的方法，可以得出关于体育法的深入的见解和理论，有助于提高我们对体育法的理论水平和实践水平。最后，实证研究可以促进体育法的科学立法。通过实证研究，可以获取丰富的实际数据和深入的实地考察，为我国的体育法立法提供科学的依据，有效地推动我国体育法的改革和发展。

实证研究在体育法研究中的意义在于它价值取向的明确。实证研究致力于解释目前体育活动中存在的问题，对于这些问题，实证研究采用真实、准确的数据和事实以进行论证，使得研究结果具有较高的可信度。此外，实证研究还有助于体育法研究的深化，它以临床研究为特点，强调实地考察，阐释案例，深挖问题，避免了仅凭空想或臆测引起的误导，使体育法研究工作更具有针对性和导向性。

进一步来说，实证研究在体育法研究中通过明确表现现实，发现和解释问题，为解决问题提供实践参考。体育法中的问题，往往是复杂的，需要一个精确的分析来寻找解决方法。实证研究的方法，提供了这样一个系统的分析工具，能够对问题进行深入的剖析和解构，找出问题的真正原因，然后对症下药，提出解决策略。同时，由于实证研究注重事实和数据，其研究结果往往更能贴近实际，更能适应体育领域的实际需求。

以上是实证研究在体育法研究中的角色和意义。实证研究是体育法研究的重要工具，但并不意味着我们可以无条件的接受任何实证研究的结果。因为任何研究方法都有其局限性，我们必须批判地看待研究结果，兼听则明，才能得出科学的结论。

第二章 体育法律理论与制度基础

第一节 体育法律关系的构成

一、体育法律主体

体育法律主体的确定与角色问题，一直以来都在体育法律理论及实践研究中占据着十分重要的地位。体育法律主体，广义上说，指的是在体育法律关系中具有权利、义务的各方主体，可以是个人，也可以是具有法人资格或其他组织。这一定义，不仅由体育法律主体的法律属性决定，也由体育法律的实质属性所制约。

体育法律主体的确定，需要以体育行为的性质和参与者的身份为依据。一般来看，体育法律主体划分成两个范畴，论名义上，一个是具有相对完全法律行为能力的体育活动参与者，比如，运动员、教练员、裁判员等；另一个是在体育活动中具有一定法律行为能力的体育组织，比如，体育协会、体育俱乐部等。这两个范畴之间在体育法律关系中所具有的权利、义务不同，其实质上法律地位也存在差异。

运动员、教练员、裁判员等具有相对完全的法律行为能力，他们在体育活动中不仅有参与体育比赛的权利，更有遵守体育竞赛规则的义务。他们可以通过自身的行为来影响体育法律关系的形成和变动。而体育协会、体育俱乐部等也是不可忽视的体育法律主体，在一定程度上，它们决定了体育活动的运行方式和制度结构。他们在体育法律关系中的法律行为能力，是对其成员及其他主体的身份、权利、职责的确认，也为主持和组织体育活动制定出相应的规则。

体育法律主体的角色，在于为体育法律关系的构成及运行提供必要的主体。他们的存在，决定了体育活动的正常进行，也显示了体育法律的有效性和公正性。体育法律主体在体育法律关系中具有权利和义务，他们既是权利的享有者，也是义务的承担者。他们在体育法律关系的构成和发展过程中，通过行使自己的权利，完成自己的义务，保护自身的合法权益，推进体育活动的公正、公平进行。

除此之外，体育法律主体的角色也表现在其对于体育法律制度建设的推动中，他们通过自身的行为并依赖于法律规则，实现体育的社会功能，推动体育事业的发展，增强国家体育竞技实力。他们承担着推动体育法制化、规范化的重任，通过行使权利和履行义务，为完善体育法律制度做出重要贡献。

综上所述，体育法律主体在体育法律关系的构成中扮演着决定性的角色。他们是体育法律关系的主体，主张权利，承担义务，推动体育活动的法制化，保障体育活动的公正公平进行，对体育法律制度的完善做出了重大贡献。因此，我们应充分认识到体育法律主体的重要性，加强对体育法律主体的研究，以促进体育法律理论与实践的更好地发展。

在体育法律关系中，体育法律主体的权利和义务是核心内容。体育法律主体一般包括竞技体育人员、体育组织和体育管理机构等。对于这些主体来说，其权利与义务的均衡则构成了体育法律关系的稳定性和和谐性。

首要的，理解体育法律主体的权利和义务是明确体育法律关系的基础。对身为体育法律主体的各方，如运动员、教练员、裁判员、体育组织和体育管理机构，其对于权益的保护和义务的明确是其参与和推动体育活动的基础。体育法律主体权利的保障，可以有效激励其全面参与体育活动；同时，明确其义务也可以维护体育活动的公正公平。

体育法律主体的权利主要包括：参与权、公平竞争权、塑造形象权、健康权、知识产权等。应当保障所有体育主体能够平等参与体育活动，公平竞赛，保护其合法权益。例如，参与权即指体育法律主体有权参与各类体育活动，享有公平竞赛的机会。公平竞争权则是体育法律主体参与竞技体育活动的必要保障，保证所有参赛者在均等、公平的条件下竞逐。塑造形象权则是体育法律主体对自身形象进行控制和塑造的权利，包括形象使用权、名誉权、荣誉权等。健康权主要涉及体育法律主体在体育活动过程中享有的身心健康权利。知识产权则主要涉及体育法律主体在技术研发和运用中的专利权、商标权等。

体育法律主体的义务包括：公平竞争义务、保障他人权利的义务、遵守体育道德风尚的义务、遵守负责任的体育行为等。公平竞争义务，是体育法律主体在运动竞赛中应遵守的原则。对其他体育法律主体权利的保障，包括尊重和维护其他人的合法权益，例如，维护其他运动员的公平竞赛权等。同时，体育法律主体还应遵守体育道德风尚和体育法律法规，包括反对兴奋剂，尊重竞赛规矩等。此外，负责任的体育行为，包括在体育活动中，必须对自己的行为负责，保持健康，安全的活动环境。

在体育法律主体的权利和义务中，法律和道德规范的存在，保障和维护了体育活动和体育关系的公平和公正。一方面，体育法律主体的权利被充分保障，使其能够积极参与体育活动，实现自身价值；另一方面，明确体育法律主体的义务则为体育活动注入公正公平的竞赛精神，提升体育活动质量。因此，明确和保障体育法律主体的权利与义务，不仅有法律意义，同时也有体育道德和文化的重要意义。

体育法律主体的责任与保障是体育法律关系构成的重要组成部分，直接影响到运动者在参与体育活动中的权益保障。在体育法律关系中，主体主要包括运动员、教练员、裁判员、球迷以及赛事组织者等各方参与者。每一个主体，在其享有权利的同时，也必须注意遵守责任与义务，同时也享有相应的法律保障。

体育法律主体的责任主要表现为对体育活动中各种规则的遵守和尊重。无论是否参与竞技，所有的体育法律主体都必须遵守体育道德和体育纪律，不得做出违反公平竞赛原则的行为。例如，运动员在比赛过程中不应使用违禁药物，教练员应尊重运动员的人格和人权，赛事组织者有责任保障比赛公正公平且安全地进行。

在体育比赛中，运动员犯规的责任通常由裁判员进行裁决，并给予相应的惩罚。但运动员不仅应对比赛结果负责，也应对可能对他人身体健康造成影响的行为负责。例如，职业足球运动员在比赛中的恶劣犯规，可能给对方运动员造成伤害，此时就需要依法承担民事责任。

教练员的责任则主要体现为对运动员的管理和教育。他们除了对运动员技术的指导，更应具备相应的职业道德和操守，尊重和保障运动员的权益。如果教练员在训练中对运动员进行体罚或虐待，应依照相关法律规定承担刑事责任。

裁判员和赛事组织者的责任主要体现在比赛的公正和安全上。裁判员需要公正执行比赛规则，对比赛结果负责；赛事组织者则需要确保比赛的顺利进行，提供充足的安全保障，如在比赛场地、设备、急救等方面做好充分准备。

与此同时，体育法律主体的权益也受到了广泛的保障。例如，运动员的权益，既包括基本的人身权和财产权，也包括比赛权、训练权、签约权、转会权、接受赞助权和商标权等。所有这些权益都应该在《体育法》《体育行政法规》以及《体育协会章程》等体育法律法规中得到明确保障。

教练员、裁判员以及赛事组织者等也应有法规明确其权利保障。例如，教练员享有的权益包括个人名誉权，独立工作权和获得报酬权等。裁判员享有公正执行比赛规则的权利，赛事组织者享有使用比赛设施和设备的权利，并通过赛事获得收益等。

总的来说，体育法律关系的构成，体育法律主体的责任与保障是体育法律理论与制度基础中的核心内容。通过明确的法规，可以更好地促进体育法治化，保障体育活动的公平性，进而推进体育事业的健康发展。

二、体育法律客体

体育法律客体是体育法的核心概念，它决定了体育法律关系的持有者、维系者以及他们所享有的权利和义务。在法律关系中，客体是两个相对迥异但又相互联系的法律主体之间普遍地位的体现。对体育法律客体的研究可以帮助我们进一步明确体育法的适用范围和边界，对维护和实现体育公平、公正的法治环境也具有重要作用。

在定义体育法律客体之前，我们首先需要了解什么是法律客体。法律客体是法律关系中一方行使权利，另一方承担义务的对象。通常对于客体的划分，学界一般认为法律客体可以细分为现实客体和权利客体。现实客体是指物质上可以直接被占有、使用、获取利益的实物或是无形财产。权利客体则是指借由现实客体实现的各种权益及利益。在此基础上，体育法律客体可以理解为在体育法律关系中，一方行使权利，另一方承担义务的对象，既包括体育实体，也包括体育权益。

在体育法律客体的定义中，我们特别提到了体育实体和体育权益。这两个术语用来精确描述体育法律客体的内涵，并且这两者是体育法律客体不可分割的两个部分。体育实体主要包括体育活动、体育设施、体育装备以及各种体育组织、机构等，而体育权益则包括但不限于体育活动权、体育教育权、体育演出权、体育赞助权以及体育形象权等。

至于对体育法律客体的划分，在既有的学术研究中，主要依据体育法律客体的性质和形态，将其划分为体育活动与执行行为、体育参与主体、体育设施与装备、体育组织与制度四大类。每一类中又包含多个具体的体育法律客体。例如，体育活动与执行行为一类，包括比赛、训练、裁判等。体育参与主体一类，则包括运动员、教练员、裁判员等。体育设施与装备一类则主要包括运动场馆、赛事用具、运动装备等。体育组织与制度一类，则主要包括体育赛事组织者、体育主管部门、体育协会、体育俱乐部等。

对于这四类体育法律客体的具体展开，工作方法和方式等都有所不同，但核心仍在于超越物质层面，实质上保障体育权益。如何保护实体的权益，营造公正的竞技环境，确保设施的公平使用，维护机构的正常运营，就需要我们不断地实践和摸索。体育法律客体的保护，是法律对社会生活秩序的维护，也是社会法治建设的重要一环。

因此，查明和理解体育法律客体的定义与划分，对于体育法律关系的构建，对于体育法律权利的保护，对于推动我国体育法的健康和诚实开放，都具有重大的理论和实际意义。

体育法律客体涵盖的领域涉及大范围的内容。在体育法律的关系构成中，法律客体是占据主导地位的角色，直接影响着体育法律的效力和运用。

体育法律客体首先涵盖了运动员，他们是体育法律最直接且最常见的理论与实践载体。从签约、参赛、转会到退役，每一个环节都离不开法律的参与和调整。运动员作为体育法律客体的中心，掌握着运动成果和荣誉，而这些物质和精神上的收获都是法律争论和权益保护的焦点。

其次，体育法律客体涵盖的领域也包括体育组织。这些包括了各种赛事的承办单位、运动员的俱乐部等组织。这些体育组织作为法律的主体，既维系着运动员的权利和责任，又需要对自身赛事和运动员的法律权利进行有效地保障和运用。

除了上述两个方面，体育法律客体还涵盖了运动装备和设施等有形资产。这些资产既作为运动的工具，也可能成为法律纠纷的焦点。法律客体在此方面的涵盖，主要反映在知识产权保护、安全使用规范、投资使用规则等多个领域。

此外，体育法律客体还波及非法药物使用、运动伤害诊断与赔偿、运动代言人身份权利和责任等核心问题。这些问题，虽然看起来与体育法律客体关系并不密切，但实则是运动员、体育组织之间以及与其他权益相关方之间纠纷的根源和热点。

当运动员为了提高竞技状态使用非法药物，当运动员在比赛中受伤需要诊断和赔偿，当运动员代言产品触犯了相关规定，所有这些行为都是法律客体的特殊表现，也折射出体育法律体系的复杂性和多样性。

整个体育法律客体涵盖的领域广阔，既包含运动员、体育组织，也穿插着运动装备、设施等硬性资产，更不乏伦理道德、产品代言等微妙的社会关系和责任。这就需要我们在传统的法律框架内，融合体育行业的特殊性，来准确判断法律客体，维护公正、公平的体育环境。

体育法律客体，也有包括对赛事的安排和运作，如何合理使用和保护运动场馆，以及在赛事中保护运动员的权益，防止不必要的伤害。

体育法律客体的涵盖，使我们明白无论是在场上还是场下，法律都以其公正和公平的原则，守护着每一个参与体育的人的权益。同时，这也勉励我们更好地去理解和运用法律，为公正和公平的体育环境贡献自己的力量。

体育法律客体与其他法律领域的碰撞和交织，涉及许多体育法律的独特性和复杂性。这里的体育法律客体，主要是指那些作为体育法律规定的对象，如比赛结果、运动员权益、体育赛事组织和管理等。在体育活动过程中，这些法律客体能够具体、直接地显现出体育法的实体性质和社会效果。

当体育法律客体存在时，它必然会与其他领域的法律产生交集，笔者称之为"体育法律的多元化碰撞"。例如，一个体育俱乐部与运动员之间的转会合同问题，这将涉及劳动法、合同法，甚至是国际私法。再如，运动员兴奋剂问题，除了需要体育法的规定，也可能涉及刑法的制裁，甚至是公共卫生法。

体育法律客体与其他法律领域的交织是一种常态，如同丝线交织成网，对于体育活动中的任何法律问题，都无法一蹴而就，这需要我们在理解体育法的特殊性的同时，尊重其他领域法律的法律效益。每一个体育法律客体都是多法律领域交汇的焦点，各领域法律规则都在这一点上碰撞，交织。

体育法律的多元化碰撞也带来了多重的法律冲突。有时候，体育法的规定可能与其他领域的法律规定产生冲突，这就涉及法律规则的优越问题。例如，在体育赛事中的裁判决定问题，体育法普遍认为赛场裁判的决定是最终的，不能被法院改变，这被称为"裁判最终决定原则"。然而，这一原则可能与民法的规定产生冲突，民法规定每个人都有通过诉讼保护自己权益的权利。在这种情况下，应如何平衡这两者的法律效益，是我们需要关注的问题。

同时，体育法律客体与其他法律领域的碰撞格局并非僵化不变的，随着社会的发展，体育产业的发展，以及人们观念的变化，这种碰撞和交织的格局也会随之演变。例如，随着电子竞技的崛起，与知识产权法的碰撞成为一种新趋势。又如，当下越发重视运动员心理健康的社会环境下，体育法与心理咨询法的交织关系日益凸显。

综上所述，体育法律客体与其他法律领域的碰撞和交织，一方面体现了体育法律的复杂性和挑战性，必要的体育法律知识和理解是必要的；另一方面，这也反映了体育法的开放性和兼容性，体育法应该以协调、整合的姿态，适应这种碰撞和交织，推动体育法的良性发展。

体育法律客体是法律关系的重要组成部分，其实质是体育法律一方面对体育活动进行规制，使其符合法律的要求；另一方面保护体育活动的正常进行。这里的保护对象主要包括体育活动的权责关系以及体育活动所涉及的各个方面，如体育场所、器材、赛事管理等。体育法律客体的内容多种多样，具有广泛性和复杂性，并受地域、文化等多种因素影响。

不同的地域和文化背景下，体育法律客体具有显著的差异性。具体来说，这种差异性主要体现在以下几方面。

首先要考量的是地域因素的影响。地域的差异性直接影响到体育活动的种类和形式，体育法律客体的内容也会随之变化。例如，在北方严寒地区，冰雪运动更为盛行，因此给运动员提供足够的保暖设施和防止意外伤害的要求可能会写入法律当中。为此，体育法律在决定其客体时，需要充分考虑当地的地理环境、气候条件等因素。

另一方面是文化背景的影响。不同地区的文化差异会导致体育活动的不同取向与价值观，并反映在法律的规定中。以东亚文化为例，尊重、勤奋、团体精神在体育赛事中得到了高度强调，因此，体育法律也会对相关主体的行为提出规范。而在西方文化中，个人主义和竞争精神被较为重视，这会使得体育法律在保护个体权利，尤其是运动员自身的权利等方面付出更多的努力。

此外，不同地域和文化背景下的法律体系和运行方式也会对体育法律客体产生一定的影响。例如，英美法系和大陆法系对待同一问题可能有完全不同的处理方式，这在体育法律中的体现可能包括对体育违规行为罚款的限制，对运动员公平参赛权的保护等问题。

总的来看，在不同地域和文化背景下，体育法律客体的差异性体现为内容和角度的多样性，这需要我们在设计和制定体育法律时，充分考虑这些因素，使体育法律更好地适应不同地域和文化的特点和需求，从而保障体育活动的公平、公正和安全。而作为体育法学研究的一部分，研究不同地域和文化背景下的体育法律客体差异性，有助于我们洞察和理解体育法律的深层规律，为构建更加完备、有效的体育法律体系提供重要的理论支持和实践指导。

体育法律客体的定义在于它是体育法律关系中被规制、被影响、被调整的体育活动、权利和义务，且它是体育法律关系建立的基础。也就是说，体育法律客体是由体育活动或者其他相关的行为所产生的特定权利和义务。这些权利和义务不仅反映了体育活动的内在性质和目的，同时也体现了法律对于体育活动的调控和引导。我们可以进一步将体育法律客体分为两类，一类是传统的体育竞赛活动；另一类是新兴的体育娱乐、体育服务等。

例如，在篮球比赛中，球员在场内的行为就是体育法律客体，这些行为应遵循篮球运动的规则。如有违反规则的行为出现，便构成体育违法行为，受到篮球运动规则的处罚。篮球比赛的规则不仅规范了球员的行为，还规定了其他相关参与者的权利和义务，如裁判、观众等，构成法律关系；除此之外，比赛组织者、赞助商、转播商等的权利和义务也是体育法律的客体。

又如，在网络游戏电子竞技（E-sports）中，虽然不涉及传统体育中的身体运动，但也存在着电子竞技运动员、裁判、赛事组织者等多元的体育法律关系主体，且各自所生成的权利义务同样构成体育法律的客体。

体育法律客体在实际案例中的应用与解析，为我们对多元化的体育活动下的法律风险防控和问题解决提供了法律参照。我们可以通过分析具体案例来深化对体育法律客体的理解。

例如，在 2014 年巴西世界杯期间，苏亚雷斯咬人事件。苏亚雷斯因在比赛中咬了意大利选手基耶利尼，被禁赛四个月。这件事情中，体育法律的客体主要是苏亚雷斯的行为及其引发的体育违法行为的责任承担。禁赛决定的依据主要是《FIFA 纪律规章》以及《FIFA 比赛规则》。这也说明运动员在运动场上的行为应当受到体育规则的约束，违反规则的行为将被相应地处罚。

另外一个案例是 2018 年广州恒大淘宝足球俱乐部与贵州恒丰智诚俱乐部的比赛中，广州球迷展示涉及"地域歧视"的旗帜，中国足球协会根据《中国足球协会纪律规程》对广州队处罚。在这个案例中，体育法律关系的客体主要包括广州恒大俱乐部的行为、观众的行为以及由此产生的违规行为的处罚等。法律客体的判断为我们处罚此类行为提供了法律依据。

通过对体育法律客体在实际案例中的应用与解析，我们能更好地理解体育法律在实际工作中的作用，从而提升体育组织与活动的规范性和公正性，也可以为体育行业的健康发展提供有效法治保障。

三、体育法律权利义务

体育法律权利，作为体育法律关系中的基础要素，其定义以及特征的探析对于我们深刻理解体育法律义务的性质、功能与运作机制具有重大意义。

体育法律权利首先可以被定义为一种权利关系，这种权利关系建立在法律的基础之上，是体育参与者在办事、参协、证明、投诉等方面享有的合法权益。具体来说，它允许体育参与者在其已被法律规定的权限之内行使一系列的权利和行为。这种权利的赋予和行使，是在法律允许或者规定的范围之内，规范了体育活动中的权利关系。

进一步来说，体育法律权利具有一系列的特性。首先，它是法定的，只有法律明确的权利，才能成为体育法律权利。也就是说，体育法律权利既不是抽象的，也不是无根据的，而是由具体的法律规定给予其合法性。这种合法性不仅规范着权利的行使，也保障了权利的实现。

其次，体育法律权利是对等的。在体育活动中，各类体育参与者——无论是运动员、教练员、裁判员、观众还是赞助商等——都在法律同等保护的前提下享有相应的权利，并承担着相应的义务。这种对等性不仅平衡了体育活动中的权利关系，也使得体育活动更为公平、公正。

最后，体育法律权利具有相对的确定性和稳定性。通过具体的法律规定，确定体育参与者的权利范围和权利内容，这使得体育参与者可以明确知道自己的权利、利益，以及在活动中的地位和角色。同时，体育法律权利的稳定性，也使得体育活动的运行更为有序。

当然，体育法律权利也是可以被让渡和继承的。就其让渡性来说，体育参与者可以在遵守法律规定的前提下，将自己的部分权利转让给其他人。比如，球员可以通过转会将自己的部分权利转让给新俱乐部。从其继承性来看，体育法律权利可以作为遗产进行继承，如有关体育运动成绩的权利、体育荣誉的权利都可以被合法继承。

但是，需要特别强调的是，无论是赋予体育参与者何种权利，都必须在尊重公序良俗、遵守法律法规的前提下进行。体育法律权利从来不意味着可以随意侵犯他人的权益，也不意味着可以滥用权利。而是要在公正公平的基础上，合理使用和行使权利。

通过对体育法律权利的定义与特征的深入解析，有助于我们更为系统、全面地理解体育法律，为营造更为公正、公平的体育环境提供法律支持。同时，也有助于在体育活动各个环节中妥善处理各类法律问题，尤其在面临复杂法律冲突时，可以更好地依法进行处理。

体育法律义务的概述与性质，是一个基础但又十分重要的主题。要理解体育法律义务，我们首先需要明白什么是体育法律义务。体育法律义务就是指通过体育法律来规范与实现体育活动中的各项义务，保证体育活动的公平、公允及合理，以达到积极推动体育事业发展、促进社会公正与公平的目的。

体育法律义务的主要内容可以分为两个部分，一是体育行为的规范；二是体育权利的保障。体育行为的规范主要包括运动员、教练员、裁判员等人的行为准则和规范，如公平竞技、尊重竞争对手、遵守比赛规则等。体育权利的保障则更倾向于保障队员的合法权益，如运动员的权益保护、赛事组织者的权益保护等。

义务的性质直接影响到法律规范的生效和实施。通常来说，体育法律义务具有公法性质和私法性质两种。公法性质的体育法律义务主要通过行政机关或司法机关的公权力实施，例如，政府有义务提供公共体育设施，保障民众的体育权益等。私法性质的体育法律义务则主要通过合同或是民事纠纷解决方式来规范，例如，在职业运动员转会、赛事组织、运动员赞助等方面的合同义务。

在理论基础上，体育法律义务源于体育实践和法律规范的值观导向，其最终目的是营造一个公平、公正的体育环境，使体育能够更好地服务于社会和公众。我们不能忽视的一个事实是，尽管法律对于每一个人都是平等的，但是确保体育赛场的公平却需要更多的细节规定和实施措施，此时体育法律义务的强制性和普遍性显得尤为重要。

体育法律义务也是对于体育权利的重要保障。毫无疑问，任何权利的实现都离不开相应的义务来保障。在体育领域，通过规定体育法律义务，既可以有效地约束运动员、教练、组织者等主体的行为，确保赛事的公平公正，也可以对运动员的权益提供保障，形成一种权利和义务相互平衡的健康发展格局。

体育法律义务的实施和执行则需要相关的体育组织与机构的活跃参与和维护。例如，运动员需要遵守赛事规则、尊重对手，体育组织者需要公平公正地组织赛事，裁判员需要公正地执行赛事规则，政府需要做好公共体育设施的建设和维护。每一个环节都需要开展良好的自我约束，才能形成一个公平、公正、健康的体育环境。

通过对体育法律义务的概述与性质的分析，我们可以看到，体育法律义务是维护体育活动公平公正，保障体育权益，服务于社会公正，推动体育事业发展的重要法律手段，其在法制体育实践中的地位与作用不容忽视。

体育法律权利义务的平衡与调控在当下犹为重要，这是一个涉猎广泛的主题，包括了诸多理论观点、具体概念和实践信息。在体育法律中，权利与义务的对应关系构建了整个体育法律体系的基础框架，而权利与义务之间的平衡和调控是实现和维护体育法治化的重要手段。

体育法律权利是指在体育活动过程中，体育行为人依法享有的权益，包括但不限于民事上的权利，如财产权利、人身权利；以及公法上的权利，如表决权、投诉权等。义务则是体育行为人受法律约束，必须承担的义务和责任，包括但不限于遵守体育比赛规则、尊重体育道德、履行合同义务、遵守公共秩序等。体育法律权利与义务是相对应的，行使权利的同时应遵守义务，履行义务的同时应尊重他人权利。

权利义务的平衡是体育法律的一项基本原则，也是实施体育法律调控的主要目标。平衡是指在各方权益之间，创造一个既不偏倚，也不牺牲任何一方权益的状态，总体来看，这是一种动态的平衡，需要借助法律手段进行调整和维持。在实现平衡的过程中，法律要尽可能的优化资源配置，使得各方在权利与义务上能达到公平的状态。

从调控的角度看，体育法律应积极防止权利与义务的失衡，如保护运动员的合法权益、制止不公平竞赛等。并通过监督和执法等手段维护平衡，如审查体育规则、对违法违规行为进行制止和惩罚等。同时，应根据体育活动的实际需求和社会公众的期待，不断调整法律制度，推动体育法律的发展。

在实践过程中，平衡和调控体育法律的权利义务需要借助于体育组织、政府部门、法院以及公众舆论等多方面的力量。体育组织可以通过制定公平的竞赛规则和运动员权益保护措施；政府部门可以通过法律法规的制定和实施，实现对体育行为的有效规范；法院可以通过裁判，对体育权益纠纷进行公正的裁决；公众舆论可以通过舆论监督，揭示体育活动中的不公平现象，推动规则的优化和法律的完善。

对于体育法律权利义务的平衡与调控的理解与实践深化，有助于更好地构建和完善体育法律制度，推动体育规则的公正实施，有效维护体育行为人的合法权益，这是体育法理论与实践研究的重要内容，也是体育法发展的必然逻辑。

第二节　体育法律制度的类型与功能

一、体育法律制度的分类

体育法律制度的分类调整对于全局的体育法律体系具有至关重要的作用，必须依据确切的分类标准进行。分类标准的制定是一个科学严谨的过程，涉及法律科学原理和实践经验的双重考量。同时，分类标准的正确运用也是动态不断调整、改进体育法律制度的主要途径。

体育法律制度的分类，应当遵循客观性、科学性与适用性的原则，在充分考虑体育法律实质内容的基础上进行。可以从法律适用的主体、客体，法律效力的强弱，法律效果的一致性等多角度进行，相应地制定分类标准。

一般来说，分类标准的制定遵循以下几个步骤：第一，对体育法律需要解决的主要问题和任务进行全面、深入、细致的研究，明确体育法律发展的主要矛盾和关键问题。第二，充分调查研究体育法律发展的基础和条件，对体育科学、体育教育、体育经济、体育伦理等相关领域的研究成果进行吸收和借鉴。第三，依据体育法律的基本特征和发展趋势，从多个角度和层面进行科学分类。

一旦分类标准制定完毕，其运用需要致力于将体育法律制度的优化设计与实际执行有机结合，既要提升体育法律制度的科学性，又要注重提升其实效性。运用分类标准，可以有助于明晰体育法律制度的阵地，描绘出体育法律制度的明确边界，以确保体育法律严肃性。此外，有效运用分类标准，还能够对体育法规立法、执法以及裁决等提供理论指导和操作指南，推进体育法律制度的实际运行。

需要注意的是，体育法律制度的分类标准制定与运用，既要顾及法律脉络的内在逻辑，又要因应体育发展的实际需求，只有这样，才能真正赋予体育法律制度以活力和鲜活性。对于已经制定并运用的分类标准，我们还需定期进行复审、调整和完善，以适应体育事业的发展和法律环境的变迁，为适应不断发展的体育事业，保障体育行为的公正、公平，提供强有力的法律支撑。

在未来的体育法律研究和实践中，我们将不断完善和优化体育法律制度的分类及其标准，以期更好地满足体育事业的发展和社会公众的需求，为构建更加完善的体育法律体系、推进体育法治化进程做出积极贡献。

故而，我们可以了解到，体育法律制度的分类标准的制定与运用是一个动态、开放、有序的过程，它是体育法律制度优化设计和有效执行的重要工具。只有科学制定和妥善运用分类标准，我们才能够真正推进体育法律的实质性发展，以法律的形式保障和推进体育事业健康发展。

体育法规与政策是指在体育活动和行业发展中，由国家或特定的体育组织所制定，用于因应体育现象、规定体育活动行为，保护和实现参与者权益，支持和促进整个体育行业健康、积极和持续发展的相关规定。在学习和解读体育法规的过程中，我们会发现，既有具有全面强制性、广泛影响的基础性法规，也包括针对性强、影响受限、区域性、专业性的特殊法规。可以根据法规的来源主体和执行对象来分别对其进行分类，这是理解和研究体育法规的一种常用方法。

体育法规的主体别分类意味着不同的立法和制定主体造就了不同类型的体育法规。根据来源主体的不同，我们可以将体育法规大致分为国家体育法规和国际体育法规。国家体育法规主要是由国家立法机关或行政主管部门根据国家体育政策和发展需求制定的法律、法规和政策。包括体育法、体育管理条例等多种形式，通常具有明确的法律效力和制裁力量。

国际体育法规则主要区别在于其产生和适用的主体不同。通常是由国际体育组织如国际奥委会、国际体育联合会等机构基于对体育竞技、管理等全球性需求和问题的认识，根据其章程和程序规则生成并实施。这种类型的规则，以其规模、影响力和特殊性，对全球各国体育活动产生了深远地影响。

从体育法规的对象别分类来看，主要根据其规范对象的不同进行。可以分为体育行为法规、体育管理法规和体育保护法规等。

体育行为法规，主要是针对各种体育活动和行为进行规定和规范，包括常规的练习、比赛规则，也包括非常规的禁止使用违禁药品等内容，甚至对于粉丝的行为，也有相应的法规进行规范。

体育管理法规，则是对体育组织和机构的管理进行规范，包括组织结构、人事任命、经费管理、活动开展等方面的规定，为体育组织的正确发展提供了法规支撑。

体育保护法规，主要是关于体育伦理和公平竞赛的法规，旨在防止和打击体育道德的侵害，如打假球、操纵比赛等，维护公平、公正的体育竞赛环境。

了解了体育法规的主体别分类和对象别分类，有助于我们从不同的角度更全面地理解和把握体育法规的含义和作用，为我们深入研究体育法理论和实践提供了重要的基础和参考。同时，也有助于我们在实践中更好地理解和运用体育法规，有效规范体育行为，提升体育管理水平，促进体育事业的健康发展。

体育法规的地区性与全局性的分类是体育法律制度学科的重要方向。在全球化背景下，体育法规建设必将出现地区性和全局性两大类别，以满足不同体育管理需求。对这两大类别的深入研究，不仅有助于完善体育法规体系，也有助于探索新的体育管理模式。

首先要说明的是地区性体育法规。这是由一个国家或者地区的政府根据所在地的具体情况制定的法规。以中国为例，我国每个省、市都有自己的体育法规，考虑的是地域性的因素，如地域文化、气候、地形等。地区性体育法规更加深入具体，着重解决领土范围内的体育法律问题。当地政府甚至可以根据自己的特色和需要，制定体育政策，诸如优化体育资源配置，促进体育产业发展，保障公民体育权益等。

水平上，地区性体育法规具有明显的指向性与亲和性，能够有针对性地解决地区内的具体问题。而立法与实施过程中的透明度和公开性更有助于地方政府获取公众的理解和支持。而且，地区性体育法规也更有利于保护地方体育文化，保障地方甚至民族特色体育的合理存在和发展。

全局性体育法规则是为了解决全国性、跨地区甚至全球性的体育法律问题，主要针对大众体育、竞技体育等多方面进行法规设定。这种类型的法规需要考虑到每一个地区、每一种体育项目，尽量避免取舍和偏向，力求公平公正。全局性体育法规以法律形式对体育行为者的活动进行全方位、全程的规定和限制，目的在于保障体育活动能够公开、公平、公正地进行。

全局性体育法规的最大特点就是适用面广。无论身处何地，只要涉及该国或该地区的体育活动，只要是在这个国家或地区进行的体育活动，都将受到全局性体育法规的约束和保护。全局性体育法规在维护体育公平性，预防体育不正之风，保护体育投资者权益以及促进体育产业健康、快速发展等方面发挥了十分重要的作用。

对于体育法规来说，颁布者应该兼顾地区性和全局性，使之形成互补。地区性体育法规的研究与设计需要充分考虑当地的特色、资源等，实际包括人口构成、经济基础、文化传统等，开展因地制宜、富有特色的体育法规建设。全局性体育法规也需要考虑到地区性体育法规的存在和功能，避免法规冲突和不一致出现。只有这样，我们才能建立一套全面、完备的体育法规体系，以适应当今世界体育事业的发展。

二、体育法律制度的社会功能

体育法律制度对社会公正的控制作用，可以从多个角度、多个层面进行阐述，首当其冲的是，体育法律制度是社会公正的保障。公正，代表的是公共的正义、公平，是社会公众对权力运行和社会关系的公正判断，是社会公众对权力运行的伦理要求。体育活动中的正义，无异于社会活动中的正义，它们体现在制度的公正、程序的公正以及结果的公正三个方面。

在制度的公正上，体育法律制度要淘汰体育运动中的不公正因素，这需要法律制度的公正性，这样才能从根本上消除体育运动中的不公正现象。比如，体育比赛中的兴奋剂问题、体育裁判权力的制约问题等，这些问题关系到体育比赛的公平性，因此必须通过设定法律制度，来确保体育活动的公正性。

再如，对于运动员的权益保护，若没有法律的约束和保护，运动员的利益可能在各种压力下受到侵害，不公平的待遇有可能暗藏其中。因此，体育法律制度必须对此进行有效的规范和约束，以保障运动员的合法权益，保障社会公正。

在程序公正上，体育法律制度要求治理方法、政策选择和规则的制定实施过程公平、公正、公开、公诚，避免偏颇、任性、歧视和贫富不均，这样才能确保体育运动的公平性。

在结果公正上，体育法律制度还要求对运动员、教练员与工作人员的工作、比赛、培训、待遇、奖惩等方面的评价和确定要公正，避免"人情关系""金钱关系""权力关系"成为操控体育运动的手段和工具。

另外，体育法律制度对于社会公正的控制作用涉及公正竞技、公正权益、公正机会、公正结果等方方面面的问题。公正竞技，保障运动员依法、公平地参与比赛。公正权益，保障运动员、教练员、裁判员等享有同等的权利。公正机会，保证所有参与者在遵守规则的同等条件下有公平的竞技机会。公正结果，依照公平公正的方式，对比赛结果进行公证和确认。

最终，体育法律制度对于社会公正的控制作用，对社会公正的维系有着重大的作用，只有在法律的引领和掌控之下，体育运动才能更加公平、透明，才能实现社会公正。

体育法律制度在社会稳定中的积极影响是体育法律制度的社会功能之一，这个话题涵盖了体育法律制度如何通过其独特的机制和方式，对我国的社会稳定做出积极的贡献。在评估体育法律制度对社会稳定的影响时，需要从宏观和微观两个角度来明确和深化理解。

在宏观层面上，体育法律制度对社会稳定的积极影响显现在其激发社会积极性，筑牢社会和谐稳定的基础以及促进国家公权力的正当运行等方面。首要的，体育法律制度通过确立公平公正的体育竞赛制度、规范体育市场经济行为，消减了体育赛事的不公平现象，稳定了社会公众对体育活动公平公正的预期情绪，也间接塑造了社会公众对社会公平公正的信任感。这牵一发而动全身，对社会稳定和社会公平公正建设起到了积极的推动作用。

体育法律制度又通过设定体育纠纷的解决机制和规定体育暴力的法律惩罚幅度，有效地降低了因体育活动所可能引发的社会矛盾和冲突，保护了公众的合法权益，进一步实现了社会稳定。此外，国家通过实施体育法律制度，规范和指导了体育行业的发展，保证了国家公权力在体育领域中的正当运行，为社会稳定提供了有效法治保障。

在微观层面上，体育法律制度对社会稳定的影响主要表现在引导和规范个人行为，保护个人权益和积极疏导社会情绪等方面。体育法律制度通过对体育行为的规范和指导，起到了教育、引导和警示的作用，使公民知法守法，这对个人行为的规范和社会秩序的保持起到十分重要的作用。通过制定和实施体育法律制度，个人在参加体育活动中的合法权益得以有效保护，不仅提升了个人对法治社会的信心，同时也营造了和谐稳定的社会环境。此外，体育赛事往往带有浓厚的观赏性和感染力，体育法律制度有效地规范了赛事活动，化解了可能的社会矛盾，疏导了公众情绪，对社会稳定产生了积极的作用。

体育法律制度在社会稳定中的影响是无处不在的。它以自身严谨的制度，深入人心的教育，和稳定可靠的法律约束力，保障社会和谐稳定，塑造公平公正的体育环境。如同体育精神般，体育法律制度有效地保障和维护了社会中的公平与公正，让每一场比赛，无论大小，都能在公正公平的环境中进行。而这正是体育法律制度在社会稳定中所起到的不可估量的积极影响。

体育法律制度是规范和调控体育活动的法律规范的总合，它在促进社会发展中发挥了重要的作用。体育法律制度的社会功能与意义主要体现在以下几方面：公正竞技、维护社会公平、保护人权、促进体育事业发展和产业发展等。

公正竞技是体育活动的核心价值观，这需要体育法律制度进行有效规范与引导。通过明确的法律条文和规定，体育法律制度保障了所有参与者在体育场上的权益，防止偏颇和不公。通过对比赛规格、运动员权益、裁判行为等进行法律约束，体育法律制度使比赛公平、公正、公开得以实现，推动了体育精神的有效体现和发扬。

体育法律制度也起到了维护社会公平的作用。按照平等原则，所有体育参与者都受到同等的法律保护，同等的责任和权利，无论其年龄、性别、身份和经济地位如何。一方面，法律保护下的平等参与原则，使得更多人能够参与到体育活动中；另一方面，它也推动了体育活动的公开透明和公正公平。

另外，体育法律制度可以有效保护人权。在运动员健康、安全、荣誉、名誉等权益方面，体育法律制度都有具体的规定和保护。例如，遵守运动员的劳动权益，以及运动员的知识产权；在反对兴奋剂使用等方面，做到合法、公正、及时的惩处和救济；在滥用体育职位权利等犯规行为方面，有明确的法律约束。

体育法律制度也在培育和推动体育事业的发展方面，发挥了十分重要的作用。因为有了明确的法律约束和规定，体育活动才能有序进行，体育组织才能高效运行。同时，体育法律制度对运动员、教练员和裁判员的资格审核，体育场馆的安全标准，比赛的制度规定等都有进一步的规范，保障了体育事业的健康发展。

此外，体育法律制度还为体育产业提供了发展的法律环境。明确的法律制度，可以规范体育市场，防止恶性竞争，保护消费者权益，使体育产业得以健康发展。同时，法律对体育赞助、广告、转播权等的保护，使体育产业化进程的推进更具法制化，有利于体育产业的长期健康运行。

通过以上分析，我们可以清晰地看出，体育法律制度在促进社会发展中的功能及意义十分重大。它不仅维护公正、平等的体育竞技秩序，保护人权，更是有效地推动了体育事业和体育产业的发展。

第三节 体育法律原则与规范

一、体育法律的基本原则

体育法律的公平原则是现代体育法理论的基本原则之一，它在体育法的理论和实践中具有无可替代的重要性。可以说，是公平原则赋予了体育法律活力，使之能够有效地规制体育行为，维护体育活动的公正公平。体育法律的公平原则有以下几个层面的含义。

首先，体育法律的公平原则体现在规则的制定和实施过程中。也就是说，体育比赛规则的制定和实施应以保证所有参赛者公平竞争的机会为目标，避免出现对参赛者不公的规则或规则的实施。例如，规则的制定应科学合理，不能过分偏向某个参赛者或某个团队；规则的实施应公正无私，不能有任何形式的偏袒。这样，才能保证体育比赛的公平性，维护参赛者的合法权益。

接下来，体育法律的公平原则也体现在对违反体育规则行为的处理上。如果对违反体育规则的行为不能公正处理，对作弊者不能实施必要的处罚，那么这无疑将严重破坏体育竞赛的公平性，使赛场失去公信力。因此，体育法律在处理违规行为时必须严格执行，公平公正，对待所有的违规者都要一视同仁，不能有任何的偏袒和照顾。只有这样，才能有效地维护体育比赛的公平性，提升赛场的公信力。

再次，体育法律的公平原则还体现在权利保障上。每个参与体育活动的人都应享有平等的权利，无论他们的性别、年龄、种族、地位、能力如何，都应享有平等参与体育活动的机会，他们的体育权利应得到体育法律的保护，他们的合法权益不应受到侵犯。

此外，体育法律的公平原则同样体现在对体育纠纷的处理上，无论是运动员之间的纠纷，还是运动员和俱乐部、主办方等之间的纠纷，都应当通过公正、公平的方式来处理。任何一方都不能因为自己的地位、权力或者影响力并利用这些优势而让纠纷的结果偏向自己，这样才能一视同仁地对待每个人。

总的来说，体育法律的公平原则是体育活动中公正公平的保障，是体育法规制体育行为的基本原则。通过公平原则，体育法既能充实自身的法律规制内容，又能满足公众对体育活动公正公平的期待。因此，我们应该进一步加强对体育法公平原则的理论研究，推动其在实践中的深入应用，为维护体育活动的公正公平提供有力的法律保障。

体育法律的正义原则在体育法律构建中具有重要地位，因其涉及公平公正、权益保障、公共利益和社会公正等一系列重要方面。正义原则是体育法律理论与实践路径中一项重大的组成部分，从制度设计到实施过程，正义原则是维护体育公平竞争、保障个人权益、促进体育事业公正发展的重要法律保障。

在体育竞赛中，公平原则是最基本的正义观念的体现。无论运动员、教练员、裁判员还是其他相关参与者，都必须遵守公平原则，维护体育精神的尊严和权威。在输赢决定机制中，公平原则可决定体育竞赛的公平性和公正性，借助该原则，每一位参与者的努力都将得到应有的认可和尊重。

为了维护体育运动的公平，需要在体育法律中，对运动员使用非法药物、技术以达到提高成绩的行为予以严惩，这样才能最大限度地保障运动员的合法权益，并保证体育竞赛的公平性和公正性，形成健康有序的竞赛环境。

正义原则还在体育纠纷的解决机制中起到了至关重要的作用。无论是运动员之间、运动员与裁判之间，还是运动员与赞助商之间的纠纷，只有以正义原则为基本引导，才能保证纠纷的公正、公平、公开地解决。

另一方面，正义原则也体现在体育法律对于不同群体的权益保护上。对于体育残障人士，体育法律需要保证他们的合法权益，实现他们与其他人享有同等的体育权利，使他们可以参与到各种体育活动中。同时，也需要对于体育市场的经济活动进行规范，保护体育市场的公平竞争，保护消费者权益，预防和打击体育领域的行业不正之风。

体育法律的正义原则并不仅仅体现在对体育运动员和各参与者的直接保护上，还需要维护整个社会公正，例如，防止体育领域的腐败行为，保护市场公平，打击体育赛事操纵等恶劣行为。

面对全球化的体育环境，体育法律也需要在国际体育竞赛中发挥公正裁决的作用，并将正义原则融入到国际体育交流和合作中，从而保障全球体育竞赛的公正公平。

结构完善的体育法律及其正义原则的贯彻，保障了每一个参与体育竞赛的公平性，维护了大众体育权益，也为整个体育事业的可持续发展和进步，提供了一个公平公正的法律环境。

体育法律的合法性原则是指体育法律在其形成、实施过程中，必须坚持以合法性为前提和条件，即体育法律的产生、存在和运行，必须以法律为依据，严格遵守法律的各种规定，严格按照法定权限行使，遵守法定程序进行。合法性原则是体育法律的基本原则，是保障体育法律正确运行，保障公正、公平、公开的体育活动进行，保护体育参与者的合法权益的重要标准。

体育法律的合法性原则主要体现在以下几个层面。

在法律的形成过程中，体育法律必须获得合法地位。体育法律的给予者必须是具有立法权的机关，经过正规程序产生的法律和法规，具备法律效力。子级、专业性的体育规章也要符合上级法律法规的规定。

在体育法律的执行过程中，体育法律必须遵循合法性原则，体育行为的审查、调整和制约，都必须依靠法律、按照法律进行，不能任由自身的恣意妄为和人为操纵。而体育官员在体育管理中，也必须以法人独立，尊重和保障法律，根据法律规定行使权力，遵守法律制定的程序，保障体育活动的合理性和公平性。

体育法律的相关权益决定，也需要依法进行。无论是体育组织、体育工作者，抑或是运动员、观众的权益，其决定都要基于法律的规定，不能因私念或不正当功利的理由去作出决定，甚至以个人情绪、运动愿景或赛事热度等私人因素塑造裁决。

体育法律的虚假行为，要严格受到法律的约束和制裁。如，一切赌球、假赛等行为，这些行为都是对体育公平性和独立性的侵犯，更是对体育法律合法性原则的践踏。任何存在虚假行为的人，要根据法律作出相应处罚，使其承担法律责任，净化体育环境。

体育法律的合法性原则，既是体育法律的基本要求，也是维护体育秩序、实现体育公平、促进体育发展的重要保障。它规范了体育行为，保护了体育人的权益，限制了不良的体育行为，促使体育以一种健康、公平、合规的方式进行，从根本上保护了体育的清白和崇高。

针对我国的具体情况，有必要对体育法律的合法性原则进行更为深入的探讨和作出具体的法律规定，使其更加清晰、明确、具体、适用，不断完善体育法制建设，提高我国体育法律规制的科学性和规范性，促进中国体育的健康发展。在此基础上，敢于质疑，敢于探索，大胆创新，才能使我国体育法制化建设更加完善，更好地服务于我国体育事业的发展。

体育法律作为规范体育活动的特殊法律规范，其最基本的原则之一便是保护原则。体育法律的保护原则启示我们，对待体育活动必须秉持公平公正的原则。对于参与体育活动的所有主体，包括运动员、教练员、裁判员、观众等，体育法律都要求给予平等、公正的权益保障，这一点体现了体育法律保护原则的核心价值。

体育法律的保护原则在致力于保护体育运动过程中的公正比赛、公平竞技等方面发挥着重要作用。无论是对参与竞技的运动员与教练员，还是对在场边执法的裁判员，体育法律都要尽可能地保护他们的合法权益，防止任何形式的不公平行为发生。同时，也要对观众的合法权益给予足够的保护，确保他们能在一个安全、宽松的氛围中观赏比赛。

在现代社会，体育竞技的影响力越来越大，体育法律的保护原则也在实践中逐渐完善并不断发挥作用。比如，在对运动员使用兴奋剂问题上，体育法律通过加大惩罚力度，保障了体育比赛的公正性，在这个过程中充分体现了保护原则的意义。又如，针对体育赛场上不文明观众行为问题，体育法律对此进行了严厉的处罚，旨在保护运动员、教练员等人的人格尊严和权益。

同时，体育法律的保护原则也对体育组织的管理和规范化建设发挥着十分显著的作用。体育组织在运动员选拔、赛事组织、资金管理等方面，都必须遵循体育法律的保护原则，尊重和保护各方的合法权益。只有这样，才能更好地推动体育事业的健康、有序发展。

此外，体育法律的保护原则还体现在对待体育活动中涉及的商业利益的保护上。体育活动无疑是一个重要的商业领域，广告赞助、转播权交易等都涉及了巨大的商业利益。在这种情况下，体育法律的保护原则还需要体现为对这些商业利益的合理、平等保护，防止任何形式的不公正现象发生。

可以看到，体育法律的保护原则对于维护体育活动的正常秩序，保护所有参与体育活动的主体的合法权益，以及推动体育事业的健康发展具有重要的意义。一个健全的体育法律体系必须以此原则为基础，在实际运用中不断积累经验，加以完善和深化。

体育法律的普遍性原则主张一个全面的、适用于所有体育活动的法律原则。在现代社会中，任何一个有组织的社会活动都需要法规来规范和保障，体育也不例外。从微观层面看，体育法律的普遍性原则主张象棋、足球、篮球等所有人们所熟知的体育项目，应当在相同的法律原则下运行与配合。在任何时候，当体育活动中存在纷争和争议时，条例和规定都应当公平、公正地进行解决。

先论体育法律的普遍性原则的含义，它需要我们清楚地理解其在体育法律框架中的地位和定义。基本上，它要求所有的体育实践活动都必须符合法律与道德的规范和要求，无论这些活动是在何种环境下进行，涉及什么样的体育项目，这样就能确保公平竞争、体育精神的崇高和体育活动的健康发展。这其中，法律起到了一个基础性与方向性的引导和规范作用。

接下来谈谈体育法律的普遍性原则的应用，它涵盖了所有的体育活动，这是因为它不是特定的法律或规定，而是一种在运动中普遍存在的法规原则。它以人道主义、公平竞争、反对不公尽管在不同的文化或国家中，对于体育活动或比赛的组织形式、参与者身份、运动途径等都有不同的理解和规定，然而，普遍性原则都是可以普世接受的。

至于体育法律的普遍性原则的实质和价值，其泛化性和公平性为所有参与体育活动的人们提供了公平、公正、公开的环境，进一步增进了体育实践活动的公信力。其中的体育精神、反对乱用药物等内容，为社会提供了值得学习和践行的模范。

再看体育法律的普遍性原则的问题，虽然这是一个非常理想的法律原则，但在实际的实践过程中，依然存在许多问题和困难。例如，体育活动的参与者和执行者可能存在不同的理解，不同的国家和地区可能有各自的体育法。因此，实践这个原则需要我们排除个别人和地方的私欲，以达到公平公正的目标。

必须指出体育法律的普遍性原则只是体育法律的一个方面，它还需要结合体育法律的其他法律原则，才能更好地管控和规范体育活动，以最大程度地维护体育活动参与者的合法权益，捍卫"公平竞争，公正裁判"的体育精神。

所以，体育法律的普遍性原则作为一种公认的和普遍适用的原则，对于维护公平公正的体育竞技环境，保障体育活动的顺利进行，有着重要的意义和作用。同时，在实际操作中，还需要与其他法律尽管有一些实践和理论上的困难，但只要我们保持对此原则的坚持和信念，就有一天会实现真正的公平和公正。

二、体育法律规范的结构与适用

体育法律规范的结构性特点，是体育法律规范得以存在并发挥效用的关键。对于其内涵理解，我们必须看到其是体育法实施的基石，是对体育活动中行为主体进行行为规制的法律规定。精细剖析体育法律规范的结构性特点，除可以为我们提供体育法律的实质理解，还涉及我们如何制定和完善体育法律规范，以及我们如何实施和执行体育法律规范。

体育法律规范的结构性特点首见于其明确定义性的特征。体育法律规范在笼统规定了行为主体应当遵守的基本原则之后，就具体事务给出明确的定义与规定，对行为主体的权利、义务、禁止行为等作出精准的设定，这为法律实施者进行具体判断提供清楚的参照。其中的具体规定并非僵化不变，而是随着体育活动的深入发展，这一定义性特征将实现动态调整，以满足体育活动的需要。

体育法律规范的结构性特点又表现在其相对稳定性。尽管法律规范具有一定的动态调整性，但总体上看，其在一定时期内都具有相对的稳定性。这一特点保证了法律规范对实践的强烈影响力，使得行为主体能够在相对稳定的法治环境中进行体育活动。

体育法律规范的结构性特点再体现在其大我主义色彩。一方面，体育法律规范要注重保护个人的基本权利，尤其是参与体育活动的基本权利，这是从个我出发，立法者需要以此尽可能地照顾到每一位行为主体的权益。另一方面，体育法律规范又要注意集体利益的维护，尤其是体育活动的公平、公正，这是从大我出发，立法者需要以此保证体育活动的公平性和公正性。

体育法律规范的结构性特点还展示在其实施上的可弹性。法律规范的实施并非刻板执行，而需要有针对性地考虑实际情况和需要。在实施过程中，法律规范的判断和解释需要带有一定的灵活性，以此满足体育活动的多元化和复杂性。

体育法律规范的结构性特点确立的是应对体育活动中法律问题的基本策略和途径，同时也具有引领体育行为主体进行规范行为的功能。每一份体育法律规范的制定、实施和执行，都是在反映和处理体育行为主体间的权利义务关系。因此，理解体育法律规范的结构性特点，有助于我们深入理解体育法律本身的性质和功能，推动体育法律理论研究的深入发展。

体育法律规范的适用场景与范围是一个独特的研究领域，旨在通过研究和分析确认体育法律规范在各种现实情境中的正确适用，以及在何种范围内这些规范有效。

体育法律规范的适用场景广泛，涵盖了社会生活的各个方面。在体育赛事中，无论是奥运会、世界杯、全运会、甲级联赛，还是一些地方性的体育赛事，体育法律规范都要进行严格的执行。在运动员的训练、参赛，裁判的执法，赛事的组织和管理，观众的观赛行为等方面，体育法律规范都有详细的规定，对于维护体育赛事的公正公平，保障运动员的权益，规范观众的行为具有重要意义。

同样，在体育产业和体育市场活动中，体育法律规范也要进行适用。这涵盖了体育装备的生产销售、体育广告的发布和传播、体育赞助的合同签订和执行、体育版权的保护和运营、体育投资的监管等方面。在这些领域中，体育法律规范可以对相关行为进行规制，对行业的健康发展起到积极的推动作用。

至于体育法律规范的适用范围，由于体育法规律普遍，其适用范围广泛，基本上在所有的体育活动中都有其存在。从学生校园运动，到职业体育运动；从集体体育项目，到个人体育项目；从传统体育项目，到新兴体育项目；从线下体育活动，到线上体育活动，体育法律规范无处不在，牵涉面广泛。

但是，体育法律规范的适用并非随意，而是要根据具体的实际情况进行，这就需要各级体育组织和机构以及相关人员根据实际情况进行判断和选择。具体来说，各级体育组织与机构需要对其负责的体育赛事和体育活动进行全方位的监管，以确保体育法律规范的适用和执行。赛事裁判需要依法作出公正公平的决定，确保竞赛的公正性。运动员和教练员需要遵守体育法律规范，维护自身权益。观众需要理解并尊重体育法律规范，规范自身行为。只有这样，体育法律规范才能在实际场景中得到有效地适用，体育赛事和体育活动才能正常进行，体育市场才能健康发展。

体育法律规范的适用场景与范围是一个非常重要的主题，它涉及体育活动的每一个环节，对体育活动的公平性、公正性、有效性都有决定性的影响。因此，理解和掌握体育法律规范的适用场景与范围，对于我们进行体育活动，维护体育公平公正，推进体育事业和体育事业发展具有十分重要的意义。

体育法律规范的执行力保存着规范系统的真实效用，是法律规范有效执行的保证。在体育法中，从警告到罚款，再到赛事禁赛和职业禁赛，这些措施的目的都是为了维护体育公平和体育精神。体育法律的执行力不仅在于法律本身给出的制裁力度，更在于其执行过程中的公正和公平性。在该方面，不只依赖于规则制定者，更需要执行者的公正和公平。

在体育法律规范的应用中，执行力的体现需要满足程序公正和实体公正的内在要求。程序公正是指在执行体育法律规范过程中，所有涉及的过程应该公开、公正、公平，并且让各方都有机会参与，以确保过程的公正性。实体公正则着重注意体育法律规范是否真正促进了体育公平，是否真正达到看护运动员的权益，为社会公众塑造一个公平公正的体育环境。

有效性则关注体育法律规范是否在实践中达成了预期的规范效果。体育比赛的公平性、公正性以及体育精神的传承都归结于体育法律规范的有效性。体育法律规范有效性的衡量标准就是实践，其根本目标就是让体育比赛更加公平和公正。某项规范如果不能避免不公平，不能抵制体育赛事中的不公平现象，那么体育法律就没有实现其应有的效能。

体育法律规范运作的全球化，让给予其执行力和效能的重要性进一步显现。在不同的国际体育赛事中，体育法律规范的执行和观察是保障比赛公正的重要因素。这也是体育法律规范在全球化运动中的重要性所在。这种全球化和跨文化性也为体育法律规范的设定和实施带来了一系列的挑战，需要我们进一步深化并拓展体育法律的研究，并不断优化体育法律规范的执行力和效能。

假设我给你的某项体育法律规定制定了一项严格的罚款条款，而在实践中我没有执行，那这项规定就毫无作用。反之，如果我严格执行但罚款数额过大，未能考虑运动员的实际经济状况，那这便和体育公平原则相悖。因此，体育法律规范的执行力及效能需在公正与公平中得以体现。

所以，体育法律规范的执行力与效能是全面的，包含了体育法规公正公平执行，体育比赛的公正公平巡察等要素。我们必须以更加持久的耐心和勇气去优化我们的体育法律规范执行力与效能，以更好地促进全球体育运动的公平与公正，更好地推进体育事业的发展。这就是体育法律规范的执行力与效能分析的主要内容。

第三章　大学体育法律制度的构建

第一节　大学体育的法律地位

一、大学体育在法律体系中的位置

大学体育在法律体系中的位置及其发展历程是一个非常复杂且灵动的问题，本书将尝试通过揭示合理的制度设计和实施路径，以便建立一个更系统、有效和有意义的大学体育法律制度。

一方面，大学体育在法律体系中的地位是以其特殊性质为基础的，即它是一个"体育＋教育"相结合的特殊领域。从国家和社会发展的意义出发，这两个领域都属于关涉公共利益，而且在现代社会中，也深受到公众以及政府部门的关注。在法律的设计上，大学体育法律应当既考虑到体育的基础规则和法律价值，又需要关注教育的基本规定和法律的规划。

在法律发展历程中，大学体育的法律地位逐渐确立比较晚，主要是从20世纪90年代后期开始。由于此前法律对大学体育的教育功能和社会价值认识较为模糊，因此在法律制度构建过程中，并没有给予足够的重视。然而，随着社会对体育的重视以及大众对大学体育教育需求的提高，大学体育法律开始得到了越来越多的关注。

大学体育法律的发展历程与法律地位的确立，主要经历了三个阶段：最初阶段，大学体育法律尚未成为独立领域，主要依赖于体育法和教育法的规定。第二阶段，大学体育法律开始成为一个独立的领域，开始构建大学体育法的基本框架和原则。第三阶段，随着大学体育的发展，法律开始逐渐深化和完善，且大学体育法律地位更加稳固。

在中国，这一发展进程更为明显。从1995年《体育法》的颁布实施，标志着我国开始法律化和规范化管理体育，这也直接推动了大学体育法的发展。2003年，我国教育部、国家体委联合发布《高等学校体育工作规定》，首次明确了高校体育工作的目标、任务和内容，为大学体育法律制度的建设奠定了基础。此后，在《中国人民共和国国家体育总局关于进一步加强和改进高校体育工作的若干意见》《新时期高等学校体育与健康课程指导性意见》等多个文件中，我国进一步升级了大学体育的法律地位，将其从原先的服务性、补充性地位提升到基础性的地位。

总体来看，大学体育在法律体系中的位置无疑已被广泛接受，其法律地位也已在科学制度设计和管理实践中得到了有效体现。与此同时，随着社会的改变和体育事业的发展，制定更加完善的大学体育法律制度，可以更好地保护和促进大学体育的发展，利用法律手段构建科学、规范和人性化的大学体育环境，这无疑是我国大学体育发展的重要方向和任务。

大学体育在法律体系中占据的位置重要且不可忽视。在此位置上，大学体育法律体系的构成与功能成为我们可以深入研究的主题。对于大学体育法，其法律体系的架构和功能的确切了解与分析是建立和保护大学体育事业的基础。

大学体育法律体系的构成是多元化的，包括法律、行政法规、部门规章、规定、决定以及涵盖了法院解释和行政法规的法规等。这些法律和法规统一、全面地规定了大学体育活动的组织形式、活动规则、法律责任和法律关系等。它们共同构成了大学体育法律体系，使之成为一个相对完整的法律体系。

这个体系的功能可以从两方面去理解。首要的功能是规范功能，主要是通过法律的形式，规范大学体育的活动行为，并以此来确保大学体育活动的公平、公正、诚实、信用。法律通过设定行为规范，来规范大学体育活动的公平、公正、诚实、信用，防止制度的滥用和违规行为的出现。规范功能是大学体育法律体系的基础功能，它是体系运行的根基。

除规范功能外，大学体育法律体系的另一项重要功能是保护功能。这主要表现在通过法律手段保护大学体育中各方参与者的合法权益。大学体育法律体系的设立和完善可以为大学体育活动提供法律保障，通过防止和制裁不公平、不公正的竞赛行为，保护运动员、教练员以及其他相关参与者的合法权益，进一步推动了大学体育事业的健康发展。

然而，我们也需要认识到，要实现大学体育法律体系构成的完整和功能的完全发挥，还需要相关配套措施的协调和支持。这包括完善大学体育法律体系的建设，并与其他相关法律体系进行有效衔接；加强大学体育法律教育和普及，提高大学体育参与者对法律的认识和尊重；建立健全和完善大学体育法律体系配套的监督和执行机制，确保大学体育法律体系的有效实施。

综上所述，大学体育法律体系的构成和功能，是为了规范大学体育行为，保护大学体育参与者的合法权益，为中国大学体育发展营造良好的法制环境。因此，我们必须给予高度的重视，深入研究和理解，以此推进大学体育事业的健康发展。

大学体育是大学教育的重要组成部分，而法律地位是大学体育得以存在、发展的前提和保障。大学体育的法律地位表现为事业性、服务性和群体性，反映在法律体系下，就是大学体育在我国高等教育法律体系下，具有明确的法律定位和承担的法律责任。这种法律地位，为大学体育提供了发展的基础，同时也对大学体育的发展产生了十分深远的影响。

大学体育的法律定位决定了其在高等教育体系中的地位和作用。明确的法律地位使大学体育成为公共服务的一种，是高等教育对社会贡献的重要部分。同时，从法律角度来看，大学体育不仅是一项重要的物质文化服务，更是一项培养全面发展的人才的精神文化服务。因此，大学体育的法律地位对于确定其在高等教育体系中的席位和功能有着决定性的影响。

此外，大学体育的法律地位也决定了其发展的方向和方式。法律地位的明晰使得大学体育成为一种具有公权力的事业，也就意味着其发展不仅要符合市场规律，更要符合公共利益的需求，同时还需符合法律的规定与约束。这就决定了大学体育在发展过程中要坚持公益性、公正性、公开性等原则，而且要以全面提高学生素质为目标，以科学的方法对体育教学、体育科研和体育竞赛等进行有效管理，以此来保障大学体育能够健康、平衡、持续地发展。

同时，大学体育的法律地位也对大学体育的资金来源、资源配置和人才培养模式等方面产生了十分深远的影响。法律地位的明晰使得大学体育成为公共事业的一部分，其资金来源、资源配置等方面就有了明确的规定和保障。这就意味着大学体育不再是一个凭借市场和自我发展的领域，而是需要根据法律规定和政策导向，进行科学的规划和管理。同时，其人才培养模式也受到了法律地位的影响，需要坚持以学生为主体、以全面提高学生素质为目标的教育原则，进而实现大学体育的价值。

综上所述，大学体育的法律地位是大学体育的发展得以支持和保障的重要前提，它确定了大学体育的职能和地位，规定了大学体育的操作规则，影响了大学体育的发展方向和方式。大学体育需要在符合法律规定的前提下，通过科学的管理和教育实践，以达到全面提高学生素质的目标，提供高质量的体育服务，实现其在大学教育的重要地位。

二、大学体育的法律责任

对大学体育法律责任的认识这一主题，本质上涉及大学体育活动中可能会出现的一系列法律问题，以及如何有效地维护和保障涉及各方的合法权益。

大学体育是大学教育的重要组成部分，拥有其特殊的法定地位和社会责任。体育活动中的法律问题涉及如何防范和处理运动伤害、公平竞赛的保障、合理使用体育设施、大学体育组织的合法权益保护等重要问题，这些都需要大学体育的法律责任来加以保障。

大学体育的法律责任，明确了在体育活动中，各参与方应承担的责任和义务。我们可从以下几方面去认识和理解。

在体育活动中，主办方对于维护场地安全、提供充足卫生条件、确保比赛公平等方面承担着不可推卸的责任。此外，主办方也有义务向运动员以及参赛者传递正确的运动精神和者体育道德，将运动的健康、积极的影响传播给广大学生，真正从内在实现大学体育的教育功能。

运动员自身在体育活动中，也需要尊重和遵守相关法律，这不仅体现在遵守比赛规则，公平竞赛，更包括尊重他人的人身和精神权益，珍视和保护好公共体育设施，避免进行违法犯罪行为。

教练员、裁判员在体育活动中，也有着自己应尽的法律责任。他们既是运动员遵守体育道德、公平竞赛的重要引导和监督者，又是大学体育法律制度实施的关键实践者。他们需要对运动员的行为进行正确的引导，避免出现违规行为；同时，他们也需要在活动中保障运动员的人身安全，避免出现运动员因活动不慎受伤的情况。

需要注意的是，各方的法律责任并非孤立的，而是息息相关，密切相连的。只有各方依法履行自己的责任，遵守规则，才能真正实现大学体育活动中的公平、公正、公开，保障大学体育活动的正常进行，达到体育锻炼身心、培养团队精神的目标。

同时，我们也要明确，法律责任的归属和承担，并不是说出了问题就找责任人，而是要通过有效的法律手段，预防可能出现的问题，减少法律纠纷的发生。这需要大学体育组织善于运用法律，正确处理和解决各类法律问题，并不断完善相应的制度，提升对法律责任的认识和执行力度。

因此，通过对大学体育法律责任的认识和理解，我们应从全局和细节两个层面来思考和实践，既要看到整体，又要注重每个环节，真正使大学体育成为提升学生体质、陶冶情操、弘扬体育精神的重要舞台。

在论述大学体育的法律责任类型之前，我们需要理解大学体育的法律责任概念。在法律角度看，大学体育的法律责任，主要是指大学在组织、管理和开展体育活动过程中，因其行为造成他人权益被侵害的，需要对造成的后果进行赔偿的法律义务。对此，法律明确规定，大学有义务保障体育活动的安全，合理合法地管理和运营体育活动，并且在进行体育活动时，要尊重学生的人格权和身体权。

在大学体育的法律责任类型上，我们可以从教学责任、管理责任、安全责任、未尽责任四个角度进行探讨。

教学责任，是指大学在进行体育教学、训练等活动中，确保学生安全、健康、合理的体育锻炼，同时应引导学生树立正确的体育态度和体育精神，按照教学目标和内容开展教学活动，保障学生的受教育权。如果大学在体育教学过程中教师的教学技术不合格或教学行为失误，造成学生身心损害，大学需要承担相应的教学责任。

管理责任，是指大学对于体育设施设备、体育活动的组织、管理等方面应负的法律责任。这包括体育设施设备的安装、使用、维护、检修等方面；体育活动的规划、组织、实施等方面。大学应定期对体育设施设备进行检查和维修，确保其状态良好，合规使用。对于体育活动，大学需要做好活动的组织和管理，遵守体育法律法规，尽量避免活动中出现安全事故。一旦出现安全事故，大学需要及时进行处理，并承担相应的管理责任。

安全责任，是指大学在开展体育活动中，尤其是一些相对危险的运动（如冒险运动、竞技运动等），应该做好安全防范工作，以保护学生的生命安全和身体健康。安全责任的主要表现就是对体育活动安全的预防、管理和救援等方面的职责。如果大学在这些方面疏忽大意，造成学生受伤或者死亡，就需要承担安全责任。

未尽责任，还需强调的是，大学在对学生体育活动中的未尽责任也是一种法律责任类型；这就是说，如果大学在对学生的体育活动管理、教学、安全等方面存在疏忽，未尽其应尽的监护责任，这就构成了未尽责任。一旦这种未尽责任导致学生的人身权益遭受侵害，则应当依法承担法律责任。

根据以上的分析，可以认为，大学体育的法律责任主要表现为教学责任、管理责任、安全责任及未尽责任等形式。这些类型来自于对大学体育的法律义务的分析，也体现了法律对于大学体育的高度关注和重视。通过强化这些法律责任，有助于推动大学体育的健康、有序发展，而法律责任的划分和规定也有助于对大学体育活动中可能出现的问题和纠纷的解决。

大学体育的法律责任，是大学体育的核心主题之一，也是大学体育法律制度不可或缺的组成部分。这需要对大学体育的法律责任有深入全面的理解和把握。

大学体育的法律责任主要表现在对学生个人、学校和社会承担的责任。对学生个人来说，它包括保障学生体育权益、保障学生的决策权以及对学生的安全负责。对学校来说，体育的法律责任主要体现在按法律法规实施体育教学和活动管理，以达到锻炼学生体魄，提高学生体质健康水平的目标。对社会来说，体育的法律责任体现在积极推动我国体育事业的发展，尊重和维护国家体育的尊严和权威。

这些法律责任并不仅仅是大学体育的道义责任，而且有着具体的法律约束力。对于侵害学生体育权益、损害学生健康安全的行为，应该受到严肃的法律制裁。学校应对体育教学和体育活动的安全负责，如果出现安全事故，应按照相关的法律法规进行处理。

大学体育的法律责任分析，我们首先要明确法律责任的概念。法律责任是指由于违反法律规定而产生的应当受到的法律后果（如罚款、赔偿、刑事责任等）。对于大学体育来说，法律责任主要包括民事责任、行政责任和刑事责任。

民事责任主要指因侵害他人体育权益，例如，因体育教学、训练、比赛等活动过程中由于故意或过失对学生的人身权、财产权等造成侵害，而应承担的赔偿责任。对于一些严重的人身伤害案件，除了民事赔偿，还可能涉及刑事责任。

行政责任是对违反体育管理行政法规，未尽到应有的管理职责，致使发生严重后果的学校或者体育管理部门，依据行政法规予以处罚的一种法律责任。这种责任形式多样，如罚款、没收非法所得、暂停比赛等。

刑事责任则是指因为学校、教练员或其他体育工作者的行为已经构成犯罪，需要依法追究其刑事责任。例如，故意伤害、过失致人死亡等。

而对于法律责任的判断和认定，需要一定的程序和证据。需要投诉人或者有关部门提供充分和确凿的证据，经过法院或者行政机关的公正裁决后，进行责任的确定和追究。

因此，大学体育的法律责任不仅是一种规则，更是一种社会责任。这需要我们对大学体育的法律责任有深入的了解，以便在实践中能更好地执行，并有助于推动我国的大学体育事业健康、有序、持续地发展。

在探讨大学体育法律责任的实施路径之前，首先需要明晰何为大学体育的法律责任。简言之，大学体育的法律责任是指大学在体育活动中履行法律义务，遵守法律规定，并在违反法律时承担相应的法律责任。大学体育的法律责任主要包括对学生的安全负责，对体育设施和器材的管理负责，以及对体育教学的质量负责等，同时也包含正常运行体育组织和保障大学体育活动公平公正的责任。

在法律责任的实施路径方面，需要从法律教育、制度设计、监督执行和责任追究等多个角度进行考虑。倡导法治文化，发展法治教育，是实施大学体育法律责任的重要路径。大学是培养社会精英的高等教育场所，具有广泛的社会影响力和示范作用，因此，大学应当通过教育的方式，让每位学生深入理解和重视体育法规，从源头上防止违反体育法规的行为发生。

接着，强化体育权益保障制度的设计和完善，也是保障大学体育法律责任实施的重要路径。为了保证法律法规的执行，大学需要建立一套完善的体育权益保障制度，包括体育设施设备的使用管理制度、体育活动的组织管理制度和体育事故的处理制度等。

提升监督机制，完善责任追究机制，也是推动大学体育的法律责任实施的有效手段。具体来说，大学应建立完善的体育管理监督机构，提高体育管理水平，监督各部门和所有参与者遵守体育法规，防止体育活动中的不规范行为。一旦出现违法行为，应该严格执行法律，依法追究责任。

大学体育的法律责任不仅仅是出于对学生身心健康的关注，也是为了推动大学体育事业的发展，提升大学体育的影响力和凝聚力。在实施路径上，无论是从教育、制度设计，还是从监督执行和责任追究等角度，都要求大学进行全方位、多维度地探索和尝试，以实现大学体育的法律责任的有效实施，并推动大学体育的健康有序发展。这对于弘扬体育精神，提升体育文化，强化学生的体育观念，保障学生的体育权益，也有着重要的现实意义和深远的历史影响。

在大学体育的课程和活动中，法律观念和法律责任的注重是非常重要的，尤其对大学体育法律责任观念的提升。这一主题讨论的核心内容，就是如何增强学生对体育活动中法律责任的认识，挖掘和建立完整的大学体育法律责任制度，以及如何通过各种方式提高学生的法律责任观念。

体育运动是一种受法律保护和规范的社会行为，同样也有可能带来伤害和风险。而体育法旨在通过法律的方式进行规范和引导，保护运动员和教练员的权益，保障体育活动的公正和公平。在高等教育中，大学体育法作为体育法的重要组成部分，其作用足以体现在对大学体育活动的法律规范和保护上。

对于大学生来说，通过参与体育活动，他们可以在享受运动带来快乐的同时，也可以感受到运动精神的影响，但是，他们能否获得这样的体验，一方面取决于学校的体育设施和环境；另一方面，更重要的是他们是否具有足够的法律认识和法律责任感。

从法律意识角度说，大学生应当认识到体育活动中存在的法律风险和法律规范，如何在活动中遵守规则，尊重他人，保护自我，不触犯法律。而这些都需要大学体育法制度的支持，更急需的是大学体育法律教育的深入。

因此，提升大学体育的法律责任观念，首要任务是提升大学生的法律意识，让他们清楚体育活动中可能存在的风险，当他们面对这些风险，如何遵循体育法的规定，尊重他人的权利，保护自己的权益。

其次，建立完备的大学体育法律制度，这不仅包括基础的法规和规章，还包括体育活动中的行为规范，教练员的培训和聘任，赛事组织和管理等细节。这些制度的存在，让每一位参与大学体育的人都有一个具体可参照的法律依据。

最后，通过各种方式提高学生的法律责任观念，比如，引入法治教育课程，倡导体育法治文化，将法律课程融入到体育课程中，让学生在参与体育活动的同时，认识法律，了解法律，习惯法律，尊重法律。

大学体育的法律责任并非单一的责任，而是一种集体的责任，有学校的责任，有教练员的责任，有学生的责任，只有当所有参与者都能理解并认同这种集体的法律责任，才能真正形成有效的大学体育法律制度。通过上述的法律制度建设和法律教育方式的探索与实践，可以有效提升大学体育的法律责任观念，也可以更好地保障大学体育的规范进行和健康发展。

第二节 大学体育法律制度的内容

一、大学体育教学与训练法规

笔者在开始撰写大学体育教学的法律规范主题之前，有必要先明确体育教学的合法化与规范化是保障教学质量、防止教学纠纷，以及营造公平、和谐的大学体育环境的重要保障。基于这个前提，笔者将再细致地阐述大学体育教学的法律规范。

大学体育教学的法律规范立足于规范教师的行为，旨在为教师制定教学与训练的基本法规准则。这在很大程度上降低了体育教学过程中可能出现的一些教学纠纷，并为提高教学质量与教学效果提供了良好的基础。

具体来说，大学体育教学的法律规范主要包含这样的内容：一是明确大学体育教育的目标，即提高学生的体质健康水平，发展学生的体育技能，培养学生的积极健康的生活方式和良好的体育习惯；二是指导大学体育教学的教学方法和教学形式，倡导采取灵活多样的教学方式，因人施教，以学生为主；三是规范大学体育教学的教学行为，包括对学生进行公正、公平的评价，遵守教学秩序，尊重学生的人格和人权等；四是确保大学体育教学的教学质量，要求大学体育教师具有较高的教学素质和技能，开展定期的教学监控和评价。

另外，大学体育教学的法律规范还关注到了体育设施设备的使用和管理。如，体育教学设施设备的采购、维护、更新、报废等都要严格按照相应的法律法规来进行。严格的设备管理体系可以让学生在使用设备时更加安全。

在体育法规的实践中，值得注意的是，体育教学人员在输入教学过程中，必须全程按照法规的规定进行，不能以任何原因予以忽视。而学生在接受体育教育过程中，也应具备一定的自我保护意识，开展体育活动时，必须严格按照体育规则、教学规范进行，避免产生不必要的风险。

因此，大学体育教学的法律规范将产生一种良好的教育环境，它使得体育教师的教学活动得到了规范，体育教学的质量和效果也得到了提高，在学生体育国家规定的各项体育活动中，大家能在安全、公平、有序的环境中进行。

无论是全面的法律条文内容，还是具体的实施过程中的政策规定，大学体育教学的法律规范都起着重要的作用。这些规范不仅便于教师进行教学工作，也方便学生在一个安全舒适的环境下进行体育锻炼，尽享大学时期丰富多彩的体育生活。

在深入研究大学体育训练的法律规定之前，我们需要明确法律规定的基本含义。法律规定是国家法律权威提出的法定要求，是具有法律效力并受到法律保护的。大学体育训练的法律规定是指对于大学体育训练中的各种行为，包括但不限于教学、学习、训练、比赛等，国家和学校通过法律、法规、规章、规则等产生和调整运行的规定。

在我国，大学体育教学与训练法规多是由体育部门、教育部门等国家权力机构以行政法规的形式制定，在有些情况下，也可能是当地教育行政部门以规章的形式明确规戒。这些法律规定是保障大学体育教学或训练活动中，参与者的合法权益，引导与规范大学体育活动走向合理、健康的发展道路，对此具有不可替代的重要性。

在我国大学体育训练的法律规定中，一个重要的角色就是教育部。教育部通过《高等学校学生体质健康标准》等法规，对大学体育教学与训练有着明确的指导。这些法规确定了学生体测试的内容、评价方法、达标要求等，规范了学校的健康服务，保障了学生的权益，起到有利于提高大学生体质健康水平的作用。

此外，体育部门也作为大学体育训练的法律规定制定者与执行者，以《全民健身计划纲要》《全民健身活动实施方案》等中央文件为指导，提出与执行具有针对性和指导性的一系列规定。大力发展校园体育，弘扬体育精神，倡导健康、科学、文明、和谐的生活方式，对促进我国大学体育健康发展起到了十分重要的作用。

在大学体育训练的实际过程中，安全问题及器材设施的相关法规同样不能被忽视。如《中华人民共和国安全生产法》《学校安全管理条例》等规定，对学校安全工作的组织、领导、教育、检查与评价等全过程进行规范，防止体育训练中可能出现的安全状况，有效保障学生的生命安全。

在实践中，还应加强对大学体育训练法律规定的学习和宣传，提高大学生、教师以及相关领导的法律意识，使大家明白在大学体育训练中遵守法律规定的重要性，确保大学生体育活动的正常进行。

最后，无论是教育部门还是体育部门，在制定大学体育训练的法律规定时，都应充分考虑到学生的个性化需求，注重创新，既要符合教育规律，又要满足体育训练的特性。大学体育训练的法律规定不仅需要具有权威性，还需要有适应性和灵活性，以适应大学体育训练活动的多样性和动态性。只有在法律规定的指引下，才能更好地推动体育教学与训练工作的发展，使之更好地服务于提高学生的身心素质和增强我国的体育实力。

面对大学体育教学与训练的违反法规，法律责任的实现不仅是对违者实施惩罚，也是对法规权威性的重申和体育教育公平性的维护。在构建大学体育法规的过程中，我们必须明确誓言或疏忽违反体育教学与训练法规的行为人将面临什么样的法律责任。

在大学体育教学与训练中，违反法规的行为多种多样，根据违规行为造成的严重性和影响的范围，法律责任也有所不同。一般来说，轻微的违规行为，例如，缺乏教职工监督、设施不符合安全标准等，可能导致警告、罚款等行政处罚。对于严重的违规行为，例如，造假、使用禁药等，还可能面临刑事责任。

虽然大学体育教学与训练法规让每个参与者明确了规则限制，但是如果没有紧跟其后的监管措施和清晰明确的惩罚制度，规则就难以实施。因此，对违反法规行为的法律责任通常包括两个方面：对行为人的处罚和对被影响者的赔偿。处罚旨在警示社会，对违反规则的行为进行遏制。赔偿则是基于公平原则，为被影响者提供补偿，以减少他们因他人的违规行为所造成的损失。

在处理违反大学体育教学与训练法规的法律责任时，不仅要将权威性与公平性贯彻始终，而且要以合理和公正的态度对待每一个案件。无论是训练中的安全问题，还是比赛中的违规行为，法律都必须明确规定责任人并规定应当采取的措施。鉴于体育活动的特殊性，大学体育法规必须明确每个人的责任和关注点，以确保活动的公平性和安全性。在这一点上，体育法规独特的性质和目的决定了它的处理方式必须灵活变通。

另外，大学体育教学与训练法规的实施和执行也是检验其有效性的重要一环。规定的制定只是第一步，关键在于如何保证这些规定能得到有效地执行。深入的法规研究、科学的运动员教育和严格的法规执行是实现这一目标的关键。赛场镜头不断关注规则的执行和遵守，创造出公平、公正和透明的运动环境，是大学体育教学与训练法规的核心理想。

法律责任的界定是大学体育教学与训练法规遵守的一种保障，但这并不意味着只有严刑峻法才能实现。对违规行为的法律责任应当体现出对学生的关爱和对大学体育精神的坚持，旨在营造一个公平、公正、诚实和有纪律的大学体育环境。在这个过程中，大学体育法规的制定和实施，必须严格遵循法律原则，尊重每个学生的权利，并尽可能地照顾到他们的利益。

通过规定违反大学体育教学与训练法规的法律责任，为各方参与者提供明确的行为指南，可以有效地遏制违规行为，保护比赛的公平性，同时也是对体育精神的一种弘扬和尊重。但是，法律责任既包括对违规行为的惩罚，也包括对其进行改正和预防，不能简单地以罚为目的。只有当对法律责任的理解和运用能进一步完善时，我们才能在大学体育的海洋中乘风破浪，让大学体育教学与训练法规真正起到应有的作用。

在当下的大学体育教育中，法规的制定和执行力度是保障大学体育科学、健康发展的重要前提。关于提高大学体育法规执行力的措施，有以下几点建议。

一是提高大学体育法规的科学性和规范性。在中国的大学体育教学实践中，法规执行力度的不足往往源于法规本身的不完善。例如，对于体育教学细节，法规中的规定往往过于抽象模糊，难以具体操作。因此，需要对现行的大学体育法规进行细化和规范化，强化其规定的可操作性和执行力。这不仅需要对体育教学的特性进行深入的调研，还需要借鉴国内外先进的体育教学法规，合理确定大学体育法规的内容和范围。

二是加强大学体育法规的宣传和教育。许多大学里，体育教学常常与法规有所背离，但教师和学生对此却缺乏足够的认知，这是由于大学体育法规的宣传和教育程度不够造成的。因此，大学应当把体育法规教育作为体育教育的重要内容，通过开设相关课程、举办讲座等方式，提高大学师生对体育法规的认知度和遵法意识，以此提高法规的执行力。

三是建立完善大学体育法规的监督机制。监督机制是法规执行力的重要保障，在体育教学中，既需要体育教育行政部门的监管，也需要学校高层的关注，更需要社会的广为监督。此外，内部监督也尤为重要，参加体育教学的教师和学生都应当是法规执行的监督者。体育教学的过程即是执行法规的过程，只有在监督下，法规执行才能有力度，才能真正达到体育教学的目标。

四是严肃大学体育法规的违规处理。对于违反大学体育法规的行为，应根据法规的规定进行严惩。处理结果应当公开，以儆效尤。只有让违规者付出代价，才能使大学体育法规得到真正的尊重，才能提高法规的执行力。

提高大学体育法规执行力，需要从法规本身着手，通过提高法规的科学性和规范性，使之更具有操作性。同时，也需要从人的因素入手，通过加强大学师生对大学体育法规的认知，提高遵法意识，激发执行法规的积极性。此外，建立完善的监督机制，严肃大学体育法规的违规处理，也是提高法规执行力的有效途径。在这个过程中，大学是主要的执行主体，高校、体育教育行政部门和社会都应当共同参与，以期达到提高大学体育法规执行力，促进大学体育健康发展的目标。

二、大学体育竞赛与活动法规

在论述大学体育竞赛的法律规定与影响时，如同处理其他法律题目一样，我们需要从法律的角度进行深入、透彻地考察和剖析。相比于其他类型的体育比赛，大学体育竞赛具有其独特性，这既体现在比赛的参赛群体、比赛的组织形式，也表现在比赛的举行目的。因此，相对应的法律条款也需针对这些特定情况进行明确和规定。

大学体育竞赛的法律规定主要分为大赛组织、运动员权益保护、比赛公平性和安全保障等几个方面。对于大赛组织，一般会通过法律规定明确大赛的主办机构、承办机构以及各种责任主体，例如，校园的体育比赛，通常由学校体育活动部门与学校相关学生组织担任主办或承办方，并可能会协同其他外部机构共同组织比赛。

维权方面，既包括运动员的训练权、参赛权、得到公正裁决的权利，也包括其知识产权、肖像权等；还应保障其在校学习的权利不受侵犯，以及对其身体健康的保护。并非所有的大学生运动员都将体育当作未来职业方向，他们除了在体育竞赛中发展，校内的学术学习也同样重要。所以在法规制定上，也应考虑到体育和学业的平衡问题，防止运动员过度训练、损伤身体，也应防止其过于专注于体育比赛，无法顾及学业。

另外，比赛公平性是竞赛类法规的根本，大学体育比赛也不例外。一方面，比赛规则设定必须科学、公正，不偏袒任何队伍或个人；另一方面，比赛过程中，主裁判需要公正执行比赛规则，对违规行为及时、准确地进行判断和处理。公平性保证了比赛结果的合法性，从而使运动员受到保护，更愿意在公平环境中进行比赛。

最后是大学体育竞赛中的安全问题，比赛前、后、中都需要进行周全、严密的安全保障，包括场地安全、设备安全以及运动员的人身安全等。

大学体育竞赛的法律规定在实践中产生了深远的影响。这些规定塑造了一个科学合理、公平公正的比赛环境，增强了比赛的公信力，也对比赛的顺利进行起到了积极推动的作用。法律规定的实施，极大地维护了运动员的合法权益，保障了他们的身体健康和精神成长，激发了他们更好地参与体育竞赛的积极性。

同时，由于大学体育竞赛的独特性，大学体育竞赛的法律规定在实践中也体现出了其特殊性。在保障大学生运动员权益的同时，这些规定同时关注了他们的学业进程，使得他们在追求体育成绩的同时，也不会忽视学术学习，从而做到体育和学业并重。

总结，大学体育竞赛的法律规定的确立，不仅满足了比赛的普遍法规需求，也针对大学体育竞赛的特殊性作出了相应的规定，从而在保护运动员权益、维护比赛公平性、重视学业发展等方面，体现了其独特价值和重要意义。

在大学体育活动中，法律问题的出现是难以避免的，这些问题涉及学生的安全、权益保护等主要方面。如何解决这些问题、建立健全法规制度，是大学体育法律制度不断进步的主要任务。

活动中的法律问题，首要的就是关于安全责任的法律问题。体育活动往往有一定的运动风险，如果在活动中出现意外情况，如何界定各方的责任关系，学校、教练、参与者谁该负责？没有明确的法律规定，存在极大的法律风险。因此，不仅需要明确规定大学体育活动中的安全职责，还应设立严格的安全制度，确保体育活动的安全性。

接着是体育活动中的权益保护问题。学生参与体育活动，有的为了提高身体素质，有的为了赢得荣誉，他们的参与权、知情权、公平竞赛权等都应该得到保护。如何保障学生在体育活动中的权益，让他们充分发挥自身潜力，又不受到伤害，是大学体育法律制度必须考虑的问题。

此外，大学体育活动的举办和管理同样存在多样的法律问题。例如，大规模的校际体育比赛需要明确的协议来规定比赛的举办、参赛团队的管理等问题；体育设施的使用和维护，也需要与校园管理部门进行协商，明确各方责任和权利。这些问题的解决，也是大学体育法律制度的一部分。

对于上述所列举的法律问题，大学体育法律制度可以通过建立健全的法律法规来解决。例如，可以制定安全条例，规定教练的安全责任，学生的自保责任，以及学校的安全管理责任；可以明确规定学生的权益保护制度，包括信息公开、参与决策、公平竞赛等方面的权利；可以设立专门的约章，规定体育活动的举办、参赛团队的管理、体育设施的使用和维护等问题的处理办法。

同时，需要注意学生法律意识的培养。使学生了解自身权益，明白参与体育活动的规则和责任，这样才能有效地解决实际中的法律问题。

除此之外，还需要实施严格的法律监督。对学校实施的体育活动实行全程法律监督，确保每一项活动都在法律的框架下进行，即使出现法律问题也能及时发现和处理。

在此过程中，应充分发挥体育行政部门、学生事务部门和学生自身的作用，共同构建大学体育活动的法律环境。这样，不仅能保护学生的权益，还能提升大学体育活动的质量和效果。

体育竞赛中的权益保护体系建立是一项深层次的法律工作，是大学体育法律制度的重要内容。体育活动中的各类纠纷和冲突频繁发生，因此，对参与者的权益予以合理保护，是保证活动公正、公平进行的前提。当代，随着体育运动的封闭性、专业性展现显著，相应的人权保护、安全保障、契约履行、公平竞技等内容也逐步纳入我国大学体育法规的制定框架。

体育竞赛中的权益保护体系主要包括对参赛者的身体健康保障，对参赛者的精神权益保护，以及竞赛公平性的维护等内容。对于参赛者的身体健康保障，我国大学体育法规不仅应该包括对参赛者身体完整性的保护，还应注重运动员的身心健康，以预防严重运动伤害，确保运动员在竞赛中得到充分的保护。

就参赛者的精神权益保护来说，如何防止情绪压力、心理压迫，如何防止不公、不正、不当的舆论压力，以及如何确保参赛者享有良好的成长环境和完整的竞技体验，这些都是大学体育竞赛法规的主要关注点。也正因为如此，法规的制定者必须考虑到这些非物质性的权益，并将其纳入大学体育权益保护体系的构建中。

除此以外，大学体育竞赛的公平性也是权益保护体系的重要一环。公平性主要表现为竞赛规则的公平，参与者权益的公平，抽签、裁判等多个环节的公平。在制定相关的法规时，必须保证比赛的公正性，对所有参赛者提供平等的参赛机会，同时保障观众享有公正公平的比赛观赏权。

为了更有效地建立体育竞赛中的权益保护体系，应注意以下几方面：一是充分保障运动员的权益，包括对运动员的人身安全、精神健康的全方位保护，以及对他们的正当权益的法律保护；二是保证比赛的公正性，包括制定公正公平的比赛规则和公开透明的裁判机制；三是加强对竞赛组织者、裁判员等相关人员的管理，明确他们的权利和义务，防止权力的滥用；四是建立健全竞赛纠纷处理机制，提供有效的法律途径解决竞赛中的争议。

值得强调的是，同时应强化大学生自身的法制教育，提高他们的法制观念，使他们明确自身的权益，知道如何通过法律手段保护自身的合法权益，也知道应如何尊重并保护他人的权益，遵守体育活动的规则，不断提高体育活动的文明素质。这样，才能构建一个坚实、健康的大学体育竞赛环境。

总结来说，大学体育竞赛中的权益保护体系建立，是一个全面涉及大学体育实践各个环节的复杂系统工程，需要法律、行政、教育、体育以及社会等多领域的通力合作才能得以有效实施。大学体育法律制度的进一步完善，将为保障大学体育活动中的权益提供强有力的法制保障。

在当代体育法的理论与实践中，大学体育活动与竞赛法规是一个重要的环节，其对法规进行体育活动的实践探索更是提升大学体育竞赛活动井然有序开展的关键。此主题将从大学体育活动与竞赛法规的理念出发，讨论其内容、作用以及在实际运作中的具体探索和实践方式。

首先，让我们了解一下大学体育活动与竞赛法规的理念。大学体育活动与竞赛法规以公平、公正、公开为基本原则，其立法目的是规范大学体育活动与竞赛行为，保障广大师生的体育权益，推动大学体育事业的健康发展。大学体育活动所涵盖的内容广泛，包括日常体育教学、课外体育活动、体育竞赛等多个层面。因此，大学体育竞赛与活动法规对大学体育活动的规范包含了对教学管理、活动策划、竞赛组织等方面的全方位规定。

进一步来说，大学体育活动与竞赛法规的制定和实施，对于维护师生体育权益，保障大学体育活动公平、公正的开展，有着十分重要的作用。一方面，法规能够有效规范学生的体育活动行为，避免出现因非法竞赛、不良行为而引发的体育伦理问题；另一方面，法规的实施能够提高体育教师的教学质量，确保体育教学活动的规范进行。

回到本主题的重点——对法规进行体育活动的实践探索。实际上，法制教育是提升学生尊重和遵守规则的重要途径，大学体育活动与竞赛法规的实践探索无疑为此提供了良好的平台。对此作出一些尝试，比如，在大学体育教学中引入法规教学，把理论与实践结合起来，让学生在了解法规的同时，亲身参与活动，真实感受法规的约束和保障。在体育竞赛方面，可以采取严格按照法规进行的策略，让学生在竞赛中深入理解和把握法规的重要性。

除了教学和竞赛之外，日常体育活动也是大学体育法规实践探索的重要场所。学校可以资助或主办更多师生参与的体育活动，比如运动会、球赛等，并引导师生按照规定的法规开展活动。通过这样的方式，既能帮助学生了解和掌握法规，同时也能让他们在活动中感受到法规带来的秩序和公正。

需要注意的是，对大学体育活动与竞赛法规的实践探索并非一蹴而就，它需要我们持续地努力，不断地改进。学校管理层要有充分的认识，不断地完善法规体系，让法规真正落地生根。同时，教师在教学和活动中也要以身作则，严格遵守法规，用自身的行动潜移默化地影响学生，让他们内化为自己的行动准则。

通过大学体育活动与竞赛法规的实践探索，每一个学生都可以更深入地理解法规的重要性，更愿意在运动中遵守规则。这样，我们的大学体育活动才能在一个公平、公正的环境中健康发展，从而推动我国大学体育事业的进步。

第三节　大学体育法律制度的实施

一、大学体育法律制度的执行与监督

在今天这个不断发展与进步的社会中，大学已然成为充实人才底蕴、创新科研成果、推动社会进步的重要阵地。大学体育，作为大学教育的重要组成部分，不仅能塑造大学生健康的身体素质和全面的体育技能，提升其综合素质，而且还可以赋予他们灵活的思维能力和良好的团队合作精神。为此，我们有必要针对大学体育建立一套良好的法律制度，同时确保其正确地执行，提供实质性的保障。

要想建立大学体育法律制度的执行机制，首要的一步就是明确执行主体。一般来说，这应该由大学的体育教育部门和校内的体育组织来负责。他们要定期组织体育活动，确保大学生的体育生活，同时还需要仔细检查体育设施的维护和安全。此外，他们还需要承担起体育部门法规的宣传和教育工作，确保所有的大学生都知道并理解这些规定，并且真正地把它们付诸实行。

针对大学体育法律制度的执行，我们可以借鉴其他成功的体育法律制度执行机制，比如，成立包括校内各相关部门和专业教职员工等在内的执行委员会，由最高行政管理者主持，确保法规的落实和执行。同时，也可以通过定期评估和持续监督来确保效果的持久性和有效性。

在执行机制的设定上，需注重充分利用现有的各种体育资源，扩大体育活动的开展空间，使之既可以满足大学生的各种体育需求，又能有效达成预设的体育教育目标。同时，还需要配备专业的管理与考核机构，持续性地检查并监督执行情况，确保其效率与质量。

实行大学体育法律制度同时，还需要有针对性的举措来保障其规定得到实际执行。如设立奖惩机制，对遵循法律制度的实实在在给予奖励，而对于偏离法律制度的，采取严厉的惩罚，以此警示大家尊重和遵守规章制度。在这一系列的规定和制度中，加强大学体育法规的监督和执行至关重要。

除此之外，一种健全的执行机制还需要及时适应社会的变化，会进一步调整和完善。例如，随着科技的进步，我们可以运用各种技术手段来帮助我们更好地实施体育法律制度，比如，通过大数据来了解大学生的体育活动情况，并据此来优化我们的体育课程和活动。

建立大学体育法律制度的执行机制不是一项简单的任务，需要耗费大量的资源和细心的准备。一方面，大学需要为相应的设备、设施和课程投入所需的人力和物力；另一方面，还需要确保所有的规定都能够真正实施并且获得预期的效果。然而，只有有了深入细致的实施和监督，才能真正保证大学体育法律制度走出纸面，落地生根，发挥其应有的作用。

大学体育法律制度作为大学体育的重要组成部分，它的运行直接影响着大学体育工作的正常进行。而监督模式是保证法律制度有效执行的关键环节，因此，对大学体育法律制度的监督模式进行深入探析，对于提高大学体育法律制度的实施效果具有十分重要的意义。

大学体育法律制度的监督模式主要分为两类，一类是内部监督模式；另一类是外部监督模式。

内部监督模式主要以大学内部的管理人员和部门为主体，依托于大学内部的规章制度进行。这种监督模式主要体现在两个方面。一是对体育教学和运动员的健康安全进行监督，确保体育教学活动的安全和有序；二是对体育课程设置、师资队伍建设、设施设备管理等方面进行监督，确保学校体育工作的质量。

外部监督模式主要以政府部门、社会公会和社会公众为主体，依托于法律法规和国家政策进行。这种监督模式主要体现在以下三方面。一是政府部门根据法律法规对大学体育工作进行监管，确保大学体育工作在合法的轨道上进行。二是由体育行业的社会公会对大学体育工作进行业务指导和质量评估。三是鼓励社会公众对大学体育工作进行关注和监督，形成社会监督的环境。

无论是内部监督模式还是外部监督模式，其最终目的都是要保证大学体育法律制度的执行和推动大学体育工作的发展。因此，合理设置和优化大学体育法律制度的监督模式，对于提升大学体育法律制度的实施效果具有强大的推动力。

在此背景下，我们对于大学体育法律制度的监督模式更应关注多元化和实效性。一方面，我们应强化大学体育的内部监督，完善内部管理规章制度，提高大学体育工作的自我约束力；另一方面，我们也应充分发挥政府部门和社会公众的监管作用，构建起政府—社会—学校多元化的监督体系，提升大学体育法律制度的执行效果。

同时，我们也需要关注监督模式的实效性。所谓实效性，主要是指监督行为能否达到预期目标，实现大学体育法律制度的有效实施。因此，在具体操作过程中，我们应始终坚持问题导向，对于存在的问题和挑战，我们需要及时调整和优化监督策略，切实提升监督效果。

在这个过程中，我们不仅要注重塑造一种良好的监督环境，同时也需要引导广大师生树立法治观念，增强法制意识，让他们在实际行动中充分尊重和遵守大学体育法律制度。只有这样，大学体育法律制度的执行才能更为深入和全面，大学体育事业才能持续、健康、稳定地发展。

在探讨大学体育法律制度的执行与监督时，我们必须面对的一大难题是如何化解在实施过程中可能遇到的难点和瓶颈问题。毫无疑问，阐述并有效地解决这些问题是推动我国大学体育法律制度健康发展的重要环节。

制度的执行难点往往源于法律制度本身的不健全，以及法令漏洞和法规执行不力等问题。国内大学体育的法律制度虽已初步建立，但由于相关法规并未明确规定对违反规定的任何形式的处罚措施，使得监督和执行力度减弱，导致学校体育工作的弱化和教育资源的浪费。因此，我们应进行体育法规立法，规定违反规定的相应惩罚，加强监督和执行力度，从而推动大学体育工作的健康发展。

另外，大学体育法律制度的执行还受到大学体育教师法律意识薄弱、法制教育贫乏等因素的影响。很多大学体育教师对体育法律法规的了解甚少，对体育法律的应用也不够娴熟，甚至存在忽视和漠视体育法律的现象。针对这种状况，我们应加强大学体育教师的法制教育，提升他们的法律素质，使他们能够在日常工作中自觉遵守和执行体育法律制度。

在大学体育法律制度的执行中，我们也会遇到一些瓶颈问题。比如，当前我国体育法律制度并没有特别针对大学体育的法规，缺乏具有针对性的大学体育法律，限制了大学体育法律制度的发展。因此，我们应该根据大学体育的特性和实际情况，制定出适合我国大学体育发展的专门法律。

此外，另一个瓶颈问题出现在体育法律制度的监督方面。目前，我国的体育法律监督工作存在监督主体不清晰，监督手段不完善等问题，导致监督效果不佳。为此，我们应清晰确定体育法律制度的监督主体，同时完善监督手段，提高监督的专业化和精细化程度，以保证体育法律制度的有效执行。

对此，有必要通过完善我国大学体育法律制度，将大学体育教师法制教育纳入整个体育科研体系，特别是强化体育法律知识在大学体育课程中的地位和作用，以提高大学体育教师对体育法律的认识和应用。通过对体育法律制度进行监督，可以及时发现并纠正违反规定的行为，保证体育法律制度的正确执行，并促进大学体育的健康、规范和有序发展。

二、大学体育法律纠纷的解决机制

高等教育机构，特别是大学，有责任为学生提供一个全面的学习环境，其中包括体育设施和活动。然而，与任何其他类型的活动一样，体育活动往往会引发一系列法律问题和争端，这就引出了大学体育法律纠纷的研究。在这个主题下，我们首先将探讨大学体育法律纠纷的类型及其特征。

在看待大学体育法律纠纷时，我们可以从多元领域划分法律纠纷的类型。最常见的纠纷类型可能围绕着体育伤害事故、体育设施和设备的安全问题、体育赛事组织和管理不当、体育公平性问题等。这四类纠纷基本涵盖了大学体育法律的主要争议。

体育伤害事故是一种常见的法律纠纷类型。这可能涉及对安全设施不足或维护不当的指控，或体育教练没有提供足够的保护和指导。在这种情况下，学生可能会寻求法律补救，认为学校或教练有责任预防这种伤害。

体育设施和设备的安全问题也是大学体育法律纠纷的一个重要领域。对体育场地、器材、设施的管理不善或维护不当都可能引发法律争议。问题可能包括设施过于陈旧、不符合安全标准、设施设备使用不当等。

此外，体育赛事组织和管理不当也容易引发法律纠纷。管理层的疏忽、无序的比赛程序、缺乏公正公平的裁决等都可能激发争议。此外，大学看似公平的选拔制度实际可能存在包庇或偏袒，这也容易引发法律纠纷。

在谈到大学体育法律的独特特征时，我们可以看到，体育纠纷的冲突上升到法律高度，往往需要对大学内的状态和权利进行评估，因为在很多情况下，大学通常被视为被告。此外，考虑到学生通常是法律纠纷的受害者，这样的状况给争议的解决增添了复杂性。其次，校园体育的潜在争议通常涉及多个法律领域，包括但不限于侵权法、契约法、机构责任。再次，对于体育纠纷的解决机制，除了司法程序外，中介、谈判、仲裁等也经常被用作解决工具。最后，体育纠纷具有预防性的特性，即许多纠纷源于管理者对安全规定的不重视，这意味着在纠纷发生前，对体育活动的安全性进行客观的评价和管理，是非常重要的。

因此，校园体育作为大学活动的重要组成部分，体育活动的法律保护和争议解决显得尤为重要。学校、教练和学生都需要加深对体育法律的理解，以便更好地从事体育活动，避免未必要的法律纷争。并且，学院系统也需要优化体育设施和规章制度，以履行其应尽的安全责任。在可能的争议发生时，适合的法律解决机制应被引用，以实现公平和公正。

达到理想的运动氛围和学生运动的长期健康发展，目前我国大学体育法律制度的实施中面临的最大问题在于各种形式的运动纠纷处理机制的落地。因此，深入剖析其源泉，以便更好地理解和解决，是至关重要的。大学体育法律纠纷可以从三个主要方面进行源泉分析：法规政策处理不完善、参与体育活动的主体问题及体育活动规范的缺失。

当法规政策处理不完善时，往往成为大学体育法律纠纷的重要源泉。在实现大学体育法治化的路径上，我国有关大学体育的法律和政策尚处在起步阶段，缺乏法规的完善。现行体育运动相关的法规，其内容往往过于抽象和笼统，对于大学体育的特定情景和问题，往往难以得到有针对性的解决。比如，大学体育课程的缺课问题、体育活动安全问题等，都是法规政策较为薄弱的环节。

另外，大学体育活动的参与主体问题对于体育纠纷的产生也可以产生较大的影响。在很多情况下，大学生缺乏必要的法律意识和运动规则认知，忽视运动安全，这在一定程度上也会导致体育纠纷的产生。此外，运动教练、老师、体育工作人员等角色，在体育纠纷的产生和解决中也发挥着作用。他们对于体育法律的了解与熟悉程度，对于预防和解决纠纷起着关键性的作用。

此外，体育活动规程的严肃性和实施效果的缺失，也是引发大学体育法律纠纷的重要源泉之一。大学体育竞技活动的规范性不但需要得到大学体育主管部门的重视，也需要大学生自身的遵守和把控。缺乏运动规范，往往增加了纠纷的风险。

通过上述三个方面对源泉的深入分析，结合实践和案例，可得出目前大学体育法律纠纷源泉的主要原因：法规不完善、参与主体问题和体育活动规范的缺失。在针对这些问题，大学体育法治化的实践路径上，既需要大学体育领域相关的法规和政策进一步得到完善，也需要参与体育活动的主体承担起相应的责任；同时，运动活动本身规训的缺失的问题也需要得到改良。目前的实施，过于依赖于其制裁性和强制性，而忽视了对运动主体权利的保障和维护。因此，在进一步深化大学体育法治化的过程中，应重视法规制度的完善，发挥体育纠纷预防的作用，切实提高体育问题的法治性，保障大学体育顺利开展以促进学生的全面发展。

现行大学体育法律纠纷解决机制主要包括法律程序和非法律程序。法律程序主要包括诉讼和非诉讼程序，非法律程序主要包括调解、仲裁和行政决定等。这些机制对于解决大学体育法律纠纷起到了积极的作用。

法律程序，诉讼程序主要是通过人民法院的审判来解决纠纷。人民法院在审理大学体育法律纠纷案件时，首要依据的是中国的宪法、各类法律和相关规定，要求合理使用法律和其他法规。然而，法院审理的范围和权力有限，可能无法完全适应体育活动的特殊性和复杂性，因此还需要非诉讼程序来补充。

非诉讼程序主要体现在调解，调解是一种非正式的解决手段，由第三方介入，双方互相协商达成和解，这种方式灵活、快速且成本较低。调解机制不仅可以达到化解矛盾的目的，还能在一定程度上降低对法院工作的压力。

非法律程序，调解、仲裁与行政决定机制在我国大学体育法律纠纷解决中也扮演着重要角色。这一机制允许体育组织或行政机关在准许的情况下参与纠纷解决，这是我国大学体育法律纠纷解决的特色之一。

不过，这些解决机制在应用中仍存在诸多问题。例如，我国大学体育法律制度相对较为薄弱，法律实施面临的难题主要集中于法律的解释和应用、体育权益的保障、体育赛事的安全问题等。这些问题在一定程度上影响了现行大学体育法律纠纷解决机制的正常运行。

为改进现行的解决机制，我国正在加强体育法的立法和完善相关法律制度。例如，我国正在促进体育法的专门立法，制定一部包含体育赛事、运动员权益保障等各方面的专门体育法律。此外，我国也正在改革本国的运动员权益保护制度，如增设相关的施行办法和规章，以期保障运动员的各项权益。

然而，法律制度的完善需要时间，其效果如何也需要一段时间的推行。因此，现行的解决机制在一段时间内可能还会继续运行。然而，笔者相信随着法律环境的日益完善，未来我国的大学体育法律纠纷解决机制将行之有效，加强法治教育，提高全体体育人员的法治意识，并完善相关政策法规，对加强和保障我国大学体育法律纠纷解决机制提供了坚实地保障。

此外，大学体育法律纠纷的预防也十分必要。通过对体育活动参与者进行法律知识的普及教育，加强他们的法律意识，使他们明白法律的权威性和必须守法的重要性，从而避免发生纠纷。同时，提高大众对于大学体育法律纠纷解决机制的认识，积极参与，有助于使得这一解决机制能够更良好，且更为有效地运行。

大学体育法律纠纷解决机制在实践中发挥着十分重要的作用，然而在处理体育纠纷时，现行的解决机制存在一些问题，也使得我们不得不思考如何改进现状，以便更有效地解决大学体育法律纠纷。

在解决大学体育纠纷方面，我们首先要认识到我国现有的大学体育法律纠纷解决机制不仅缺乏必要的有效性，而且还无法满足和保障大学体育活动的公平、公正及其科学性。这是因为现有的解决机制多重在形式上，而非实质上，所以只能在缓解部分问题上有所改善，而无法从根本上解决大学体育纠纷，降低其发生的可能性。

为了改进现有的大学体育法律纠纷解决机制，首先要从整体上加强大学体育法律制度的建设。加强法制建设不仅能够为大学体育纠纷的妥善解决提供法律依据和保障，同时也能增强大学生及教职工对于体育活动的法律责任的清晰认识，明确其权益，从而降低纠纷的发生。

其次，需要建立专门负责解决大学体育纠纷的机构，如体育法院、体育调解委员会等，在处理纠纷时，可以优先使用调解等非诉讼手段，尽可能地实现纠纷的快速、高效解决。这些机构应具备专业知识、公正基础和解决纠纷的能力，同时应增加法律的专家化和专业化，使每一个案件都能得到相应的、专业的处理。

此外，建立完善的违约责任制度也是必要的。须明确在大学体育活动中，所有参与者都有遵守体育规则的义务，违反规则的行为要受到相应的惩处。这样可以借鉴国内外成功的体育违约责任制度，通过设定和完善相关的违约责任规定，疏导和规范大学体育活动中的各类矛盾，从而可以从源头上有效减少大学体育法律纠纷的发生。

在实施这些改革的同时，我们必须引入法律教育和法律传播，以提高大学生和教员对法律的意识，更好地防止可能的体育纠纷。这需要我们在大学运动员和教练员中进行规范的体育法律教育，并通过各大媒体平台，对社会大众进行普遍的法律教育。

借鉴国际上成功的大学体育法律纠纷解决机制，我们可以看到其中积极的作用，例如，以中立的仲裁机构作为高效、公正解决大学体育法纠纷的第一选择，这样能够最大限度地保障各方权益，满足公平、公正、透明的要求。

考虑到在实践中，我们必须要对大学体育法律纠纷解决机制进行更新和改进，结合社会需求和实际情况，才能真正达到有效解决问题的目的。这需要我们关注体育法律的实际效果，理论是用来指导实践，但理论与实践必须要相结合，这样才能保证法律纠纷解决机制的成功实施，同时也能推动大学体育活动的公平、公正和正常进行。

随着社会进步和技术发展，体育作为一种特殊的社会行为，其法律纠纷日益复杂。大学体育活动作为国家体育工作的重要组成部分，更是不可避免地遭遇到诸多法律纠纷。因此，我们需要对未来大学体育法律纠纷解决机制的发展趋向作出深入剖析。

首要的是，强化大学体育法的立法工作。立法是规范体育活动的基础，也是预防体育纠纷的关键环节。因此，大学体育法制度应当结合国内外立法经验，建立完善的大学体育法规范体系，明确大学体育活动的法律关系，规范大学体育活动的行为规则，从根源上减少体育纠纷的发生。

其次，增强大学体育法制度的执行力度。要加强立法对大学体育活动的监督与管理，建立健全的体育法规执行系统，确保各项体育法律法规得以有效执行。同时，增设专业的大学体育法监察部门，对大学体育活动中存在的违法行为进行立案查处，维护体育法的权威，预防体育纠纷的产生。

再次，完善大学体育纠纷的解决机制也是未来的发展趋向。在解决体育纠纷方面，应更加重视法学与体育学的交叉，设立专业的体育法庭，进行专业化、程序化的审理。同时，通过利用调解、仲裁等方式，提供低成本、高效率的纠纷解决途径，达到公平、公正的裁决结果。

最后，考虑到大学体育活动的特殊性和复杂性，需要注重未来的大学体育法律教育工作，以增强广大师生的体育法律意识。具体来说，可以通过编写面向大学生的体育法律教材，设立体育法专门课程，让师生们可以更深入地了解体育法的知识和正确的法律意识，做到科学运动，预防伤害；同时当发生纠纷时，学会如何选择合适的解决方式，避免被不公正的裁决决定所影响。

此外，利用现代技术手段，提升体育法律纠纷解决效率，这也是未来发展的主要趋向。比如，运用互联网技术进行线上审判和裁决，运用 AI 技术分析独立的法律问题并提供合理的解答，运用区块链技术实现体育法律执行的透明化等，都是可能的发展方向。

在未来，大学体育法律纠纷解决机制会趋向于多元化、专业化和技术化，以满足社会的多元化需求，适应社会的发展趋势。随着体育法系统的完善和深化，大学体育法律制度及其实施的研究将具有更深远的意义。

第四章 体育赛事组织的法律责任

第一节 体育赛事组织的法律地位与责任

一、体育赛事组织的法律性质

体育赛事组织的法定定义和特性是研究体育赛事组织的法律责任的重要前置问题，它揭示了体育赛事组织在法律关系中的地位以及应承担的法律责任。体育赛事组织，依据法律规定，是组织、管理、实施体育赛事的法人或者其他组织。这类组织的设立应遵循相关的法规，以合法身份在法律框架内执行职责，承担相应的义务，并依法享有权利。

体育赛事组织的法律性质，主要体现在其诸多特定的功能与职能上。在执行组织、管理、实施体育赛事的过程中，其所承担的责任与赋予的权能，均为法律赋予并加以限定。法律从而对其行为范围、行为形式、行为内容作出具体规定与约束，它必须按照法律规定的程序进行运作，其行为结果必须接受法律的裁决。

更进一步来说，体育赛事组织的职责主要包括制定赛事运行规则，确定赛事组织方式，监管赛事运行，保护赛事各方合法权益等。在赛事组织过程中，这些组织需要严格遵守国家相关法律、法规，尊重合同精神，保护参赛者、观众、赞助商等各方利益，确保赛事的公正、公平。

体育赛事组织的特性，主要体现在其公益性和特权性两个维度。公益性主要反映在其服务于公众体育需求，促进体育事业的公共性职能上。这些组织在提供公共体育服务的过程中必须依法行事，严谨组织赛事，保障赛事安全，维护公平比赛，保护参赛者权益，最大限度地满足人民群众体育需求。特权性则表现在其有权在法律允许的范围内对体育赛事进行管理、监督和处罚权。它们有权制定赛事规则，有权决定赛事运行方式，并对违反规则的行为掌握处罚权。

另外，其法定身份赋予其特定的权利和义务，使其在执行公共职能的同时，也必须承担相应的责任。比如，当赛事出现安全问题、合同纠纷等法律问题时，这些体育赛事组织需要承担相应的法律责任，包括民事责任、行政责任，甚至可能承担刑事责任。

体育赛事组织的法定定义与特性，为其职责、功能和法律责任的确定提供了有效依据。理解体育赛事组织的这些法律属性，对于体育赛事组织自身，了解并切实履行其法定义务与责任具有十分重要的意义，对于参赛者、观众和其他利益相关者，明确其权益保障的法律依据和途径，对于法律实践，为公正妥善处理体育赛事相关法律问题、制定相关法律政策提供了重要参考。

体育赛事组织的法律地位这个主题涉及的内容非常丰富，我们将尝试全面深入地进行探讨。首先，要了解体育赛事组织的法律地位，我们需要弄清楚一个重要的概念，那就是何为体育赛事的法律地位。体育赛事的法律地位是指在法律关系中，体育赛事所处的地位与身份，具体表现在法律对其权利义务的规定、判断和保护上。

在我国，体育赛事组织的法律地位并不单一，它既是公法关系的主体，也是私法关系的主体。其公法地位主要体现在其在国家体育行政管理体系中的位置以及其在履行体育职能中的法定责任，私法地位则主要体现在其商业经营以及与合作伙伴、运动员、教练员等之间的各种合法权益关系。

具体来说，体育赛事组织在国家体育行政管理体系中，负有特定的职责和义务。国家通过法律规定将某些特定的权力授权给体育赛事组织，使其可以代表国家对体育赛事的组织和管理进行监管，具有管理权限。这样的设定保证国家体育工作的正常开展，体育赛事的有效管理和维护体育竞赛的公正，公平。

同时，体育赛事组织作为私法关系的主体，也具有法律地位，享有合法权益，需要承担相应的法律责任。在其参与各类商业经营活动，在签订合同，接受赞助，与其他组织合作，在跟运动员教练的关系处理，都需在法律的框架内进行，受到法律的保护并接受法律的约束。

因此，体育赛事组织的法律地位包括两方面，一方面是作为公法关系主体在全国体育工作中的地位和角色；另一方面，体育赛事组织作为私法关系的主体，在商业运作等方面享有相应的权利，同时也需承担法律规定之下的责任。

但是，对于体育赛事组织的法律地位，我们依然面临一些挑战和问题。例如，在我国的体育法律体系中，对于体育赛事组织的法律地位和权益，尚未形成一套完整、系统的法规，体育赛事组织面临的法律风险也在明确制度设计之下得到有效地管理和控制。

对此，我们提出应进一步规范体育赛事组织的法律地位。首先，立法者应明确体育赛事组织的法律地位和义务。其次，通过对体育赛事组织的权利义务进行详细规定，使其在日常运营和竞赛组织等活动中，能在法律框架内进行，同时确保体育公平，公正的竞赛环境。最后，应建立一套完善的体育法律法规和监督机制，对体育赛事组织进行法律监督和管理，防止出现法律风险。

通过深入研究和探讨体育赛事组织的法律地位，我们能更深入地了解其在体育行业中的地位和作用，以及体育赛事组织如何在法律框架内有效地发挥其职能。同时，这也有助于我们建立更加科学合理的体育法制体系，推动我国的体育事业健康发展。

体育赛事组织的法律责任解析这一主题是对体育赛事组织应负的法律责任进行深入理解和分析的核心内容。体育赛事组织的法律责任是指其在组织体育赛事的过程中，如果违反了国家的有关法律规定，然后由此产生的法律后果。以此视角，我们可以厘清并探讨体育赛事组织在实际运作中的法律责任。

体育赛事组织是按照体育赛事的性质和需要全面负责体育赛事的筹备、实施和管理，它的法律责任主要包括合同法责任、侵权法责任和行政法责任三种形式。对于合同法责任，体育赛事组织与赞助商、运动员和观众等构成合同关系，如若违约，即必须承担法律责任。典型的案例如赛事因为安全设施不足被迫取消，赞助商可以向赛事组织方追回赞助金，并要求支付违约金。

在侵权法责任方面，体育赛事组织要确保赛事的安全和公正，一旦违反，也需要承担侵权法责任。如若由于赛事组织的管理疏忽，运动员或者观众在比赛过程中受伤，就应当由赛事组织对此承担法律责任。这是体育赛事组织在侵权法中的主要责任，也是对赛事组织最为严苛的监管。

至于行政法责任，体育赛事组织应遵守所有的行政法规定，包括环保法、城市管理法等。如若赛事组织违反相应的法律规定，导致环境污染，或者其他公共利益受损，也需要承担相应的法律责任，包括但不限于罚款或者相关行政处罚。

应当注意的是，上述各类法律责任并不是孤立的，当一种行为同时触犯多种责任的，体育赛事组织需要同时承担几种类型的法律责任。更进一步地说，除了这些明确的法律责任外，体育赛事组织还需要承担道德责任和社会责任。虽然这些责任不属于法律责任，但在实际操作中，组织方应该把这些责任内化于心，在组织赛事的每一个环节都应注重公平、公正、安全和环保。

体育赛事组织的法律责任既是多层次的，也是多元化的。这种责任既包括合同法、侵权法、行政法的责任体系，又超越了单个法律领域的范畴，涵盖诸如道德责任、社会责任等更广泛的领域。这个多维度的法律责任体系对于体育赛事组织的法律责任进行了深入而全面的解析，我们希望体育赛事组织在运营过程中能够充分理解并恪守这些责任要求，以便更好地推动和保障体育赛事的顺利进行；同时，也表明了我国对体育赛事法治化的坚定决心。

二、体育赛事组织的法律责任类型

体育赛事组织的法律责任分类主要考虑的是在体育赛事组织过程中可能出现的各种法律问题，并根据其性质、原因和后果进行细分处理。在理论上，体育赛事组织的法律责任功能旨在规范组织行为，维护竞赛公平，保障运动员和观众权益，预防并处理赛事中可能产生的法律风险。这些法律责任主要分为民事责任、行政责任和刑事责任三类。

民事责任主要适用于体育赛事组织在赛事组织过程中由于违反合同、侵犯他人合法权益等情况引发的纠纷。其主要形式通常是赔礼道歉、赔偿损失、恢复原状、停止侵权等。例如，若赛事组织者未尽到合理地保障参赛运动员在比赛中安全的义务，导致运动员受伤，运动员可根据合同法向组织者索赔，而组织者则需承担对应的民事赔偿责任。

行政责任主要涉及赛事组织者在违反体育管理部门的规定或者是行政法规时，行政机关可以对其进行处罚。例如，赛事组织不按照规定的时间、地点或者方式组织比赛，行政机关可以依法对其进行警告、罚款、没收非法所得、暂停营业、撤销许可等处罚。

刑事责任主要涉及赛事组织者在组织比赛过程中涉嫌犯罪的情况，例如，金钱交易、违规操作、欺诈手段等，依法可能会被追究刑事责任。在实际操作中，由于涉及刑事责任，通常会由司法机关进行立案侦查、公诉和审判。

以上三类法律责任并非互相独立，而是在特定情况下可能同时存在或依次发生。尤其在大型体育赛事组织中，所涉及的法律风险和法律责任可能更为复杂和多元，需要体育赛事组织者在业务操作上有足够明确的法律意识，以便及时、准确地处理可能出现的法律问题，规避潜在风险。因此，不仅要加强对各类法律责任的理论研究，也要引导体育赛事组织者在实践中全面了解和遵守相关法律法规，承担起应有的法律责任。

可以看出参与体育赛事组织不仅是一种商业行为，更是涉及法律层面的一种责任行为。因此，研究和明确体育赛事组织的法律责任分类，不仅有助于增强公众对体育赛事组织的法律认识，也可以防止或减少因体育赛事组织不当行为引发的法律纠纷，对体育赛事的有序、公平、公正实施有着积极的推动作用。各级体育赛事组织需牢记，法律责任是他们赛事过程不可或缺的一部分，只有严格按照法律规定执行，赛事才能更好地进行，组织者才能得到社会公众及相关方的认可和支持。

本主题将专注于分析体育赛事组织的刑事责任，这是一个既重要又复杂的议题，需要进行深入地探索与解读。在了解何为体育赛事组织的刑事责任之前，我们需要明确一件事，那就是体育赛事组织的法律责任类型中，刑事责任是最严厉的一种形式，因此，具有重要的预先威慑和后续教育作用。体育赛事组织的刑事责任是用来处理违反刑法规定的行为，并用刑事制裁作为惩罚手段。体育赛事是一种公众活动，体育赛事组织有责任保障赛事的公平、安全，当发生违反刑法规定的行为时，体育赛事组织需要承担相应的刑事责任。

刑事责任的涵盖范围主要包括了对违法行为的惩罚，例如，因为体育赛事组织的疏忽大意造成的人身伤害、财产损失，或是不尽职守的管理使得体育赛事出现贿赂、兴奋剂使用等违反公平竞赛原则的行为。体育赛事组织在这些行为发生后需要对其进行彻底的查处，防止此类行为的再次发生，同时也需要接受刑法对其行为的制裁。

为了有效地执行刑事责任，确定体育赛事组织的刑事责任的施行需要在全体成员与执行官之间建立了明确定义的职责和权利。各级管理人员都有义务时刻关注下属部门或个人是否遵守刑法的规定，如果发现违反刑法的行为，需要立即上报与处理。同时，体育赛事组织也需要负责对全体成员进行刑法方面的教育，使得所有的成员都明白什么是违法行为，对违法行为有查处的能力。

在对体育赛事组织的刑事责任进行分析时，我们也需要关注法律责任的实质和形式，理解刑事责任执行的难点。比如，对违法行为的界定往往容易造成争议，人们对于何为违法有不同的理解；同样，如何进行惩罚也有许多讨论的余地，尤其确保惩罚的公平也具有挑战性。

总的来说，体育赛事组织的刑事责任是其法律责任的重要组成部分，是维护体育赛事公平性和公正性的关键手段。对刑事责任的依法实施，将在保护公众合法权益、维护社会公序良俗、打压犯罪行为三个方面起到十分重要的作用。

在整个法律责任的类型中，我们会发现，体育赛事组织的民事责任占据着举足轻重的地位。其理由在于，赛事组织方作为一种特殊的民事行为主体，在举办赛事的过程中，无论是对于参赛运动员，还是对于观众，甚至是对于整个社会，其都承担着主要责任。

首要明确的是，体育赛事组织的民事责任主要体现在其对于参赛运动员安全、观众权益保障，及公平公正赛事举办等重要环节的执行和保障之上。一旦在这些环节出现失误或疏漏，就可能会引起严重后果，对此，赛事组织方负有不可推卸的责任。

从运动员的角度来看，安全无疑是他们最关心的问题。由于运动员在比赛时，往往要投入全部的精力，为获得胜利而竭尽全力，他们可能会忽视身边的安全隐患。如果赛事组织方不能妥善管理和保障比赛的安全环境，那么可能会导致运动员受伤，严重者甚至可能危及生命。因此，对于安全环境的管理和运动员的安全保障，是赛事组织方在负责赛事过程中，不可忽视的其所具有的重要意义的民事责任。

从观众的角度来看，他们关心的是自己的权益是否得到有效保障。赛事组织方为了吸引观众，打造更为壮观的赛事，必然要为观众提供良好的观赛环境，满足他们的各种需求。但是，如果在这个过程中，出现了观赛设施的不完善、售后服务的低效以及售票价格的不透明等问题，就会对观众的权益造成影响。因此，赛事组织方有义务为观众提供良好的赛事环境，如果无法做到，就要承担相应的民事责任。

此外，体育赛事组织在举办赛事的过程中，还需要遵守公正公平的原则，确保赛事的结果公正无私，否则就会面临社会的质疑和批评。如果因为组织方的错误，导致比赛结果的不公，或者对某些运动员造成不公平的待遇，都是需要赛事组织方承担的民事责任。

以上就是体育赛事组织的民事责任的基本内容，任何一个环节出现问题，都有可能对赛事组织方，甚至整个体育界造成不良影响。因此，赛事组织方必须全面履行其民事责任，以确保赛事的顺利进行，保障所有利益相关者的权益，维护社会公共秩序，推动体育事业的健康发展。

第二节　体育赛事组织法律责任的认定

一、体育赛事组织违法行为的界定

体育赛事组织违法行为概念的界定，是体育法研究中一项极其重要的课题。它对于输入体育赛事组织的员工进行如何遵守法律规定、正确履行职责情的指导意义深远，尤其涉及赛事期间出现的可能违规、违法行为，对此需要事前有清晰明确的认知，这样做可以在大多数情况下，可以防范各类法律风险的发生。

体育赛事组织违法行为，从定义上讲，是指组织体育赛事的活动中，可能由于各种原因导致的，违反了国家法律、法规，属于违法犯罪的案件。例如，在赛事组织过程中发生的安全事故、涉赌、涉黑等犯罪行为，这些在法律上都可以界定为体育赛事组织的违法行为。

要正确理解体育赛事组织违法行为，首先需要了解相关的法律法规，包括国际体育组织的法规、国家体育总局的规定以及具体体育项目联盟的规定等，这些都是维护赛事秩序、保障运动员权益、维护公平公正的重要法律文本。比如，篮球比赛中的暴力桥段，足球比赛中的假球行为，甚至赴比赛过程中的座位安排，这些都可能对运动员的权益造成影响，成为违法行为。

同时，在对体育赛事组织违法行为进行界定时，应注意到违法行为的性质和程度。有些违法行为可能犯罪性强，如涉及人身安全的事项，或者涉及巨大经济利益的事项，这些违法行为无论在法律定义上，还是在社会伦理道德上，都是不能接受的；而有些违法行为可能犯罪性较小，如赛事期间的一些小规模管理失误，尽管也属于违法行为，但需要在处理时，结合具体情况，合理使用贵金属尺，进行辨别和处理。

对于体育赛事组织违法行为概念的界定，还需要注意到，组织者的违法行为的从责任化上理解。在体育赛事中，组织者需要担负确保赛程顺利进行，保护参赛者和观众权利等多重职责。因此，如果在履行这些职责过程中出现疏漏，导致侵犯他人合法权益，也应被视为违法行为。

因此，体育赛事组织违法行为的界定，需要站在法律规定的高度，结合具体运动项目、特定赛事规模、组织者的具体行为等因素，进行细致入微的界定。这不仅是对体育赛事组织法律责任认定工作的重要前提，也是对体育赛事组织者的规范和引导，有力地保障了体育赛事的规范化、专业化和正当化。

世界各地体育赛事组织违法行为比较研究是凸显体育赛事组织法律责任的一方面，强调了体育赛事组织在组织运营过程中需要遵循的法律约束。全球不同地区对于体育赛事组织的违法行为有着各自特色的法令归责以及认定标准。因此，通过比较研究不同国家和地区的体育赛事组织违法行为，我们可以更好地理解和界定体育赛事组织的法律责任。

以欧洲为例，欧洲对体育赛事组织违法行为的界定主要基于欧洲体育法案以及各个国家的体育法案进行，这些法案明确规定了体育赛事组织在运营过程中需要遵循的法律规范，其界定的违法行为主要涵盖赛事组织、运动员精神药物滥用、赛事安全等多个方面。

相比之下，美洲则依赖于市场机制来进行体育赛事组织违法行为的界定和调控，其体育赛事组织违法行为主要依据美国的体育法和各个州的体育法进行界定。美国的体育法对运营机构有很多标准，包括公平竞争、公平游戏以及运动员的权利等。

然而，亚洲对体育赛事组织违法行为的界定更加注重道德规范和社会责任，体育赛事组织违法行为主要依据体育法和相关道德准则进行界定。比如在中国，体育法充分考虑到体育组织的社会责任，强调公平竞赛和运动员权利，同时也充分考虑到体育组织的伦理道德和公序良俗。

另外，非洲对体育赛事组织违法行为的界定主要基于非洲体育法，这些法规主要强调公平竞争原则以及参赛选手的权利保障。非洲的体育大致可以分为南非、东非和西非三个区域，各个区域对体育组织违法行为有着差异性的处理手法和定义。

不同的地域，其体育赛事组织违法行为的标准和范围各不相同，这既源于各地的法律体系差异，也反映了各地区对体育赛事和运动员行为的认知和价值观差异。这就是体育赛事组织法律责任认定中的体育赛事组织违法行为界定问题。

研究世界各地体育赛事组织的违法行为，对比并分析它们的处理方式和法律责任划分，我们也能在中找到提升本国体育赛事法律制度及体育赛事组织法律责任的线索。同时，也能提示我们，体育赛事组织在履行法律责任的同时，也要注重道德素质的提升和遵循公平、公正的原则。总的来说，全球范围内体育赛事组织违法行为的比较研究有助于更全面地认识，理解和界定体育赛事组织的法律责任，为建设更公平、公正的体育世界提供理论参考。

在理解我国体育赛事组织违法行为的具体类型之前，首先需要明晰什么是体育赛事组织和其违法行为。体育赛事组织即是指对体育赛事进行策划、组织、销售、监督和执行等一系列活动的机构或者个人。其违法行为，则是指在策划、组织、销售和监督体育赛事过程中，违反了体育赛事相关法律法规的行为。

我国体育赛事组织的违法行为可归纳为以下几类。

第一类是违规操作型违法行为，主要是指赛事组织在策划、组织、销售和监督体育赛事过程中，违反了确立的规则或程序，损害了其他赛事竞争者或观众的权益。例如，不公平的比赛安排、滥用票务资源等都属于此类。

第二类是命令不当型违法行为，主要是指赛事组织发布不合理的指令，造成运动员、裁判员或其他赛事参与者的权益受到侵害。例如，赛事组织强制运动员进行过度的比赛、不合理的训练安排等，都是误导运动员的坏例子。

第三类是疏忽大意型违法行为，主要是指赛事组织在执行职责过程中的玩忽职守，导致各种误事发生。如，对安全预防措施的忽视，导致运动员受伤，或是对危险动作的纵容，导致其他参与者的权益受损。

第四类是欺诈行为，主要是指赛事组织为了利益，采取刻意欺骗的方式对外宣传并进行赛事组织。例如，虚假宣传、捏造赛果等。

第五类是滥用权力行为，体现为赛事组织对其权力的滥用，进而侵害了其他各方的权益。如，随意更改比赛规则、不公正的裁判判决等。

以上都是我国体育赛事组织违法行为的常见类型，对这些行为应进行有效监管和严格处罚，以保护体育公平、公正的精神，促进我国体育事业的发展。同时，我们也应该看到，目前针对体育赛事组织违法行为的法律体系还不够完善，需要我们不断探索和完善，使得体育赛事组织在筹划和执行体育赛事过程中可以有明确的法律依据和操作准则，进一步营造和提升体育竞赛真实、公正、公平的环境。

体育赛事组织在进行赛事组织时，可能会发生各种违法行为，以及由此引发的法律责任。预防体育赛事组织违法行为，避免产生不必要的法律风险，是每一个组织者和参与者都需要关注的重要问题。这方面的对策研究，是运用法律理论和法律实践知识，针对体育赛事组织特点和实际需求，制定和实施的一系列预防措施。

对于体育赛事组织违法行为的预防研究，需从两个维度去考虑和操作：一个是构建和完善法律制度；另一个是强化法律实施。在法律制度方面，应完善相关法律法规，细化体育赛事组织应遵守的法律规范，明确法律责任，提高违法成本。制定针对性的法规政策，对体育赛事组织中可能遇到的疏漏进行明确规范和指导，以形成具有威慑力的法律约束机制。

在法律实施方面，应强化监督和处罚力度，建立有效的追责机制。一方面，政府部门应加大监督力度，对体育赛事组织的行为进行全面的监控和审查，确保其行为符合法律法规的规定。一旦发现违法行为，应立即进行查处，公正公开地对其进行处罚，以捍卫法律的权威性。另一方面，赛事组织方也应建立完备的内部监控体系，通过内部规章制度等方式规范职员行为，以自我约束的方式防止违法行为的发生。

法律既是一种防线，也是一种制度。完善法规规章，严格法律实施，是预防体育赛事组织违法行为的有效途径。然而，仅仅依靠法律手段并不能完全消除违法行为，还需要配合道德教育和行业自律。国家和社会应加强体育道德教育，树立积极健康的体育文化，引导整个社会形成尊法守法的氛围。同时，体育赛事组织也应积极实施行业自律，建立和完善独立的行业规范，发扬公平竞争、公正公平的体育精神，从而在法律约束之外，通过自我约束和自我管理，防止违法行为的发生。

综上所述，防止体育赛事组织违法行为需要多方面的努力和配合。法律是预防体育赛事组织违法行为的铁律和守则，而道德教育和行业自律则是体育赛事组织内在的自我约束机制。通过法律、道德和行业自律的共同配合，才能更好地预防体育赛事组织的违法行为，维护体育赛事的公正和公平，推动体育事业的健康发展。

二、体育赛事组织法律责任的归责原则

体育赛事组织法律责任的定性问题，是体育赛事的组织者在履行其管理、备案、安全

等多方面职责过程中，因其行为导致他人合法权益受损而需要承担的法律责任的性质和类别的界定。对其法律责任的定性，不仅对体育赛事的组织者本身有重大影响，也关系到受损者能否获得合法权益的保护，相关责任的追究会对社会公众、相关机构和法律制度的公信力带来重要影响。

体育赛事组织法律责任的定性，首要的是要依法判定体育赛事组织者是否触犯了法律规定的义务，包括但不限于质量保障、安全保障、信息披露等义务。法律责任的确认应以客观事实为依据，体育赛事组织者的真实行为和该行为的结果，是其法律责任定性的主要标准。而对于责任的主观态度，是法律责任的定性中也需要考虑的重要因素。

体育赛事组织者可能会因为违反了质量保障的义务，被定性为承担民事责任；如果违反了安全保障的义务，可能会被定性为承担行政责任或民事责任；如果涉及欺诈、瞒报等违法行为，甚至可能被定性为承担刑事责任。这些责任的具体界定，需要根据我国的民法、行政法、刑法等相关法律法规，以及具体案例的具体情形进行详细地分析和解读。

在体育赛事组织者的法律责任定性的过程中，需明确的是，组织者并非对所有参赛者或观众发生的任何伤害都负有法律责任。这其中涉及法律的可预见性原则，即组织者是否能够预见到并且有责任防止的伤害。如果是参赛者或观众的自身过错或者其他非组织者原因导致的伤害，组织者并不需要承担相应的法律责任。

这里需要强调的是，赛事组织者的法律责任不只是在赛事进行时，而是从赛事筹备、组织到赛事结束的全过程。根据我国法律规定，赛事组织者在整个赛事过程中都需要行使职权和处理事务，对于任何可能影响参赛者和观众合法权益的风险，都需要行使充分的注意义务和防范措施。

体育赛事组织法律责任的定性是一项复杂而细致的工作，需要依据法律规定，结合具体的案例情形，作出公正、公平的判断。同时，这也对赛事组织者提出了更高的要求，要求他们在组织和管理体育赛事的过程中，更加遵守法律规定，尽早识别和控制风险，有效保障所有人的合法权益。

体育赛事组织法律责任的归责原则，也即在场内产生的法律问题，如何确定责任主体与责任层级。值得深思的是，归责原则的执行不仅会影响到赛事的顺利进行，还可能引发一定的法律风险。

体育赛事组织方在承担相应的法律责任时，归责至关重要。这是一个综合性的过程，涉及到各方的权益保护、法律规定的执行，以及赛事运营的顺利进行。法律责任归责原则不可过分严格，也不可过于宽松，需要在尽可能保护体育赛事组织方、运动员以及各方利益的基础上，进行适当的解释和适用。

其中，影响主要在以下几方面体现：一是在组织层面，严格按照归责原则进行法律责任认定，可以更好地保障赛事公平公正，符合现代体育精神的要求。二是在个体层面，合理的归责原则可以兼顾运动员的权益，防止因赛事出现问题导致运动员的权益受到无端侵害。三是在社会层面，归责原则的正确执行，有助于增强社会对体育赛事的信任感，提升体育赛事的社会影响力。

然而，归责原则的实施同样存在风险，甚至可能引发诸多法律纠纷。首次厘清责任主体难度大，涉及运动员、裁判、观众等多方主体，加大了责任认定的复杂性。其次，法律规定往往以较为抽象的方式规则归责原则，赛事中出现的具体问题可能难以完全符合规定，存在较大的不确定性。此外，面对赛事中出现的意外事件，可能因归责过于严格而加重赛事组织方的负担。

鉴于上述风险，对于法律责任归责原则，体育赛事组织方应有更加深入的理解和高度的敏感性，同时也应充分考虑到赛事的具体情况和可能的变化，以期达到责任归因的科学性和准确性。需充分利用法律专业人士的专业能力，一方面需要时刻维护赛事组织的合法权益；另一方面也要尽量避免因错误的责任归属产生更多的法律纠纷。

同时，尽管归责原则可能带来一定的风险，但其实现了合理、公正的责任分配，对于维护赛事公正和公平起到十分重要的作用，不能因其存在一定风险就避而不用。因此，在执行过程中，我们需要以细致入微的态度面对可能出现的风险，妥善应对和解决，以确保体育赛事的有序进行。

以上所述即为归责原则的影响及风险。其实质是借助规则约束行为，公正公平地解决问题。体育赛事组织方在遵循归责原则时，应时刻关注其可能带来的影响和风险，既要妥善处理问题，又要有所预见，从而更好地推动体育赛事的有序进行。

体育赛事组织在复杂环境下的责任划分，需要考虑多个因素，主要包括法律、道德、公共利益保护、危机处置以及保障的可行性等方面。在存在多方参与、权益交织的体育赛事组织中，对于责任的划分尤为复杂而微妙。

首要任务是理解法律责任的原则。在大多数的情况下，违法行为者应该对其行为产生的后果负责，这个朴素的原则在体育赛事组织中同样适用。然而，体育赛事是复杂系统，往往涉及到多个参与者，如体育员、裁判、观众，甚至是赛事组织者和投资者。法律责任可能被认定到任何一个环节的参与者身上，这就要求在责任划分时，必须对犯罪行为，行为人，行为后果以及行为动机进行全面而深入的分析。

道德责任也需要认真考虑。在体育赛事中，道德角度的责任划分可能不同于法律角度的责任划分，但又不可或缺。举例来说，如果一个运动员违反了比赛规则取得优势，即便他可能从法律角度上没有责任，但在道德角度上，他仍需要为其行为负责。同样，组织者也需要对赛事的公平、公正、公开予以保障，这是他们的道德责任所在；同时，也会影响到他们在法律责任划分中的地位。

保护公共利益是体育赛事组织的重要职责。理应为任何可能损害公众利益，或影响赛事公正性的行为负责。当赛事组织或参与者的行为违反了这个原则时，责任追究则成为必然。公共利益保护的观念也将在责任划分的过程中发挥重要作用。

危机处置是体育赛事组织必须面对的挑战。当矛盾冲突或者非常事件涌现时，有力的决策和处置不仅可以解决眼前的问题，同时也会对责任划分产生影响。赛事组织者应当根据其行为的后果，而非行为本身，来确立其在此类情况下的法律责任划分。

最后是保障的可行性。无论是法律责任、道德责任还是公共利益的保护，都需要在赛事组织者能力范围内进行。对于超出其能力范围的事项，其法律责任应予以适当限制。这也是体育赛事组织法律责任归责原则的重要组成部分。

综上所述，复杂环境下的责任划分应以法律责任为基础，结合道德、公共利益、危机处置和可行性等因素综合考虑。这是一个多元化、立体化的操作过程，其目的在于确保公正性、保护公众利益以及维护赛事秩序，而同时也要尽可能地减少赛事组织者的责任风险。这一主题是体育赛事研究的重要组成部分，对于理解体育赛事组织的法律问题具有十分重要的理论和实际意义。

体育赛事组织法律责任的归责原则是赛事组织过程中的一个重要因素，其优化和改进是当代体育法实践的重要任务，相应的，也是我们必须进行深入研究和探索的课题。此原则以公正公平、真实客观的原则定性定量地认定赛事组织在赛事期间的法律责任，有助于保护运动员、观众、主办方等相关方的权益。

首要任务是对归责原则进行清晰明确的规定和引导，为赛事组织及相关方提供法律依据和决策指引。通过具体化、规范化赛事组织的行为，达到准确且有效的准则。对于赛事主办方、承办方、赛事工作人员、运动员、裁判等提供明确的行为准则，以预防因为行为不当而产生的责任问题。

与此同时，强化体育赛事组织法律责任的实质性认定也是改进和优化归责原则的重要内容。实质性认定强调的是以事实为依据，以证据为支撑，对赛事组织过程中出现的问题进行有据可查的认定。通过制定并实施公正、公平、透明的认定机制，确保责任归属的准确性和公信力。

此外，进一步制定体育赛事组织责任认定的程序规定，这是必须按照遵循的，以保证程序的公正，公开和公平。这包括对法律责任认定流程、责任认定主体、责任认定方式等程序性规定的制定，确保体育赛事组织法律责任的合法性、合规性和公正性。

另外，面对各种难以预料的问题和挑战，我们也应积极开展前瞻性研究，对可能出现的新问题和新情况做好预判，从而不断丰富和完善归责原则，使其更具有针对性和实效性。例如，针对新兴的电子竞技赛事，可能需要对一些特殊的法律责任进行定义和归责。

在此基础上，还应注重归责原则的调整和改革。随着体育界的变革和社会的前进，关于赛事组织的法律责任必然要进行不断地调整和改革，法律责任的认定应随着社会的进步和法律的发展进行不断地完善。总结实践经验、借鉴国内外先进经验，以满足赛事组织日益复杂和多元化的法律服务需求。

为了领导者、专家、法律工作者、运动员等社会各方的认同与接受，强调归责原则的公众参与与社会监督是非常重要的。通过媒体、公众参与等形式，让更多的人了解并参与到归责原则的制定和实施过程中，增加其合法性和公信力。此外，其对社会公众普法教育的重要性不言而喻。

体育赛事组织法律责任的归责原则之改进和优化，必须始终贯穿公正、公平、合规、有据可查的原则，而这些原则也是整个体育法的立法精神和法律理念的体现。体育赛事组织法律责任归责原则的改进和优化，是体育法建设的重要课题，需要我们持续深入研究和不断探索。在这个过程中，尊重和保障每一个体育赛事的参与者的合法权益，就是我们的共同责任和共同目标。

第三节　体育赛事组织法律责任的承担与追究

一、体育赛事组织法律责任的承担方式

当谈到体育赛事组织的法律责任承担方式，不得不提到的便是合同承诺的责任承担方式。这一方式基于合同的约定，是体育赛事组织义务的具体履行以及违约责任承担的主要途径。

在现代体育赛事的组织中，合同作为一种具有法律效力的约定，广泛用于赛事的各个环节，包括参赛人员的选拔、赛事的组织、广告的发布以及收入的分配等。比如，在举办一场足球赛时，主办方可能会与参赛的球队签署比赛合同，在合同中明确规定比赛的时

间、地点、规则等内容，同时规定违约的后果和责任。这样，一旦出现违约行为，便可以依据合同追究违约方的责任。

采用合同承诺的责任承担方式，成因在于它具有公平和效率的优势。具体来说，首要的是公平性，通过合同的约定，双方可以预先明确各自的权利和义务，防止发生权益争议。其次，它提高了效率，因为在大多数情况下，合同可以减少双方的不确定性和风险，从而提高双方的协调效率。

然而，这种方式并非没有问题。首先，合同的制定往往需要考虑到诸多因素，如市场环境、法律规定以及双方的交易能力等，这对于合同的起草和解释都提出了高要求。其次，一旦出现违约行为，追究违约责任可能会面临很大困难。许多合同中都会有赔偿条款，但这些条款在实际执行中可能会受到多种因素的影响，如违约方的支付能力、估算损失的难度等。

因此，在使用合同承诺的责任承担方式时，需要特别关注这些问题，并尽力解决。具体做法可能包括：制定一个翔实和准确的合同，明确规定权利、义务和违约责任；设立合理的赔偿机制，考虑到双方的交易能力和市场环境；采用适当的方式追究违约责任，如通过法院诉讼或者仲裁等方式。

在此基础上，尽管存在一些困难，但是采用合同的方式来承担责任，在很多情况下仍然是实现公平和效率的有效手段。在当前的体育产业中，人们已经看到越来越多的体育赛事组织开始使用合同来约定各种事项，这一趋势将可能进一步推动体育赛事组织的法制化进程，也将为未来的体育产业发展提供法律保障。

体育赛事组织在运营过程中可能会因各种原因导致损害事件发生，而其中的疏忽犯罪就值得我们深入讨论和解析。这种情况是指组织在管理和运营赛事的过程中存在过失，应当注意到的事由却未及时注意到，或者虽然注意到了却没有采取合理的预防措施，导致损害的发生。对于这样的疏忽犯罪，我们称之为体育赛事组织的疏忽性法律责任。

体育赛事组织在实施疏忽犯罪后需要承担责任，这一责任的承担方式主要包括以下几种：民事责任、刑事责任、行政责任和经济责任。

民事责任主要涉及赔偿损失。依据相关法规，体育赛事组织既包括权益的保护者，又是权益的承担者，需要对承办过程中的疏忽犯罪依法负责。如果因为其疏忽行为造成运动员或者观众身心损害，该组织需按照法院的判决进行相应的损害赔偿。

刑事责任主要针对的是可能触犯刑法的行为。如果体育赛事组织的疏忽行为触犯了刑法的相关规定，可能被追究刑事责任，包括罚金、拘留等刑事处罚。

行政责任是指体育赛事组织必须对疏忽犯罪行为负责，并接受相关行政管理机关的行政处罚，如处以罚款、停业整顿、注销许可证等。

经济责任则主要指通过经济手段进行处罚，如罚款，赔偿等方式，来迫使体育赛事组织对其行为负责。

在此，我们需要强调的是，任何形式的责任承担都是在证明了体育赛事组织存在过错并且该过错是损害事件发生的原因后才能实施的。在追究责任的过程中，必须遵循事实清楚、证据确实、责任明确的原则。同时，也不能因为追究体育赛事组织的责任而忽视了其他可能的责任主体，如运动员自身的责任、观众的责任等。

体育赛事组织作为一个专业的赛事承办单位，其应尽的法律责任不仅有利于保护自身的权益，也是促进整个社会公正公平的重要一环。因此，体育赛事组织必须严格遵守各项法律法规，做好风险预防和措施，及时应对各种可能导致疏忽犯罪的情况，积极承担起应有的法律责任，以维护自身的合法权益和社会公共利益。

在我国的体育赛事中，事故风险的责任承担方式是一项重要的问题。既然我们讨论的是法律责任，就必须首先明确法律的定义。所谓法律，是根据事前的规定，对事件或行为进行判定，其实质是一种规范的力量。同样，法律责任，也就是当某种行为违反了法律规定时，会依据法律的权威性，进行责任的强制规定。

对于体育赛事组织者来说，他们有责任确保体育赛事的正常进行，并承担起相应的风险与责任。因此，当事故发生时，责任的承担方法主要有以下几种：承担赔偿责任、承担罚款责任、承担刑事责任、赔偿损失、承担民事责任等。对于体育赛事组织者，他们有义务在赛事开始之前进行完全披露和风险解释，并且确认参赛选手、裁判和观众都了解赛事风险并自愿承担。如果他们未能这样做，那么事故发生时将可能面临法律上的处罚。

首先，承担赔偿责任。通常情况下，赛事组织者为了保证赛事的正常进行，会投保有针对性的保险，在发生意外事件时，保险公司将根据保险合同进行赔偿。但如果赛事组织者未投保相应的保险，或者保险范围无法覆盖事故造成的损失，组织者需要用自己的资金进行赔偿。

其次，承担罚款责任。如果事故发生时，审判团对体育赛事组织者作出罚款的决定，那么这些罚款将由赛事组织者承担。这是一种经济责任，其目的是通过罚款对赛事组织者进行惩戒并警示，防止类似问题再次发生。

再次，某些重大的、有意识的违规行为可能导致刑事责任。如果赛事组织者故意忽略并隐藏赛事的风险，或者为了私利而中止必要的安全措施，导致人员伤亡，那么他们可能需要面对刑事责任，甚至可能被判处有期徒刑。

此外，对于赔偿损失，体育赛事组织单位应当就他们的过错或者未尽的责任进行相应的赔偿。根据我们的法律制度，如果任何一个参与比赛的运动员或者工作人员由于组织者的失误或疏忽而受伤，组织者应负责赔偿其由此而造成的损失。

最后，面对追究的民事责任，组织方需要承担由于未能履行其应尽义务所导致的损失，包括个人的身体损害、财产损失以及精神损害等。

总结起来，体育赛事组织者有义务在赛事中确保参赛者、工作人员和观众的安全，当事故发生时，他们需要根据法律规定来承担相应的责任。为了确保游戏的公正和人们的安全，体育组织者必须时刻谨记他们的责任，并尽一切可能来预防可能发生的事故，这将使他们在面对法律责任承担时能够做到心中有数。

在体育赛事组织法律责任的承担方式中，行政处罚和赔偿是两种主要的责任承担方式。它们既参照了我国体育法律的相关规定，也考虑了赛事组织者在体育赛事过程中可能出现的各种违法行为。本书将深入探讨这两种方式，分析其具体应用场景和操作方法，以期为赛事组织者和体育工作者提供实用的制度解析和操作指南。

行政处罚是一种由行政机关依法进行的处罚方式，其目的是对违法行为进行规制，防止类似行为的再次发生。在体育赛事组织中，行政处罚可能涉及的有针对破坏比赛公平公正、损害比赛秩序、造成比赛不正常进行等违法行为进行的罚款、举办比赛的限制甚至禁止等。行政罚款旨在通过经济手段对赛事组织者进行法律规制，而举办比赛的限制和禁止等行政强制措施则更多地体现了国家对体育赛事组织者违法行为的严厉打击。这项处罚的作用是通过对违法行为的处罚，达到警示和防止类似行为再次发生的目的。

赔偿责任是体育赛事组织者对因其错误行为或者合同责任引发的损害进行的金钱补偿。在体育赛事中，赔偿责任常常发生在赛事组织者未能此责任分为合同责任和侵权责任两种。合同责任是体育赛事组织者应当履行的义务，如保障比赛公平、安全，提供必要的比赛设施等。若组织者没有尽到这些义务，就需对参赛方或者其他合同方支付赔偿。侵权责任则涉及组织者的违法行为导致的损害，如组织者的行为违反了体育道德、公序良俗，造成他人损害，那么赛事组织者需要承担相应的侵权责任。

总体上，体育赛事组织者可通过行政处罚和赔偿承担其法律责任。具体要视情况而定，比如，赛事组织者的违法情节、损害结果等都将影响责任的承担方式。

在实际承担过程中，赛事组织者需要了解相关体育法律法规，正确认识自己的权利和义务，遵循公平、公正、公开的原则来运营和管理赛事，不仅要增强自己的法律意识，还应提高自身的法律素养，这样才能避免因疏忽或过失而承担不必要的法律责任。同时，法定代表人或者相关责任人也需要积极、主动地接触法律，通过交流和协商，解决可能出现的法律问题，确保赛事的正常进行。

可以看出，行政处罚和赔偿是体育赛事组织法律责任的有效承担方式，两者在实践操作中要灵活运用，并深入了解各自适用的具体环境和条件，才能确保其发挥应有的作用。

二、体育赛事组织法律责任的追究程序

追究体育赛事组织法律责任的程序对于赛事运行来说具有十分重要的意义。每个体育赛事组织都需要了解这些程序，这样在可能出现的法律纠纷中，他们能明确自身的责任和义务，适时应对。而"追究程序的法律依据"则涉及体育赛事组织法律责任的追究程序背后的法规支持，以及如何根据相关法规，正确地追究责任。

在我国体育法律体系中，体育赛事组织法律责任的追究程序的法律依据涉及的法律文本主要是《中华人民共和国体育法》（以下简称《体育法》）、《中华人民共和国合同法》（以下简称《合同法》）、《中华人民共和国侵权责任法》（以下简称《侵权责任法》）及其相关的司法解释。在确定责任的追究程序时，首要参照的是《中华人民共和国体育法》。此次法律明确规定了在体育赛事中，组织者、运动员、观众等各方面在体育活动中应遵守的规定，也规定了各种情况下的法律责任。

同时，体育赛事组织者在赛事中运营管理过程中，其许多行为涉及与他人的权益关系，因此，其法律责任的追究也可能涉及合同法规定的法律责任以及侵权法规定的法律责任。比如，赛事组织者在遵守或违反合同义务中可能产生的法律责任；在对运动员、观众、赞助商等相关方的合法权益造成侵害时产生的法律责任。

在追究过程中，将由有关部门或法院根据具体情况，参照相应的法律规定来进行。比如，如果是运动员在赛事中受伤，赛事组织者如果未尽到安全保障责任，该运动员可依法追究其侵权责任；如果赛事组织者未按照约定履行合同义务，相关方可以依照《合同法》的有关规定请求法院判决其赔偿损失。

追究的程序通常首先是识别侵权行为，然后查明事实，进一步确定侵权人，最后依法进行追究。此过程中，有关部门或法院需要明确赛事组织者的法律地位，查明其是否存在过错，并确认其过错与损害结果之间的因果关系。此次步骤的完成需要深入地理解和应用《体育法》《合同法》《侵权责任法》等相关法律规定，因此，赛事组织者应全面了解和掌握这些法律知识，以做到应对自如。

体育赛事组织者的法律责任追究不仅要有明确的法律依据，而且需要有严谨的程序把控，只有这样才能确保其公平、公正、公开的进行，最终维护体育赛事的健康有序发展，保障所有参与方的合法权益不受侵犯。

在体育赛事组织法律责任的追究过程中，程序的具体启动及实施细节是重要的一环。这是一种确保体育组织承担起其法律责任，促进体育公平公正，防止体育事故发生，保障运动员权益的重要手段。一个涵盖证据收集、案件调查、判断与处罚等各个环节的完整责任追究程序是体育组织运营及管理的必备要素。

在体育赛事组织法律责任的追究过程中，首个环节通常为责任发生的事实与证据收集。常见的证据类型包括运动员、教练、裁判、观众的目击证言，赛场监控录像，以及相关的文字、图片、音频、视频材料等。在这个环节，体育赛事组织需要尽可能多地收集、整理与分析证据，完整、真实地记录下责任发生的全过程，以便于后续的法律责任追究。

接下来的环节是案件调查。其中可能牵涉到体育赛事组织内部的管理人员、运动员、教练员，也可能涉及赛事的主办机构、裁判员、赛事保险公司等。体育赛事组织需要与各方合作，实施全面、深入的案件调查。通过调查，可以得出责任发生的原因、环节与责任人。

然后，体育赛事组织需要根据相关的法律法规，结合事实和调查结果，进行责任的判断。在这个环节，一项重要的工作是责任的定性和定量。具体来说，应明确责任发生的性质，如是违规行为，还是意外事件；并量化责任的大小程度，如罚款多少，停赛期限多久等。

在判断完成后，体育赛事组织要进行责任的处罚。处罚的方式包括警告、罚款、禁赛、除名等，针对责任人的行为来执行。在处理过程中，体育赛事组织需保障公平公正，遵循严格的程序正义。

最后，体育赛事组织有责任对整个追责程序的公正性、有效性、透明性进行评估，以确保体育赛事的公正公平。对此可通过内部审计、外部评估等方式进行。

此外，体育赛事组织也需要在整个责任追究程序中，充分注意运动员的法律权益，保障其诉求被妥善处理。同时，要注重与社会公众的沟通，传递公正公平的体育精神。

在体育赛事组织法律责任追究过程中，程序的启动和实施是连接体育赛事组织和公众，确保公平公正的重要环节。体育赛事组织要按照法律法规，结合实际情况，完整、有效地启动并实施责任追究程序，实现体育赛事的公平公正，提高运动员的权益保障。

在处理体育赛事组织法律责任的关键环节及注意事项时，不仅包括了法律程序的处理，还包括对参与各方的责任追究。

首当其冲的环节是追责程序的启动。这是一个法律适用的起点，直接关系到组织者责任追究的可操作性。追究体育组织的法律责任通常在比赛结束后进行，需要比赛主办方、裁判以及其他相关方面的证据支持。此时，证据的采集和整理显得至关重要，这包括但不限于比赛视频、比赛记录、裁判报告、证人证词等，这些都是启动追责程序的基础。因此，组织者在面对可能的法律纠纷时，需第一时间进行证据保存，避免重要证据流失。

处理关键环节的第二个重点是确定责任主体。在体育赛事中，涉及的主体繁多，包括了运动员、裁判、赛事组织者、粉丝等。这些主体在比赛中的行为都可能引发法律责任。因此，准确的确定责任主体，是追责的基础。然而，这是一个相当复杂的问题，需要进行深入的事实调查和法律分析，以确保因果关系的明晰和责任的定性正确。

第三个关键环节　是责任的定量。在体育赛事法律责任的追究中，责任的大小常常是一个重要的考量因素。据此，赛事组织者需要根据法律原则，如侵权责任原则，联合或者平行责任原则等，结合具体的事实和情形，来确定其所需要承担的法律责任。这需要深厚的法理知识和丰富的实践经验，以保证公正和公平。

除了处理关键环节，还有一些应当注意的事项。首先，遵守法律程序和原则是处理体育赛事法律责任的基础，组织者应知法守法。其次，注重证据保存，证据直接关系到责任追究的成败，缺乏证据则难以凭空追责。再次，早做防范，包括了对法律风险的评估，以及遵守体育比赛规则和公示义务等，旨在避免违法行为的产生。最后，合理处理公众舆论，尤其在重大赛事中，公众舆论可能影响到法律责任的追究，因此，组织者应当灵活应对，以避免引起不必要的社会影响。

在总结中，可以明显看出，体育赛事组织法律责任的追究，并不只是追求违法者的法律责任，更是对体育公平和公正原则的维护。赛事组织者在面对可能的法律纠纷时，不仅需要处理好各个关键环节，更应注重预防工作，尽力避免因不当行为引起的法律责任。

首要解析体育赛事组织法律责任追究程序的案例，我们需要了解具体的情境和涉及的法律因素。在理解体育赛事组织法律责任的背后所涉及的许多复杂因素之后，我们才能更好地了解我们可以从这些案例中学习到的东西。

我们可以从一些体育赛事发生的法律问题中，注意明显涵盖体育赛事组织法律责任的案例。例如，一起涉及赛场安全页岩，裁判错误决策，参赛者违规行为等争议的案例。这些案例都涉及体育赛事组织者的法律责任，通过这些案例，我们可以清晰地看到法律责任的追究程序。

第一个案例中，赛事组织者未提供足够的安全措施，导致观众在赛事中受伤。该组织者应承担法律责任，追究过程由受伤者起诉开始。当法院接受起诉后，将按照法院程序进一步审理。一旦认定组织者的疏忽大意导致伤害发生，法院会判决赛事组织者承担相应的法律责任。

第二个案例中，裁判的错误决策导致比赛结果产生争议，参赛选手将赛事组织者告上法庭。在这种情况下，法律责任的追究程序将涉及比赛规则的解读和裁判决策的合理性。如果法院判定裁判的决策明显违反比赛规则，造成无法挽回的损失，赛事组织者可能会被判承担相应的法律责任。

第三个案例涉及参赛者的违规行为。在这种情况下，一旦法院确认参赛者违反了比赛规则，他们可能会被判承担法律责任。此次，赛事组织者的责任则在于保证比赛规则的公平性和透明度，如果由于规则模糊或者疏忽未能制止违规行为，组织者也可能承担法律责任。

上述案例中失败与成功的教训值得我们借鉴。首先，赛事组织者应提供全面、富有预见性的安全保障，减少事故风险。其次，赛事组织者在比赛过程中应公平、公正、透明，避免因裁判误判等问题产生争议。最后，赛事组织者有责任保证比赛规则的透明性和公正性，并有力地预防和打击违规行为。

通过上述案例，我们可以清晰地看到，体育赛事组织者在组织比赛过程中，确保赛事顺利进行，预防和妥善应对可能发生的法律争议，是至关重要的。只有这样，运动员和观众才能全身心地投入比赛，享受体育带来的欢乐。同时，也能保护体育赛事组织者免受争议、冲突和不必要的法律责任追究的困扰。

体育赛事组织法律责任的追究程序作为我们体育法制化的重要实践环节，始终受到学者和实务界的广泛关注。它涉及市场秩序、公平竞争以及运动员的权益保护等诸多方面，是体系化、规范化体育赛事组织工作的重要内容。然而，在实际操作中，这一过程中出现的众多问题需要我们深思并总结经验，以更好地推动体育法律责任追究程序的改进和未来展望。

在追究程序的改进上，我们首要注意的问题是相关法律责任的明确性。目前，对于体育赛事组织的法律责任界定往往存在普遍性和具体性的冲突，这就需要我们对具体案例进行分析，揭示其背后的法律原理和规律，明确责任主体、行为标准以及承担方式。在此基础上，我们还要重视相关法律责任的公开透明性，实现责任人的知情权和公众的参与权。

在追究程序的改进上，我们还要关注脱离现实的体育法律理论和实践的断裂。体育赛事组织的法律责任涵盖广泛，不仅有传统的合同责任、侵权责任，更有与体育特性相适应的公序良俗责任、诚实信用责任等新型责任。因此，我们需要对相关法规进行科学解释与充实，将理论研究的成果用于体育法律责任追究领域的实操。

至于追究程序的未来展望，我们必须要坚持以人为本、公平公正的原则，提供舒适、有保障的体育环境，使所有参与者在追求运动激情的同时，享受到应有的尊严与权利。为此，我们需要构建一个立体化的体育赛事组织法律责任追究体系，涵盖立法、司法、行政三个层面，确立号称"体育检察官"的体育公共律师制度，并加强体育行政法律监督。

同时，我们还要注重运用现代科技，比如信息化手段，改进和优化体育赛事组织法律责任追究的程序和途径，提高其效率，缩短整个过程的时空距离，实现对体育活动中各类责任的科学化、精准化追究。

此外，让我们不忘初心，坚持运动精神，努力构建一种公正公平、人性化的体育环境，让更多的人可以在比赛中体验到运动的喜悦。这就需要我们关注体育赛事组织法律责任的核心，即保护和尊重运动员的权益，提高他们在体育活动中的法律地位。

在面对未来，我们需要被动应对的转变为积极推动，把握我国体育赛事组织法律责任追究的规律和趋势，为体育法策制、理论研究、教学和实务工作提供服务，进一步推动我国体育赛事组织法律责任追究体系的发展和完善。

第五章　反兴奋剂法规与实践

第一节　反兴奋剂法规的国际框架

一、国际反兴奋剂机构的法律地位

在当代体育法的理论基础与实践路径的研究中，反兴奋剂法规无疑占据了核心地位。特别是针对国际反兴奋剂机构，其法律地位与所依赖的法律依据更是理论探讨的重点。国际反兴奋剂机构（WADA）是全球反对兴奋剂使用的权威组织，其法律地位和行为规范，很大程度上取决于其所依赖的法律依据。

关于 WADA 的法律地位，大体上可从其成立背景和运作机制两方面进行解释。从成立背景来看，WADA 成立的初衷是根据 1999 年在奥地利维也纳召开的"世界反兴奋剂会议"中制定出来的《世界反兴奋剂法》，这个法律依据明确规定 WADA 的职能和角色。关于运作机制，WADA 并非一个单一的机构，而是由各国政府和国际奥委会一起进行组建和运作。此种结构体现了 WADA 不仅是一个具有国际性和独立性的机构，而且具备了公权力和私权力的双重性格。

WADA 所依赖的法律依据主要包括三个层面：国际层面、国家层面和内部规章层面。在国际层面，WADA 的权威地位首先源于其创立的国际性背景，也就是《世界反兴奋剂法》的法律依据。此外，单一的法规之外，WADA 还接受了《联合国教科文组织反对兴奋剂使用公约》的约束，这也是维护其权威地位的关键法律依据。

在国家层面，各国对 WADA 的接受程度和对反兴奋剂的态度直接影响了 WADA 的法律地位和权威，所以各国与 WADA 的合作协议和法制环境都构成了 WADA 所依赖的法律依据。这些法律依据一方面强化了 WADA 的权力建设；另一方面也为其制定和执行反兴奋剂政策提供了法律保障。

在内部规章层面，WADA 的所有工作都必须遵守《WADA 法》和《WADA 法实施规定》等内部法规。这些内部法规不仅规定了 WADA 的组织结构、职责角色以及决策程序，也明确了对于违反规定的运动员和组织的处罚措施，这都是 WADA 所依赖的法律依据。

在探讨 WADA 所依赖的法律依据时，我们需要认识到，其依据不仅仅包括法律文件，而且包括了由其职权决定的具体措施。这意味着，这些法律依据并非固定不变的，而是可以根据 WADA 的需要，在一定法律框架之内，进行调整和改变。

通过对国际反兴奋剂机构所依赖的法律依据的探讨，我们可以看到 WADA 的法律地位及其运行机制，尤其是其运作中所依赖的法律依据的重要性。众所周知，一个机构的运行不能脱离法律的支持和约束，反兴奋剂工作同样如此，只有建立在坚实的法律基础上，才能推动反兴奋剂工作的深入开展。

国际反兴奋剂机构，简称 WADA（World Anti-Doping Agency），是一个对抗体育界非法使用兴奋剂的国际组织。WADA 作为独立于任何单个国家和体育组织的独立机构，它在运动员使用兴奋剂的治理方面扮演着至关重要的角色。它是由国际奥林匹克委员会和各国政府共同出资成立的，草拟并实施全球反兴奋剂规则，对全球超过 600 种体育组织的反兴奋剂活动进行对策并宣传。在此，我们将深入探讨 WADA 的法律地位、法律角色以及其影响力。

首先让我们了解一下 WADA 的法律地位。WADA 作为一个非政府国际组织，其形式和法律地位都是非常特别的。它不受任何国家或组织的法律约束，而是根据其自身的规定行使权力。这种特殊的地位使得 WADA 能够跨越国界，实施其政策和程序，对全球的运动员进行公正、公平和透明的管理。这种法律地位也为它赋予了高度的权威性和公信力，使得它能有效地维护体育公平竞争的精神。

解析 WADA 的法律角色，我们可以看出它在反兴奋剂行动中扮演着成形者、推动者和监督者的角色。其一，WADA 是成形者，它制定全球范围内的反兴奋剂标准——世界反兴奋剂代码，为国家反兴奋剂机构、其他体育组织以及体育诉讼仲裁庭提供大纲，以确保全球体育公平性的基础。其二，WADA 是推动者，努力推广并确保体育组织和各国政府遵守世界反兴奋剂代码。通过宣传活动、教育计划等方式，增强公共对反兴奋剂行动的认识和理解。其三，WADA 是监督者，对全球的体育机构和政府实施的反兴奋剂政策进行监督。

至于 WADA 的影响力，可以从签署反兴奋剂公约的国家数量及代码的接受程度体现。目前，世界上绝大多数国家都已签署反兴奋剂公约，并承诺致力于反兴奋剂行动。与此同时，600 多个国际体育协会和国家级体育机构已经接受并采用了世界反兴奋剂代码。此外，WADA 的影响力也体现在其对运动员、教练员，以及其他运动相关人员的权益保护方面。一旦发现有兴奋剂违规行为，WADA 有权揭露并严厉惩处，从而防止不公平的比赛行为。这种权威性体现在其旗帜所代表的公正和公平，使得 WADA 在全球体育界享有极高的影响力。

以上就是关于国际反兴奋剂机构的法律角色及其影响力的全部分析。通过了解 WADA 的特殊法律地位，分析其在全球反兴奋剂行动中的多重角色，以及深入探索其广泛的影响力，我们可以看到 WADA 对全球体育公平性的重大贡献。这使得我们对于运动场内的公平竞争有了更深入地认知和理解。

经典案例审查：国际反兴奋剂机构的法律地位如何塑造反兴奋剂政策，首先必须明确国际反兴奋剂机构在国际环境中拥有怎样的法律地位。根据国际公约，国际反兴奋剂机构是一个独立的机构，它由公共部门和体育运动世界所共同建立。在体育领域内，规模较大的国际体育组织都已经充分认同并支持 WADA。

通过对 WADA 官方文件的理解，我们能够清晰地看到，WADA 的法律地位赋予其实施和维护全球反兴奋剂政策的职责，尤其是世界反兴奋剂代码（以下简称 WADC）。而 WADC 所设立的法规，以及其相关的科学、医学和调查标准，都被广泛应用于全球性的体育比赛中。这些法规、标准和政策，成为全球反兴奋剂工作的核心原则和基准。

下面将详细探讨一个经兴奋剂案例，实例化展示 WADA 作为国际机构的法律地位如何影响其反兴奋剂政策。这个案例发生在 2015 年，涉及俄罗斯田径运动员的大规模兴奋剂使用。

尽管该事件主体是俄罗斯，但鉴于 WADA 的全球影响力，以及其作为独立调查机构的地位，WADA 对此事件进行了彻底的调查。最终，基于 WADA 的调查结果，国际田联作出了将俄罗斯田径运动员排除在国际比赛之外的决定。这也间接地体现了 WADA 的法律地位对其反兴奋剂政策的影响，也剖析了 WADA 在制定和实施反兴奋剂政策中的关键作用。

这个案例反映出，WADA 的法律地位让其在对待反兴奋剂政策上拥有了充足的权威性和决断力。很明显，这种地位的存在不仅有利于维护了公正、公平的体育竞赛环境，也在很大程度上塑造了反兴奋剂政策的实践路径和发展趋势。

出于维护体育公平精神的立场，WADA 的全球反兴奋剂法规和政策将持续深化和广泛应用。WADA 的法律地位，将使之在对全球各体育机构的反兴奋剂侵权行为展开调查和采取措施时，具备充足的权威和影响力。

对于 WADA 来说，其法律地位并非刚性的权力，而是一种公平、公正处理各类反兴奋剂事件的保障。看似极度严格的反兴奋剂政策，在维护公平竞技环境的大框架下，旨在保障所有运动员能在公正、公平的环境中展示真实自我的运动水准。

当我们在研究 WADA 法规和政策，在此基础上进行案例分析时，其中的核心关键词是公平、公正、平等与诚实。这就是 WADA 的法律地位所塑造的反兴奋剂政策的主线，也是这一经典案例审查的结论所在。

二、国际反兴奋剂法规的主要内容

在反兴奋剂法规方面，国际体育界已经形成了一套相当完整的法规体系，这套体系的主体是包括世界反兴奋剂机构（WADA）在内的各类国际体育机构以及国际奥委会（IOC）。在主要的法律条款方面，国际反兴奋剂法规主要围绕兴奋剂的定义、兴奋剂的使用、运动员违规行为的处罚等方面进行详细的规定。

WADA 作为国际反兴奋剂法规的主体组织，其法规和决策对全球体育行业的反兴奋剂工作具有强烈的指导性。其使命是推动全球体育行业实现无兴奋剂运动的目标，确保所有运动员都遵守公平竞争的规则。同时，WADA 列出了禁用药物清单，为所有体育行业的反兴奋剂工作提供了权威指南。国际奥委会同样扮演着重要的角色，尤其是在规定和实施对于违规运动员的惩罚方面。

国际反兴奋剂法规的主要法律条款明确规定了兴奋剂的定义和使用。这种定义属于广义的定义，不仅包括各种化学物质，还包括一些可能造成体质改变的非化学手段。在这一点上，国际反兴奋剂法规的目标就是禁止任何可能造成不公平竞争的行为。同时，法规对于兴奋剂的使用也作出了严格的规定。任何运动员如果没有医疗原因，都不能使用兴奋剂。如果运动员需求兴奋剂来治疗疾病，必须通过 WADA 的批准程序，否则一经查实，将受到严厉惩罚。

另外，国际反兴奋剂法规的另一个重要法条是对于运动员违规行为的惩罚规定。对于违反反兴奋剂法规的运动员，将会受到处罚，包括禁止参赛、取消个人和团队成绩、暂停国际竞赛权等，处罚的程度视违规行为的性质和严重程度适当调整。这一点是国际反兴奋剂法规致力于实现公平竞争的重要保障。

以上就是有关国际反兴奋剂法规的主体和主要的法律条款的具体情况。在这样的法规体系下，全球体育行业可以更好地抵制兴奋剂的使用，保障每一位运动员都能在公平、公正的环境中进行竞技。国际反兴奋剂法规是对全球体育工作的严格规范和保障，有助于构建一个公平、公正的体育竞赛环境。

　　国际反兴奋剂法规的执行实施机制以及其影响，是任何追求公平、公正和健康的体育赛事所必备的规定。反兴奋剂法规机制的运行在保障运动员权益、保护公平竞赛原则以及预防、制止兴奋剂使用上发挥着重要作用。

　　国际反兴奋剂法规的执行实施机制首要基于国际反兴奋剂机构的运作。全球最重要的反兴奋剂机构便是世界反兴奋剂机构（WADA）。WADA负责制定并不断完善反兴奋剂法规，通过不断的科技研发来提高对禁用药物和方法的检测技术，以及对违规行为的处罚等相应措施。WADA与其成员国的反兴奋剂机构以及体育组织一同负责法规的执行和监督工作。

　　具体来说，执行实施机制主要涵盖以下几方面：首先，对运动员进行随机的、全年无预警的兴奋剂检验。即使在比赛之外，运动员也需要接受随时的检验，确保他们在任何时候都遵守反兴奋剂法规。其次，对体育组织、教练、医生等进行教育和培训，提高反兴奋剂的意识和知识，打造全方位地抵制兴奋剂的环境。最后，对违反反兴奋剂法规的行为，进行严格的惩罚，包括取消比赛成绩、禁赛甚至剥夺奖项等。

　　这一实施机制的影响力巨大。首先，它促进了公平竞赛的环境，使得每一位运动员都在同样的条件下竞争，运动成绩更具有参比性。其次，它保护运动员的身体健康，避免了兴奋剂带来的身体损害，如心脏病、精神问题等。此外，这一机制还对体育界的公众形象、运动员的个人品格、公众对于体育活动的参与度等方面产生了十分深远地影响。

　　然而，执行实施机制也面临着诸多挑战。高科技兴奋剂和微量摄入手段，使得部分违规者能够逃过检测，给公平竞赛带来威胁。其中，基因式兴奋剂和生物护照的复杂性更是给反兴奋剂工作增加了许多不确定性。WADA和全球的反兴奋剂机构，需要在铲除兴奋剂的同时，也要尽可能小的干扰正常的体育活动和运动员的权益。

　　查处兴奋剂违规行为是一项复杂且精细的工作，它需要国际反兴奋剂机构、国家机关、体育组织以及广大运动员和公众的共同参与和努力。只有这样，才能构建一个公平、公正、健康、清新的体育环境。让每一个运动员在这样的环境中，用自己的汗水和努力去追寻梦想，实现他们的人生价值。

　　典型的国际反兴奋剂法规案例贯穿于各个体育赛事之中，这些案例既暴露了兴奋剂的滥用问题，也反映了国际反兴奋剂法规的执行情况和效果；更重要的是，通过案例分析，我们可以深入了解并理解相关法规的精神和要义。

　　对于国际反兴奋剂法规案例，我们可以从两个方面进行分析，一方面是对相关体育运动员的处罚；另一方面是对整个体育组织的制裁。运动员的例子往往引起广泛的关注，因为他们都有自己的粉丝群体，而体育组织的例子虽没有那么醒目，但其影响力也不容忽视。

以运动员案例为例，2015 年的典型案例是俄罗斯运动员玛利亚·沙拉波娃。此前，她在女子网球界有着极高的地位，但在接受药检后，检测结果显示其体内含有被世界反兴奋剂机构列为禁药的米屈肼，她的这项违规行为立刻在全球引起了巨大的震动。后来，她被国际网球联合会依据相关厉害处以两年的禁赛处罚，这不仅给她的职业生涯带来了巨大的影响，也让更多的人关注到了反兴奋剂法规的严谨性和必要性。

另一种案例是针对整个体育组织的制裁。2016 年，国际奥委会调查了俄罗斯全体运动员的赛后兴奋剂检测报告，并发现存在大规模的兴奋剂使用现象，有系统的掩盖使用兴奋剂的证据。针对这一情况，国际奥委会作出了禁止俄罗斯运动员参加里约奥运会的决定，这无疑对这个体育大国造成了巨大的打击。这个决定也再次证明了只有严格执行国际反兴奋剂法规，才能确保体育赛事的公平性和公正性。

从上述案例我们可以看出，国际反兴奋剂法规在实际的运用中，表现出强大的威慑力。它既能对违规的运动员进行严惩，也能对出现系统性使用兴奋剂问题的体育组织进行制裁，体现出的是公正和公平的体育精神。

然而，虽然有了这些案例作为警示，但兴奋剂问题仍然是摆在国际体育界面前的一个严峻问题。一方面，每一次的兴奋剂丑闻都对体育界的公平性和公正性造成了伤害，使人们对体育精神的信仰产生动摇；另一方面，每一起兴奋剂丑闻的背后，都反映出监管机制存在的不足，以及相关法规执行的漏洞。因此，国际反兴奋剂法规的完善和更新，以及相关监管措施的加强，成为解决兴奋剂问题的重要路径。

就此，国际反兴奋剂法规的典型案例分析带给我们深刻的启示：我们要坚决打击兴奋剂的滥用行为，要严肃处理违规运动员和组织，需要进一步完善反兴奋剂法规、强化监管机制，以期全面尊重和维护体育精神的纯粹与神圣。

第二节 中国反兴奋剂法规的体系与实践

一、中国反兴奋剂法规的发展历程

中国反兴奋剂法规的草创期是指自 20 世纪 80 年代末期至 90 年代初期，随着中国体育在国际舞台上的崛起，不得不面临兴奋剂使用问题的时代。这一时期是中国反兴奋剂法规的初始阶段，其特点是规范初步建立，立法理念尚未形成。虽然此时的法规尚属萌芽，但其后续的发展对中国体育产生了十分深远地影响。

这段时期，由于国际社会对兴奋剂使用的强烈反对，中国也不得不针对此问题推出相关政策，对此开始有所规范。1990 年，中国体育总局发布了《中国全运会纪律规定》，该文件初步对兴奋剂问题进行了规范，之后的《国家体育总局暂行纪律办法》则进一步明确了兴奋剂的定义，规定了兴奋剂的检查及处罚办法。

另一方面，中国体育界在这一阶段开始尝试进行体育道德教育。包括运动员、教练员、体育医生在内的所有参与者都需要对反对使用兴奋剂的道德意识有所认识。

然而，由于此时的中国反兴奋剂法规尚无法满足实际需求，一些问题日益凸显出来。如对待兴奋剂问题态度模糊，致使一些运动员、教练员存在侥幸心理；规范的制定和实施尚无统一标准，使得其中存在较大的灰色地带；对违反规定者的惩治力度不够，使得一些人有足够的理由去冒险。

20 世纪 80 年代末 90 年代初期是中国反兴奋剂法规的草创期，虽然这期间的相关法规和措施尚有许多不足，但无疑是中国体育史上反对兴奋剂的第一步。在这期间，中国体育界初步建立了反兴奋剂的规章制度，并开始了探索和学习。随着时间的推移，反兴奋剂法规逐步完善，朝着更加科学、公正、严格的方向发展。

中国的反兴奋剂法规草创期，可以说是一段探索和摸索，也是起步和成长的历程，经过了深入的反思和大胆的实践，反兴奋剂法规的撰写和施行，逐步形成了日趋完善的制度框架。这个过程是艰难的，也是必须经历的，代表了中国体育法规在道路上的执着追求和对公平竞赛原则的坚守，也预示着我国反兴奋剂工作未来的道路将会越来越宽广。

中国反兴奋剂法规的发展与完善是一个漫长而关键的过程，需要回顾历史，洞察现状，并提出整改措施，更需要全社会的共同参与和努力。

回顾历史，中国进行反兴奋剂的工作始于 20 世纪 80 年代。起初，中国并无法律法规，对于兴奋剂的使用并没有明确的拒绝态度，甚至存在一些"草台班子"的情况，改变这种现象的根本在于进行相关立法，画定红线，规范行为。90 年代，中国正式设立了国家反兴奋剂委员会，成立了反兴奋剂实验室，并开始成文化的打击兴奋。率先制定了《中国奥委会反兴奋剂规则》，规定了对于违反兴奋剂禁止各项规定的处罚措施。此外，还配套出台了《运动员反兴奋剂守则》《教练员反兴奋剂守则》等，也许它们在当时还非完备的法律，但对于规范整个社会，改变运动员、教练员等相关人员的行为角度具有积极作用。

进入 21 世纪，中国的反兴奋剂立法更加完善，2004 年《体育法》的出台，明确了反兴奋剂的法律地位，并且规定了对于兴奋剂使用者的严惩。2005 年，中华人民共和国体育总局发布《关于进一步加强反兴奋剂工作的决定》，提出了健康第一、公平第一的原则，明确反兴奋剂工作在全社会、全行程、全方位的方向，标志着反兴奋剂的法规开始走向系统化、规范化。

然而，虽然法规的不断完善，但实践中仍存在问题。各级体育组织对反兴奋剂工作的理解差异大，执行力度参差不齐，甚至存在忽视、违规、偏袒等现象；运动员反兴奋剂知识普及不足，对于兴奋剂的理解片面，甚至对检查产生抵触情绪；药物实验室的操守问题，兴奋剂制造、贩售、使用的地下链条依然存在，造成了反兴奋剂工作的难以进行。

面对现实问题，我们需要深化法规改革，形成全方位覆盖的反兴奋剂法规体系。完善处罚措施，大力溯源查处，严厉打击兴奋剂犯罪链条。深化宣传，加强运动员教育，形成知法守法、懂规矩的良好风气。加强国际合作，共享信息，一同打击兴奋剂犯罪。加强科研，研发新型兴奋剂检测技术，提高兴奋剂检测的准确性。

中国反兴奋剂法规的发展与完善离不开全社会的协同努力。法规的建立、改革与完善可以为反兴奋剂工作的开展提供明确的指引和依据，而实践的过程中更需要全社会各方面的共同参与。通过科学、公正、公平的立法以及严格的实施，我们有理由相信，中国的反兴奋剂工作可以走向更好的未来。

中国反兴奋剂法规的现状和展望是本书中极其重要的主题之一。中国，这个拥有庞大运动员群体和丰富的体育资源的国家，其反兴奋剂的法规设计和实施状况，将在相当大的程度上影响到全球反兴奋剂斗争的进程。

回望过去，中国自改革开放以来，一直在不断适应国际体育法治环境的变迁，反兴奋剂法规也随之而动。从最初的无章可循，到逐步建立起完善的法规体系，反兴奋剂法规的发展历程反映了中国体育法制建设的脉络。尤其近年来，随着国际反兴奋剂斗争的加剧，中国已经成立了具有自主权的反兴奋剂机构，制定和发布了系列的反兴奋剂规定和导则，从中可以看出中国政府对于营造公平、公正、透明的体育环境的决心和毅力。

中国反兴奋剂法规的现状则可以概括为有法可依，有章可循。在运动员、教练员、比赛官员、卫生医疗人员等各个环节，都有明确的法律义务和责任，形成了全方位、多层次的防控体系。法规不仅关注于兴奋剂使用本身，还涉及预防教育、检查监管、处罚等多个环节，整个反兴奋剂法规体系明显展现出了系统性和全面性。

然而，客观看待，中国反兴奋剂法规还存在防控能力不强、处罚力度不足、法规执行不全等问题。兴奋剂并没有完全被驱除出体坛，仍有一些严重违背体育精神的行为从法规的漏洞中钻过。这一切都告诫我们，必须有新的举措和拓宽的视野，去改进现行反兴奋剂法规，并更有效地执行。

展望未来，中国反兴奋剂法规的发展方向主要可以从三个方面来思考：一是对于现行法规的修订和完善，打消各类体育利益相关者对法规的逃逸和抵触；二是强化执法力度和执行责任，确保每项规定都能得到严格执行，构建起严密的法治纽带；三是充分利用科技手段，如大数据、AI 等，来提升反兴奋剂法规的执行效率和准确性，将科技的力量充分用于反兴奋剂斗争之中。

中华体育大国的崛起需要法治的保障，而反兴奋剂法规是体育法治建设中不可或缺的一环。只有构建完备的反兴奋剂法规体系，才能让中国体育真正跨出公平、公正的步伐，才能向国际展示一个对待体育公平公正态度的伟大国家。与此同时，我们也期待中国的反兴奋剂法规能为全球反兴奋剂斗争提供经验和借鉴，为全人类的体育公正事业添石铺路。

二、中国反兴奋剂法规的主要内容与特点

中国反兴奋剂法规的构成及演变是一个全面且复杂的过程，为了更好地理解和研究，我们需要从中国反兴奋剂法规的构成来分析，再疏通法规演变的脉络。

中国反兴奋剂法规是一个由各级体育行政机构、体育组织及其相关部门共同参与形成的宏观体系。

这个体系的构成主要包括以下几方面。

第一，国家体育总局反兴奋剂规定。国家体育总局是我国体育行政主管部门，其发布的反兴奋剂规定是我国反兴奋剂法规的重要组成部分。如，2004 年发布的《反兴奋剂工作管理办法》、2014 年发布的《全国体育系统反兴奋剂工作管理办法》等。

第二，各级体育行政机构的反兴奋剂规定。以省级、市级、县级体育行政机构为主，包括发布的反兴奋剂制度、判罚办法等。

第三，体育组织的反兴奋剂规定。如，中国奥林匹克委员会和各类体育协会发布的反兴奋剂规定，包括体育比赛规则中关于反兴奋剂的规定，如竞赛纪律和处罚规定。

第四，包括体育院校、体育队伍、体育训练基地等在内的各类体育组织、单位和个体也制定了一系列反兴奋剂规定。

这套体系的构建是一个渐进演变过程。20 世纪 90 年代初，中国应国际奥委会的要求开始进行反兴奋剂工作，然后在 2003—2004 年这两年发布了我国的第一部反兴奋剂法规，从此开启了中国反兴奋剂法规体系的构建。在此后的十多年时间内，随着反兴奋剂工作的

深入开展，以及对冬奥会、残奥会的申办，中国的反兴奋剂法规体系不断完善。

总的来看，中国反兴奋剂法规体系的构成及演变是一个长期、系统和多元化的过程。它既包括国家、省市县等各级政府的政策法规，也包括体育组织、体育队伍、体育训练基地等的内部管理规定；另外，还包括国际体育组织的要求和指导；等等。中国反兴奋剂法规体系的发展，体现了我国对于公平公正体育竞赛的坚定决心和无懈可击的努力。

中国反兴奋剂法规遵循了国际反兴奋剂法规的基本原则，并结合国情，在执行方式、处罚措施等方面做出了细化规定。其主要内容包括反兴奋剂检查事项、处罚程序、处罚措施等。

（一）反兴奋剂检查事项

中国在反兴奋剂法规中，规定了反兴奋剂检查的事项，涵盖了运动员的指定、抽检、复查、重复使用等各个环节。

1. 对于运动员的指定，法规明确规定，要以公开、公平、公正为准则，选择参加大型赛事的运动员应接受反兴奋剂检查。此外，也规定了运动员自愿接受反兴奋剂检查的相关事项。

2. 对于抽检，法规明确规定了抽检的步骤、时间、地点等事项，以确保抽检的公正性。

3. 对于复查，法规规定，如对运动员的检查结果有疑议，可以申请复查。

4. 对于重复使用，法规规定：对于经常使用兴奋剂的运动员，应进行重复检查。

（二）处罚程序

中国反兴奋剂法规对于检测出运动员使用兴奋剂的处罚程序有明确的规定。首先，由反兴奋剂机构进行初步审查，确定运动员是否侵犯反兴奋剂法规，然后由反兴奋剂纪律委员会进行审议，最后由体育部门按照纪律委员会的决定执行处罚。

（三）处罚措施

中国反兴奋剂法规对于运动员使用兴奋剂的处罚措施有严格的规定。包括暂停比赛资格、取消成绩、罚款、责令道歉等。

中国反兴奋剂法规的特点如下。

1. 具有公开透明性：每次的抽检、审查和执行结果都需要公开，这能避免不公平的情况发生。

2. 达到严惩不贷的效果：依法对违反规定者进行严厉的处罚，起到了震慑作用。

3. 密切配合国际：中国反兴奋剂法规充分吸收了国际反兴奋剂法律的精华，在应对兴奋剂问题时，与国际接轨。

4. 注重运动员权益保护：在规定处罚方式时，注重尊重运动员的权益，避免了过度惩罚的情况发生。

中国反兴奋剂法规在执行中，也注意到听取运动员、教练员的意见，有利于不断完善反兴奋剂法规，同时也赋予运动员合法的申诉权。

中国反兴奋剂法规以鲜明的制度特色和使命感推动国内体育事业的健康发展，对于弘扬体育精神、塑造公平竞技环境，起到了积极的推动作用。同时，中国反兴奋剂法规通过严厉的处罚措施，也让那些试图偷梁换柱的人不敢轻易违规。因此，全面理解和把握中国反兴奋剂法规的主要内容及其特点，是确保运动赛场公平正义的必要前提。

中国反兴奋剂法规的执行机构与职能，体现在了具体运作过程中的各种行政主体。反兴奋剂法规的核心目标即是保持体育公平、公正的运动环境，避免因为使用违禁药品带来的体育精神的破坏，以及运动员健康和生命的损害。在此目标下，中国反兴奋剂法规的执行机构遵循准确、公正、严谨的原则，严格执行相关反兴奋剂的法规标准。

中国反兴奋剂法规的执行机构主要包括中国奥委会、中国体育总局、各个运动项目管理中心以及区域性的体育管理部门。首先，中国奥委会负责对中国运动员在国际大赛中的所有反兴奋剂方面的事务进行处理，例如，收集并观察国际反兴奋剂相关的动态、对运动员进行反兴奋剂的教育和训练等。同时，中国奥委会需负责处理所有对中国运动员发起的兴奋剂疑似和阳性案件。

其次，中国体育总局则是在国内层面对反兴奋剂工作进行管理和指导。其具体职能包括组织全国性的反兴奋剂教育宣传工作、制定反兴奋剂的相关规划和战略、审定兴奋剂检测机构等。

再次，各个运动项目管理中心则需要具体执行中国体育总局设定的反兴奋剂政策，如正确进行各类兴奋剂的检测、对运动员的监督与管理等。

此外，区域性的体育管理部门和国内的大型体育俱乐部也承担了重要职责，如需配合国家级的机构进行兴奋剂检测、教育运动员争取公平竞技所需遵守的原则与标准等。

中国反兴奋剂法规的执行机构在执行职能过程中，需要遵循严明和公正的原则，对可能出现的违反反兴奋剂法规的行为进行惩处，以示警示。同时，也要积极引导和教育各级运动员和教练员树立公平竞赛的意识，善待自己的身体，尊重体育的精神。

中国反兴奋剂法规的执行不仅保证了体育竞赛的公平性、公正性，同时也对维护了我国整体国际形象，保障了运动员的身心健康。透过这些执行机构和他们的职能，我们可以看到反兴奋剂法规在我国的法制保障以及实践落地。

目前，中国反兴奋剂法规的实施，无疑在整个体育界、甚至整个社会构建了一种严明的法制环境，进一步弘扬了体育运动的公平、公正精神。就中国反兴奋剂法规的特点以及其独特性来说，主要表现在以下几方面。

首先，我们要看到的是，中国反兴奋剂法规有着强迫性以及普遍适用性。体育竞赛中使用兴奋剂已被全社会所不容，使用兴奋剂等违反体育精神的行为，将会受到严厉的法制打击。中国反兴奋剂法规就是这样一部法规，它对全体运动员、教练员、医护人员等具有普遍适用性。对于任何援助、指导、教唆或者协助使用兴奋剂的行为，都将受到相应的惩处。

其次，中国反兴奋剂法规有严谨的法律程序与细致入微的规定。中国反兴奋剂法规不仅规定了禁止使用的兴奋剂的种类，还明确了处罚标准，比如，何为重大比赛、何为重大违规，等等，并同时规定了各级兴奋剂控制机构的职责与权力。效力强大的法律程序与严谨合理的规定表现出中国反兴奋剂法规的务实与严密性。

此外，中国反兴奋剂法规以其独特的公正性以及公平性彰显其特色。中国反兴奋剂法规对于所有涉及体育运动的人员起到了约束与引导的作用，所有人在此法规面前都是平等的，无论是名气显赫的运动员，还是默默无闻的后勤人员，只要涉及违规使用兴奋剂，都将受到相应的惩处。公正的法规，公平的处罚，恰恰用实际行动践行了体育运动公平公正的精神。

而且，中国反兴奋剂法规注重国际合作，反映了开放包容的体育精神。在反兴奋剂立法方面，中国始终坚持与国际接轨，推动责任和义务的国际共担。中国反兴奋剂法规强调了与国际反兴奋剂组织合作，深化反兴奋剂领域的双边和多边合作机制，共同推动反兴奋剂事业的发展。

评价中国反兴奋剂法规的特点及其独特性，不仅需要深入研究以上所述这些法规的详细内容，更需密切关注这些法规在实际执行过程中产生的深远影响。通过法律手段严厉打击并防范兴奋剂使用行为，反映出我国对于公平竞技运动的重视程度，也彰显出我国在维护全球体育公正与公平方面的责任与勇气。也正因如此，中国反兴奋剂法规的特点及其独特性足以成为值得国内外关注的重要问题。

中国反兴奋剂法规的挑战与前瞻，这是一项着眼于未来的不断发展与完善的任务。中国在天道付就以来，一直非常重视反兴奋剂工作，积累了丰富的经验；但与此同时，也面临着强大的挑战与前瞻。

中国反兴奋剂法规在构建过程中，有明显的步骤解决和规划明确两大特点。首先，中国在建立与完善反兴奋剂法律法规的过程中，严格按照国际反兴奋剂规定以及中国自身的具体情况进行，有步骤的解决问题，确保了法规建设的科学性和针对性。其次，中国反兴奋剂法规在构建过程中，规划明确，注重示范引导，而不仅仅是对个别行为的管理和处罚。

然而，中国的反兴奋剂法规同样面临着一系列挑战。目前，反兴奋剂法规的实施在一些地方和组织中尚未得到充分的重视，存在着执行不力的问题。部分运动员和教练队对反兴奋剂法规的了解程度有限，难以准确理解其含义和要求，导致实践中存在违规现象。另外，随着科技的发展，出现了各种新的兴奋剂和使用手段，这给反兴奋剂法规的制定和实施带来了新的挑战。

回顾中国反兴奋剂法规的发展历程，我们看到了中国在该领域的进步和力量，但我们更看到了未来的挑战和中国努力解决这些问题的决心。未来，中国反兴奋剂法规的发展应立足当前，着眼未来，旨在通过完善法规体系，提高法规的实施力度，增强运动员和教练员的反兴奋剂意识，从根本上防止兴奋剂在运动中的使用。

具体而言，中国近期应加强反兴奋剂公众宣传教育，提高全社会的反兴奋剂意识，特别是早期引导，对学校，运动队等运动员集中的地方进行普遍教育。另外，应加大反兴奋剂法规的制定和修订力度，适应时代发展，对新型兴奋剂和新型使用手段进行有效应对。

长远来看，中国应进一步改革和完善反兴奋剂法规的制定机制，推动反兴奋剂法规由运动部门主导向法律部门主导的转变，确保反兴奋剂法规体系的科学性和公正性。此外，中国还应建立长效的抵制兴奋剂机制，包括早期发现和预防，及时惩罚和重罚，后期康复和教育，全方位抵制兴奋剂在运动中的使用。

在未来的道路上，中国反兴奋剂的斗争将继续，而中国也有信心和能力，能在这个问题上取得更大的突破，为我国体育事业的持续健康发展提供坚实的法制保障。中国反兴奋剂法规的挑战与前瞻，不仅是中国体育法规发展的一个重要主题，也是国际反兴奋剂运动发展的重要组成部分。

第三节 反兴奋剂法规的实施与监督

一、反兴奋剂法规的执行机构与程序

反兴奋剂法规的执行机构起着核心和关键的作用，在反兴奋剂工作中起到监督、管理、执行和审查的多元身份。主要机构为世界反兴奋剂机构（WADA）、国际奥委会

（IOC）和各国或地区的运动和健康监管机构。

世界反兴奋剂机构（WADA）是最重要的全球反兴奋剂执行机构，其职责范围覆盖制定全球反兴奋剂策略、监督各国执行情况、开展研究以增强反兴奋剂监管能力等。WADA的主要任务之一是维护和更新"禁止药物清单"，这是一份详细列出被认定为兴奋剂或违禁技术的清单，为反兴奋剂法规提供了有力的依据。

国际奥委会（IOC）是另一重要的反兴奋剂执行机构。在奥运期间，IOC已制定严格的反兴奋剂政策和通过科技手段尽可能地提高检测效率和精度。这包括在比赛期间以及比赛前后的全面检查，以确保运动员的公正性和平等性。此外，IOC负责评估和监督国际体育联合会和其他各种体育组织的反兴奋剂运行程序，确保规定得到全面和有效地执行。

在各个国家，也有相应的反兴奋剂执行机构。如，美国反兴奋剂机构（USADA）和中国反兴奋剂机构（CHINADA）等，这些机构一般负责处理本国反兴奋剂的各项事务，与WADA、IOC等机构协同作战，联合甄别、调查和惩罚兴奋剂违规行为。

在参与反兴奋剂法规的实施的运行流程中，执行机构首先需要收集证据，对运动员进行检测，然后是分析检测结果，如果检测结果呈阳性，执行机构将开展进一步的调查。接着，执行机构会将调查的结果呈报给有关的法规和法令职能部门，并为运动员提供申诉和裁决的机会。此外，执行机构也会对阳性案例进行公开宣布，并限制运动员的比赛资格。

在反兴奋剂法规的运行中，执行机构需要与运动员、教练、训练员、医生、科研人员以及公众等多方进行协调和沟通，以达成全社会的共识和压力。它还需要通过教育和培训，以提高公众和运动员的反兴奋剂知识和意识。

反兴奋剂法规的施行是一个综合系统，其效果取决于各执行机构及其在国内外的多层次、全方位合作。执行机构的能力和职责既关乎到公平竞赛的确保，也和运动员的健康安全息息相关。因此，我们必须认识到，反兴奋剂法规的执行机构在确保运动公平、保护运动员健康、促进体育精神的重要性；同时，也要认识到反对兴奋剂的斗争是全社会、各方面的共同责任。

反兴奋剂法规的执行机构的权责和义务对于反兴奋剂工作来讲，具有至关重要的作用。他们是各项反兴奋剂法规精神得以落实，维护体育公平公正的关键力量。因此，深入阐述反兴奋剂法规的执行机构的权责和义务，有助于我们更好地理解反兴奋剂工作的各个环节和具体实践。

在反兴奋剂法规的执行机构中，世界反兴奋剂机构（WADA）作为最重要的机构，负有推动全球反兴奋剂工作的义务。其主要职责包括制定反兴奋剂相关政策，监督反兴奋剂测试程序，对存在违规行为的运动员或机构进行调查，并负责制定和更新全球禁用物质与方法名单。此外，WADA 也有权监控各个国家的反兴奋剂政策的实施情况，并对实施效果进行评估，确保反兴奋剂工作全球达到统一的标准。

此外，在国家层面，各个国家都有各自的行政机构负责反兴奋剂的执行工作。例如在我国，中国反兴奋剂代表机构就是中国反兴奋剂委员会，它负责处理代表国际反兴奋剂检查样品的收集、运输、保存和分析工作，提供反兴奋剂的法律咨询，对反兴奋剂的执行工作进行全面监督。这些机构，秉持公平公正和公开透明的原则，严肃查处使用兴奋剂的行为，保障运动公平性。

在执行反兴奋剂法规的过程中，这些执行机构需要保持公正公平的审视角度，对所有运动员、教练以及相关人员一视同仁。他们有责任在兴奋剂的使用和检测过程中，维护检测的公正性，防止任何可能的偏见或不公平现象发生。

同时，在反兴奋剂法规的执行过程中，各执行机构需要妥善处理运动员和相关人员的个人信息，保证其信息的隐私。在取样、检测和处罚的过程中，确保运动员的合法权益。涉及到此类信息的处理时，各执行机构需要严格遵守相关法律法规，尊重运动员的人权。

除了执行和监督反兴奋剂法规，这些执行机构同样负责参与改善和完善反兴奋剂法规。他们需要根据实际情况不断调整和完善相关政策和规定，以最新的科技成果和调查研究结果作为依据，为反兴奋剂工作提供科学、有效的法律保障。

综上所述，反兴奋剂法规的执行机构在法规落实、公平公正等方面发挥着决定性的作用。他们的权责和义务既关乎到运动员个人权益的保护，也涉及体育竞技公平性的维护，这要求他们在实施反兴奋剂法规时，不仅要坚持法规原则，也需要勇于创新，以应对不断发展变化的体育场景。

在谈论反兴奋剂法规的执行程序的设定前，首要的是了解这与体育公平性的关系。正由于避免非法使用兴奋剂导致的体育竞赛公平性的破坏，这一规则的出台和实施显得尤为重要。

执行程序是确保规则能被一致且系统地实施的关键环节，其拥有一套标准的程序有着多重的意义。一方面可以做到公平公正，避免考官对兴奋剂使用者的任意滥权与不公处理；另一方面则可以构建一种压制违规行为的氛围，增强广大运动员及教练员的法制意识和自主尊重体育公平性的认识。

对于反兴奋剂法规的执行程序的设定，可从以下几方面进行深入剖析。

首次论及执行程序，必引发关于执行机构的讨论。一般而言，执行机构应当是立足于公平、公正原则上，拥有独立、专业特性的机构，这样才能更好地进行规则的执行。目前在国际体育界，最具权威的就是世界反兴奋剂机构，它的主要职责包括制定兴奋剂禁止名单，协调国际反兴奋剂活动，推动全球宪章通过等，因此，它也是反兴奋剂法规执行的主要机构。

执行程序的制定与实施，目标是在运动中寻求公正与公平。它主要包括运动员的教育、药物测试、赛事监察、结果申诉和处罚决定等几个步骤。在这其中，每一步骤都充满了严密、科学的考量。

运动员的教育是执行程序的第一步，通过教育引导运动员构建正确的体育观、竞赛观，了解反兴奋剂的重要性以及违规的严重后果，从而达到预防作用。其次，药物测试是执行程序中不可或缺的一环，它需要依据兴奋剂禁用名单和相关技术规定，对运动员进行随机、定时的抽查，坚决打击违法使用兴奋剂的行为。然后，赛事监察环节是为了确保比赛过程的公平性，主要责任是对赛场进行严格的督查，防止兴奋剂的走私、使用和销售。

结果申诉与处罚决定是执行程序的重中之重，前者保障运动员的合法权益，后者构建反兴奋剂法规的严肃性。当运动员对检测结果持有异议时，应有权向制定结果的机构申诉，由专门的机构对申诉进行审查，保持程序的公正性。而对于违反反兴奋剂法规的运动员，在确认违规无误后，应依法给予一定的处罚，维护反兴奋剂法规的严肃性和执行效力。

运动员、教练员和体育工作者的素质，社会的公正意识，以及反兴奋剂的法规体系和执行程序，共同构成了打击兴奋剂在体育赛场上的使用，保障体育公平性的大背景。老实竞技，公平比赛，是每一个运动员的职责；而为此构建完整、科学的法规体系和执行程序，则是体育管理部门的重要职责，虽然其中充满困难与挑战，但是其意义与价值是无法估量的。

反兴奋剂法规作为全球体育领域的核心规章，其执行程序的运行与操作是一个实质性的问题，涉及一系列复杂的、具有立体性的运作体系。执行程序包括兴奋剂的筛查、调查、审讯、裁决以及惩罚的全过程，且每一个环节都需要严密、专业的操作流程，以保障程序的公正性、合理性和效率。

首要的是筛查环节。筛查是防止兴奋剂使用的第一道关口，对于确保运动员参赛公平性，维护体育比赛公正性有着重要的意义。随着科技的发展，筛查技术和手段日臻完善，无论是血液筛查还是尿液筛查，都能更准确、更快速地检测出兴奋剂的存在。但值得注意的是，要保证筛查的无偏性，这需要有严密的执行机构，规范的执行程序，以及专业的执行人员。

其次，对于筛查出使用兴奋剂的运动员，继而进行的是调查环节。该环节主要是对运动员使用兴奋剂的情况进行详细的调查，以了解运动员使用兴奋剂的动机，以及使用的时间、地点、数量等情况。在这一环节中，执行机构需要具备专业的调查能力，以确保公正、公平、公开的原则。

在调查结束后，接下来是审讯环节。审讯环节是对运动员的受罚情况进行判定的环节。在这个环节中，审讯机构需要根据兴奋剂法规，按照程序严肃处理，以保证审讯结果的公正性和公平性。

裁决环节是对于审讯格结果的公布，表明运动员是否使用兴奋剂，并公布相应的处罚结果。裁决的公布需要明确、链结，并且具有法定效力。同时，运动员有权利对裁决结果进行复议或上诉，以保障运动员的合法权益。

最后一个环节是对使用兴奋剂的运动员进行处罚。处罚不仅仅是对运动员个人的惩罚，同时也是对整个体育领域的警示。处罚的执行需要严格按照兴奋剂法规进行，以保持其权威性和公正性。

整个反兴奋剂法规的执行程序的运行与操作，都需要有一套标准化、规范化的机制，以确保兴奋剂法规的完整执行。同时，执行程序的操作也需要相应的法律保障，以保障运行的公正、公平和公开。只有这样，我们才能以法治手段杜绝兴奋剂在体育比赛中的使用，以此保证比赛的公平性和公正性，推动体育精神的传承和发扬。

二、反兴奋剂法规的监督机制

全球反兴奋剂组织（World Anti-Doping Agency，简称 WADA）是处于全球运动反兴奋剂活动前沿的国际性组织。该组织的监督作用主要体现在制定反兴奋剂法规，对各国和地区的运动监管机构进行支持指导，同时也查处和审定各类兴奋剂事件。

自 1999 年成立以来，WADA 以公正、公平和透明为原则，以保护运动员的权益和运动真正的公平性为宗旨，主导了全球反兴奋剂工作的开展。制定和发布《世界反兴奋剂条例》，为全球运动反兴奋剂工作提供了一个统一的法规依据。

一方面，WADA 定期更新和发布"禁药名单"，为运动员提供了明确的使用药物的红线，以防范意外犯规的情况；另一方面，WADA 的科研部门致力于搜索新型的兴奋剂，以及搜索出更加科学、准确的检测方法，以便及时发现并制止潜在的欺诈行为。这些对于保护运动公平性起到了至关重要的作用。

同样重要的是，WADA 的监督作用也体现在对各国和地区运动监管机构的支持指导上。WADA 会为各国和地区的反兴奋剂机构提供各种支持和指导，包括技术支持、资金援助、培训和教育等，以提高全球各地的反兴奋剂工作水平。

此外，WADA 还有职责和权力对兴奋剂相关的违规行为进行调查、听证和裁决。通过这样的方式，WADA 打击违规行为，并推动各国和地区的反兴奋剂工作的开展。

尽管如此，WADA 作为一个监督组织，也面临着一些挑战。如何确保监管的公正性和公平性，如何提升监管效果，如何在尊重运动员隐私的前提下进行有效的监管等问题都是 WADA 在实践中需要不断探索和解决的。

WADA 的使命之一就是寻求全球的运动公平性，保护运动员的权益，其监督作用不仅在于对违反兴奋剂规定的处罚，更在于提高全球运动的公平性，倡导公平竞赛的运动精神。因此，全球反兴奋剂组织的监督作用在全球范围内对于维护体育公平、保护运动员权益，推动全球健康运动的价值观的建立起着举足轻重的作用。

这种监督作用在全球范围的推动和实施，并不会因为某个国家的态度、政策的改变而改变，它更像是一个持久的战斗，需要全球范围内的运动组织、运动员以及广大的观众的理解、支持和配合。在未来的发展中，WADA 需要积极寻求与所有相关的组织、机构的合作，共同为全球范围内的运动公平，运动员的权益保护而努力。

国家反兴奋剂机构是执行反兴奋剂工作的核心机构，拥有一系列的职能和任务。体育竞赛的公正公平性是国家反兴奋剂机构的首要宗旨，其主要职能包括进行兴奋剂的检测、参与全球反兴奋剂政策的制定、推动反兴奋剂教育以及对可能的违规行为进行调查等。

国内的反兴奋剂监督机构主要是中国反兴奋剂机构，是国家体育总局直属的公益性事业单位，致力于保护运动员的合法权益和体育运动的公正性。在执行反兴奋剂工作的过程中，中国反兴奋剂机构严格遵循国际反兴奋剂规则，全面负责中国反兴奋剂工作，包括制定和执行反兴奋剂政策、进行宣传教育、并且开展兴奋剂的科学研究。

在执行过程中，中国反兴奋剂机构已经取得一系列显著的成果。依据兴奋剂检测的数据，近年来我国体育赛事中的阳性样本数量在逐年下降，反映了反兴奋剂政策的有效性和执行力度。宽泛接触的反兴奋剂教育活动，使得越来越多的运动员和教练员得以深入理解兴奋剂及其险恶效果，而与此同时，也在全社会营造了一个以反对使用兴奋剂为核心的公正公平的体育氛围。

然而，中国反兴奋剂机构在执行过程中也面临一些挑战。例如，尽管监管体系在建立和完善方面取得了积极的进步，但由于种种原因，监督工作的广度和深度仍然具有一定的局限性，比如，资源和技术的短缺，对于农村地区和边远地区的监管不足等问题。不仅如此，科技的进步和兴奋剂化学制剂的不断更新也让兴奋剂检测面临巨大挑战。如何把握科技进步带来的机遇与挑战，保持法规与科技的同步发展，是反兴奋剂机构未来需要重点解决的问题。

在执行反兴奋剂工作的过程中，中国反兴奋剂机构积极履行职能、严格执行法规、坚持科学、公正、公平、公开的原则，不断提升兴奋剂检测和过程监管的水平，以便更有效地保障公平公正的体育赛场。可以说，就目前的实践情况来看，我们的反兴奋剂机构在职能执行上已经取得了明显的成效，确保了体育比赛的公正公平。而对于如何持续提升法规执行效果，提高监督效率等问题，我们的国内反兴奋剂监督机构将会继续开展深入研究，不断修正和完善自身工作机制，以便更好地服务于我国的体育健康事业。

在反兴奋剂法规的执行与监督中，公众的认识和参与起着重要的作用。把公众视为反兴奋剂监督的一个重要的环节，能够有效地提高反兴奋剂法规的执行力和影响力。因此，提高公众对反兴奋剂法规监督的认识与参与，不仅有助于推动反兴奋剂法规的实施，还能为维护公正、公平的体育环境发挥积极作用。

首要职责在于增强公众对反兴奋剂法规的认识。我们应知道，反兴奋剂行为不仅对个体运动员的健康构成重大威胁，而且对体育精神和公平竞赛原则的侵犯；更是严重破坏了体育竞赛的公正性，失去了公正公平的竞赛环境，就等于失去了体育竞赛存在的价值。为了形成这样的认识，需要通过各种方式和途径向公众普及反兴奋剂法规的含义、目的、重要性和执行情况等基本知识，使其清楚反兴奋剂工作的地位、作用和影响，理解和尊重反兴奋剂法规的执行。

其次，公众的积极参与也是非常关键的。公众的参与，有助于营造一个反对兴奋剂行为的社会氛围，使反兴奋剂的声音在社会上形成强大的压倒性优势，有利于反兴奋剂法规的实施和执行。公众应积极参与反兴奋剂的宣传教育活动，通过举报和监督等方式，参与反兴奋剂的监督工作，促使反兴奋剂法规得到有效执行。

在实现这一目标的过程中，各级体育行政部门和反兴奋剂机构都应当承担起相应的责任。他们应该采取有效措施，提升公众对于反兴奋剂法规的认识，引导公众积极参与到反兴奋剂工作中来。这些措施包括但不限于：在各级媒体上加大反兴奋剂法规宣传力度，使公众全面了解反兴奋剂法规的内容与应用；设立举报热线或网络平台，让公众可以便捷地参与到兴奋剂违规行为的举报中来；组织各类知识讲座或咨询活动，为公众提供了解和参与反兴奋剂工作的机会。

同样重要的是，我们必须深入学校、社区等基层单位，开展反兴奋剂法规的宣传教育，尤其是对校园中的中青年一代进行体育道德和反兴奋剂教育，让他们从小就树立"运动清洁、公平竞赛"的观念，同时通过他们影响更多的家庭和亲友，形成广大人民群众反对兴奋剂、支持反兴奋剂工作的强大舆论氛围。

取得这种目标的关键在于找出一种既能让公众获得所需的知识，又能让他们积极参与到反兴奋剂工作中来的有效方法。只有公众广泛、深入地认识和参与反兴奋剂工作，才能形成更为强大的声援和推动力量，从而保证反兴奋剂法规得以切实有效地执行。

第六章 体育合同管理法律实务

第一节 体育合同的类型与特点

一、体育合同的分类

体育合同根据体育行业目标的分类，具有显著的特点和深远的意义。体育行业目标包括训练、竞争、商业活动、文化交流等，分别对应过去不同类型的体育合同。

首先，针对训练目标，常见的体育合同类型是教练员合同和运动员合同。教练员合同主要规定了教练的权利、责任、义务，以及教练与体育机构之间的关系，包括薪酬、工作时长、培训内容等。运动员合同则主要规定了运动员的尽职要求、权利保障以及应承担的责任，同时规定了体育机构对运动员的支持和扶持。

其次，针对竞赛目标，我们常见的体育合同类型是赛事组织者合同和赛事参与者合同。前者主要规定了赛事的组织、实施、管理等内容，后者则较多地关注于参赛选手的权益保障、出场费、奖金分配等问题。

再次，针对商业活动目标，常见的体育合同类型有赞助合同、广告合同和转播权合同。赞助合同主要涵盖赞助商的权利和义务，如赞助费的支付、赞助品的提供，以及赞助方的商业利用等。广告合同则更多关注广告策划、投放、展示等环节的法律关系。转播权合同则主要规定了赛事的转播权限、费用以及商业利用等内容。

最后，针对文化交流目标，一般的体育合同有访问交流合同和友谊赛合同等。访问交流合同主要规定参观、交流活动的内容、时间和场所，以及访问者和被访问者的权利和责任。友谊赛合同则常常关注于赛事的组织、参赛者、观众以及相关的权益保障问题。

体育行业目标的分类为体育合同提供了多元化的发展空间。各类体育合同依据具体的体育行业目标有着各自的特点和规定，构建起比较完善的体育法律实务体系。在现实生活中，体育合同的作用日益凸显，它们为体育行业的运行提供了有力的法律保障。

同时，随着体育产业的不断发展和完善，体育合同的类型也将更加多样化。例如，在数字化、网络化的大背景下，体育赛事的转播方式、商业模式等都正在发生深刻地调整，相应的，转播权合同等也需要进行相应的变革和更新。

尽管体育合同的类型和内容因其所服务的体育行业目标的不同而存在差异，但其真正的核心价值始终围绕着保障合同双方的权益、维护公平公正的竞赛环境、推动体育事业健康有序的发展这一方向。无论是教练员合同、运动员合同，还是赞助合同、广告合同或是转播权合同，它们都在实现各自的体育行业目标的同时，扮演着独特而重要的角色。

体育合同是指有关体育活动的各方，按照自己的意愿订立的明确他们相互权利、义务的法律行为。根据体育相关方的不同角色，体育合同可具体细分为运动员合同、教练合同、赞助合同、转播合同、赛事组织合同等五类。

运动员合同是指双方或多方约定运动员提供体育技能和劳务，其他方支付报酬的法律行为。这种合同通常明确规定了运动员的独家服务期、训练和比赛的内容、时间和地点，以及运动员的待遇、福利和奖金体系等。运动员合同的一大特点是其极高的专业性和个性化，双方经过严密商谈，确保合同内容符合运动员的特性和需求，尤其在控制运动员伤病风险、保障运动员权益等方面具有重要作用。

教练合同是指运动队、俱乐部等与教练订立的聘任或雇佣合同。这种合同主要规定了教练的职责、待遇、岗位要求等，同时也对教练的责任进行了约束，如负责培训和指导运动员、遵守与运动有关的规章制度等。教练合同的特点在于其特定性和稳定性，旨在长期稳定地保障教练的职权和待遇，同时也规范了教练的行为和责任。

赞助合同是指赞助方与被赞助方约定，前者在约定方式和时间内为后者提供赞助，后者按约定为前者提供商业推广、宣传和其他效益的法律行为。赞助合同的主要特征是强烈的商业目的，旨在实现双方的共赢，同时也要求被赞助方在赞助期间保持较高的公众形象和赛场表现。

转播合同是指体育赛事拥有者与媒体公司等转播方订立的，赋予后者转播体育赛事的权利，后者按约定支付转播费的法律行为。转播合同的重要特点是其具有明确的地域性和时间性，即转播权是在一定地域和一定时间内独家的，这也决定了转播合同的价值，通常是体育产业收入的重要来源。

赛事组织合同是指赛事组织方与运动员、教练、比赛场地、安保服务提供方等在举办比赛期间提供某种服务的法律行为。赛事组织合同的主要特点是其复杂性和互动性，涵盖的范围较广，涉及比赛地点、时间、规则、保险和赔偿等诸多因素，对保障体育赛事的顺利进行具有重要作用。

以上就是根据体育相关方的角色进行的体育合同分类。各类合同都具有自己独特的特点，适用于不同的主体和场景，其中的权益、义务和责任规定，对维护体育产业的公正、公平和公开，保护相关各方的合法权益，促进全社会体育事业的健康发展都起到了积极的作用。

根据体育合同期限的分类，体育合同可以大致分为长期合同和短期合同两种类型。

长期体育合同主要是指期限在一年以上的体育合同。这类合同在国际足球、篮球等联赛中非常普遍，如NBA球员的长期合同、足球俱乐部与足球运动员之间的长期合同等。长期体育合同的主要特点是期限较长，具有稳定性和连续性。由于期限较长，双方需要对合同期限内的权利和义务进行详细的约定，因此该类合同的内容通常比较复杂，涵盖的范围也较广，包括但不限于运动员的主要职责、比赛规则、奖惩制度、薪酬支付，甚至运动员的商业形象权利，等等。

短期体育合同则是期限在一年以下的体育合同，这种合同更多的出现在一些短期的文体活动中，微电影拍摄、歌曲录制、广告代言等各种形式的商业合作。短期体育合同主要的特点是期限比较短，针对性强，双方的权利与义务约定比较简单且明确。由于期限较短，保持了一定的灵活性，对运动员的局限性也相对较少。

不同类型的体育合同，法律实务中的操作和处理方式也有所不同。对于长期体育合同，由于其期限较长、内容范围广，因此在撰写合同时，需要对双方的权利和义务进行详细、全面的约定，必要时需要细化到具体的条款，以避免合同执行过程中出现争议。而对于短期体育合同，由于期限较短，双方的权利和义务相对简单，因此在合同条款的约定上可以相对简洁，但仍需要确保内容的明确性和完整性。

在中国的体育行业中，长期合同和短期合同各有其独特的使用场景。例如，在中国足球超级联赛中，长约制度使得俱乐部和运动员能够有长期的合作和稳定的发展。而在一些运动会、乒乓球、羽毛球赛事中，往往采用的是短期合同，其灵活、直接的特性符合这些赛事的特点。

无论是长期合同还是短期合同，其分类的依据不仅仅是期限的长短，还与相关体育活动的性质、运动员的专业程度、合同的科学性等因素关系密切。因此，在运用不同的体育合同时，不应以期限作为唯一的考量标准，而应根据活动的实际需要和法律法规的要求，选择最为适合的合同类型。同时，也要充分考虑运动员权益的保护问题，避免由于合同期限的问题导致重要权益受损或者被侵犯。

二、体育合同的法律特征

对于体育合同的基本法律属性，首要的理解在于掌握其合同性。合同性体现在，体育合同是以契约形式，由双方或多方自愿达成的规范体育活动的法律关系。其中的基本要素包含了合同的订立、履行、变更与终止，以及与之相关的权利义务安排。表现出的特性在于自愿、等价、公平、公正。

其次是要理解体育合同的专业性。体育合同规定了体育领域中的具体事项，具有专门的法律规定和合同类型。这是因为体育活动具有业态特殊性，如竞技体育、大众体育、健身娱乐体育等类型，其形式各异，需要专门的法律关系规定。合同涉及的主体在性质、性能、权利义务上均与一般合同不同。

理解体育合同的基本法律属性还需要关注其公益性。体育合同不仅涉及双方当事人的权益，也直接关联国家和社会公共利益、社会公共秩序，与扶持体育事业、维护社会公平、保护消费者权益、禁止不正当竞赛等方面有密切的联系。因此，体育合同的法律属性不仅要满足合同法的一般原则，还需要依据和落实体育法的特殊规定。

当然，也要看到体育合同的国际性，体育合同常涉及国际间的交流与合作，遵守的法律规定也跨越国界。体育合同需要服从和保证国际体育组织的规定，尤其在奥运、世界杯等具有全球影响力的大型体育赛事中，体育合同经常涉及多个国家和地区的法律关系，因此需要满足国际性的合同法规定。

关于体育合同的基本法律属性，尽管具有合同性、公益性、专业性、国际性等特征，但是共有一个基本原则就是体育公平原则，即在遵循法律规定之外，双方当事人的权益应得到公正公平地保护，体育赛事也应公平公正地进行。

最后，体育合同的基本法律属性还需包含灵活变动性。这是因为体育领域变化迅速，其合同形式、内容和适用法律也需要随之调整和变动以适应社会发展和新的体育形态。特别是随着科技进步和体育项目的不断创新，体育合同的规定和实施也需要不断调整和更新。

这样就详细地解析了体育合同的基本法律属性，其中合同性、专业性、公益性、国际性和灵活变动性是其基本法律属性表现。理解这些特性不仅有利于构建科学合理的体育合同，也有助于依法管理体育活动，推动体育事业健康发展。

体育合同的法律效应及其执行是当代体育法中的关键议题。体育合同作为体育行业中最主要的法律事务形式，具有明显的法律特征和强烈的实施效果。本书将围绕这个主题进行详细阐述。

　　体育合同的法律效应主要体现在两个方面，一是确立双方权益；二是约束双方行为。合同虽然是私人交易，但它受到法律的调制，具有明确的法律地位。合同一旦达成，各方即具备了合同权利，合同规定的条款并不受各方的变更和撤销，除非履行过程中发生不可预见的情况或符合相关法律规定的情形。

　　体育合同的法律效应能够明确促进体育事务的顺利进行，避免了许多潜在的意见分歧和冲突。合同的履行受到法律的严密保护，对于不遵守合同条款并产生违法行为的一方，法律将对其施以重罚，以充分表明法德的权威。

　　体育合同的执行，一方面取决于各方的自觉履行；另一方面依赖于法律和行业规则的严格执行。这些规则不仅要求双方明确自己的权益和责任，同时也需要在纠纷发生时通过法律程序进行解决。

　　体育合同的执行过程中常常会遇到合同内容不清晰、解释模糊等问题，这时候就需要法律进行判断和处理。在法律层面，对合同的解读和应用必须同时考虑公平和公正两个原则。

　　体育行业有它独特的复杂性和灵活性，这常常会导致一些合同条款难以预测和具体操作。因此，实际操作中，我们需要建立一套完善的体育合同管理系统，利用法律来规范各方的行为，保护公平竞赛和公平交易。

　　尽管目前我国的体育合同法制还存在一些缺陷，但随着体育行业的进一步发展，相关法律法规和法律实务也会越来越完善。体育合同的法律效应及其执行会更加明确，对体育行业的引导和促进作用也会越来越明显。

　　为了更好地实施体育合同的法律效应，我们需要充分认识并重视体育合同的法律地位，同时加大对违约行为的法律制裁，适当调整和完善体育合同相应的法律法规。只有这样，才能达到有效管理体育行业，保障公平公正竞技，促进体育事业健康发展的目标。

　　总的来说，体育合同的法律效应及其执行成为体育行业在法律上的表现形式，对于体育行业的发展具有重要意义。在运用和执行体育合同的过程中，必须要坚持公平公正的原则，并兑现合同的约定，这是整个体育合同法理论的核心思想。同时，我们需要通过法律实务，进一步加深对体育合同法律效应及其执行的认识，以期不断完善我国的体育法制。

　　体育合同作为体育领域的重要法律保障，具有重要的法律约束力。从其法律特性来看，体育合同不仅具有普通合同的一般性质，还具有一些自身独特的特征，根据这些独特的特征，体育合同可以划分为许多不同的类型。

　　对于有法律约束力的体育合同，我们可以从多个角度进行分类。首先，单从体育活动的性质及实施过程来看，可以将其分为体育竞赛合同、体育训练合同、体育表演合同、体育广告合同、体育保险合同以及体育赞助合同等。这些类型涵盖了体育赛事运营的主要环节，丰富了体育法的内容，提供了对体育活动运作的全面规制。

再次，我们也可以从合同的效力来区分体育合同的类型。有效的体育合同、无效的体育合同和可撤销的体育合同。有效的体育合同是指双方自愿、合法、有明确的约定、双方的主体资格清晰的合同。无效的体育合同是违反法律的、欺诈的、傲慢的或者以其他方式不符合合同有效设定的方式。可撤销的体育合同则是指合同的一方或双方可选择履行或不履行的合同。

根据法律依据和来源的不同，体育合同又可以划分为法定体育合同和约定体育合同。法定体育合同是根据法律规定而产生的，如注册为专业运动员的合同；约定体育合同则是双方当事人自愿约定的，如赞助合同或广告合同。

此外，从实质内容来区分，体育合同类型也可以分为体育服务合同、体育劳动合同和体育赞助合同。体育服务合同，主要是运动员或教练员提供体育服务，以消除体育比赛中的难题或提供高水平的体育训练。体育劳动合同，是指具有雇佣关系的运动员和体育组织或俱乐部之间签署的合同，运动员为雇主提供劳动，而雇主则提供相应的工资和待遇。体育赞助合同，是指企业或个人为体育组织、运动员或赛事的举办投入资金或物资。

体育合同在类型和特性上的多样性，正是由其自身功能性、公众性和经济性决定的。这同时也是它作为体育法中一部分，具有的指导性和规范性。因此，对于体育合同的类型及特性的理解，无论对于体育实务还是对于法律实践，都有着十分重要的意义。

体育合同与普通合同在法律上的差异是多方面的，体现在合同的内容、主体、形式和执行过程中。明确理解这些差异，是体育行业涉及合同法律问题处理的前提。

首要的差异在于，体育合同涉及的内容较为特殊。传统商业合同多涉及财产买卖、服务提供等事宜，而体育合同则可能涉及运动员权益代表、赛事转播、广告代言等多元化内容，具有非常强的行业性。同时，由于体育界面临的法律环境和市场环境的变化，往往需要制定出更为详尽和复杂的合同条款，还需考虑如伤病保险、旅行安排、税收等问题。因此，体育合同在内容上往往比普通合同复杂多样。

其次，从合同双方主体的特殊性来看，普通合同的主体通常是平等的，均有独立的法人资格或者完全行为能力，而体育合同中的运动员可能是未成年人，这使得在合同签订过程中需考虑更多的法律问题，如监护人的合法权益、运动员的劳动权益等。

在形式上，体育合同通常要求更高的专业性，有着独特的标准格式和约定条款。例如，国际足球中的转会合同就有专门的 FIFA 标准合同。而这在普通合同中是没有的，普通合同的格式通常没有强制规定，只要符合法律规定，就可以保证其法律效力。

体育合同的执行过程也有其特殊性。普通合同的违约责任通常只体现在经济上，而体育合同的违约责任则可能涉及体育组织的纪律处分，甚至可能影响到运动员的职业生涯。例如，如果运动员在合同期内突然转会，可能面临其所在俱乐部和足协的处罚。或者，如果运动员违反代言合同，赞助商不仅可以要求经济赔偿，还可能影响运动员的商业声誉。

体育合同的解释适用也有其特殊性。在对普通合同的解释中，仅需依照我国的《合同法》和相关司法解释进行，而对于体育合同的解释，除需参照我国的《合同法》，还应当参照各类体育组织的规章制度，如国际奥委会的规章等。

通过上述分析，我们可以明确体育合同和普通合同在法律上的差异表现在内容、主体、形式、执行和解释这五方面。作为体育法的重要组成部分，体育合同法律特征的清晰认识，对于提升我国体育法学研究的理论深度，推动我国体育产业法制建设，都具有重要的实践意义。

在当代体育法的领域中，体育合同无疑是法律规范的重要组成部分。体育合同跟一般的合同在很多方面都有所不同，具有一些鲜明的特征。正因为这些特征的存在，法律对于体育合同有着特殊的规定和保护，意在确保公平公正，符合体育的特性和精神。

首先，体育合同往往具有显著的公共性。由于体育活动本身与公共文化、公众休闲等领域能够紧密联系在一起，体育运动员、教练员等就业环境和工作生涯受到大众的广泛关注，因此，体育合同涉及的不仅是运动员和俱乐部之间的权益问题，更具有明显的社会影响力。这就要求法律对这些合同进行特殊规定和保护，以保证合同在公开、公平、公正原则下达成和执行。

其次，体育合同往往具有较强的个别性。体育行业的从业者各具特色，运动员的运动水平、技巧壮破均不同，体育项目的专业性和各方面要求也各不相同。因此，不同的运动员、教练员与俱乐部之间的合同约定各不相同。这一点，法律需要在确定规则时加以考虑，既要达到公平化的要求，又要尽可能地满足各方面的个别要求，确保体育合同的公平效果。

再者，体育合同常常涉及到竞技体育的一些特殊规定。如，转会期、转会费、禁赛期等。这些具有体育特性的合同规定，在通常的合同法中并无明确的规定，但在体育合同中却是至关重要的元素。因此，法律对于体育合同也需要作出特殊的规定和保护。

此外，体育合同常常有跨国、跨地域的特性。例如，国际足联、国际篮联等国际体育组织和各国的俱乐部、运动员之间的合同，往往涉及各国的法律、制度、习惯和文化差异。因此，法律对于跨国体育合同的管辖权问题、冲突法问题，也需要进行特别的规定和保护。

在保护体育合同时，法律除了从正面规定、限制各种体育合同的订立和执行外，还从反面作出规定，禁止对体育合同进行滥用、对运动员权益的侵害等行为，例如，非法的体育转会、架空运动员的合同设计等，都被法律列为违法行为，同时设定相应的法律责任，包括民事责任和刑事责任。这一方面，法律起到了规范体育合同的作用；另一方面，也保护了运动员和俱乐部等体育行业从业者的合法权益。

总的来看，体育合同的特殊性主要表现在其公共性、个别性、体育特性、跨国特性上，法律对此作出了许多特殊规定和保护，以维护体育合同的公平效果，保障运动员和体育组织等相关主体的合法权益。这些特殊规定和保护无疑增加了体育合同法的复杂性，但也体现了体育法对体育活动中公平公正原则的维护，对公众利益和社会责任的保障。

第二节　体育合同的订立与履行

一、体育合同的成立要件

体育合同成立要件是体育法律实务中的一个重要理论问题。理论上，体育合同成立要件无异于一般商业合同的成立要件，包括主体资格、意思表示、合同内容等，在法理与法律规定上呈现相同性。然而，鉴于体育活动的特殊性和体育法规定的特殊条款，体育合同的一些成立要件又具有不同于一般商业合同的个性化特征。

体育合同的主体资格是体育合同成立的首要前提。在体育场景下，合同主体通常限定为运动员、教练、俱乐部、赞助商等具有特定体育身份的自然人或法人。这些主体必须具备独立的民事行为能力，且在特定的体育活动和体育市场中有一定的权利和义务。此外，一些国家法律还对体育合同主体资格作出了具体规定，例如，必须具有相关的职业资格，或者需要得到行业协会的认可。

另一个体育合同成立要素是明确和合法的意思表示。合同的双方或多方需要明确表明自己的合同意愿，包括合同的内容、期限、责任等关键条款，且这些表达的意愿必须符合公序良俗，不触犯法律法规。在体育合同中，特别需要注意的是，由于体育活动常常涉及健康和生命安全等重要权益，因此合同双方的公平交易意愿需要得到法律的高度保护。同时，一般性的体育合同往往需要引入专业的体育法律咨询服务，以确保合同的法律适用性和执行能力。

体育合同的内容也是其成立的重要要素。合同内容应该明确，既包括合同的主要义务和权利，也包括合同的解释和争端解决条款。在体育合同中，无论是赛事合作、运动员转会、商业赞助等所有形式的合作，都需要通过清晰的合同条款来约定各方的权利和义务，以便在未来出现争议时，有明确的约定可以依据。

尽管体育合同的成立要件在一般性上与商业合同一致，但鉴于体育活动的特殊性，体育合同往往涉及一些特殊性的条件或限制。例如，依照国际奥委会的规定，对于奥运会运动员的赞助或广告合同，必须符合奥运会的一些特殊规定，如禁止在比赛期间展示商标等。

理论探析之外的现实问题是，体育合同的成立要件在不同国家和地区可能有不同的法律规定和判例解释。某些国家可能对体育合同的成立要件有额外的规定或限制，因此在实际运用中，体育领域的相关人员需要了解具体的法律环境和司法实践。

总体来看，无论是从法理分析还是从法律规定的视角，体育合同的成立要件都是体育法律实务中的重要问题。对其进行理论探析不仅有助于我们理解和研究体育法的规则，更能引导我们在具体的体育活动和体育市场中，更好地运用法律工具，保障合法权益，维护公平竞赛。

体育合同的基本构成要素包括合同主体、合同对象、合同形式和法定元素等四个主要部分。

合同主体，首先是指能够享有权利、承担义务的自然人、法人或者其他组织。在体育合同中，主体主要包括运动员、教练、俱乐部、运动组织等。运动员与俱乐部或运动组织签订的合同，就是一个典型的体育合同。运动员是合同的一方，有义务按照合同约定完成赛事和训练，而俱乐部或运动组织则有义务提供训练、支付薪酬等。没有主体的合同是无效的，合同主体是构成合同的一个基本要素。

合同对象，是指合同的内容，是双方当事人之间交换的权利和义务，是双方在合同中所要达成的目标。在体育合同中，主要指运动员的劳务以及俱乐部或运动组织应该支付的报酬、提供的训练和竞赛机会等。合同对象应当具有合法性、明确性和可能性，一般以金钱或物品清楚表示出来，否则该合同将被认定为无效。

合同形式，主要指合同的形式。一般来说，法律对于合同的形式没有强制要求，可以是口头或者书面，当然书面合同更易于证明其存在及内容真实性。但有一些类型的体育合同，如运动员转会合同，因涉及的金额巨大，复杂度高，一般都是书面形式并经过专业律师审查。一份完整的体育合同，应包含双方的基本信息、合同期限、合同价款、履行方式和地点、违约责任、争议解决方式等。

最后，法定元素也是体育合同的基本构成要素。任何一份合同都必须符合法律规定，任何违反法律规定的内容都可能导致合同的无效。在体育合同中，比如，合同主体年龄不满18周岁，没有全民事行为能力，就不能成为合同主体，否则该合同无效。还有如果合同内容涉及运动员的人身安全、健康、生命权等基本权利，法律会给予特别保护，任何侵犯这些权利的条款都是无效的。

体育合同的基本构成要素，是体育法制度中重要的环节，把握这些基本要素，不仅可以更好地理解体育合同的性质，还可以更好地运用法律知识去保护自己的权益。合同无疑是体育领域中最常见的法律工具之一，通过对体育合同基本构成要素的进一步理解，有助于推动体育领域的和谐发展，维护公平公正的体育竞赛秩序。

科学订立和规范履行体育合同的策略与方法是体育合同管理法律实务的重要环节，涉及体育合同成立、执行和解除的各个阶段。管理体育合同的法律原则，在于规范和保障所有参与体育合同相关活动的主体权益，提升体育产业的健康稳定发展。

体育合同的科学订立首要基础是对参与体育活动的权利义务有明确理解和把握。具体包括合同的标的、价格，以及合同订立的时间、地点等。这一过程需要明确合同主体的权益，清晰合同内容和履行方式，减少不必要的纠纷。

合同的订立，首应根据合同法的相关规定，明确并确定合同主体的订立方式和流程，依法进行合同的订立，例如，按照双方平等自愿、公平公正、诚实信用、互利双赢的原则订立合同。同时，合同订立者要具备合同订立能力，合同标的要符合法律法规的规定，具有合法性和清晰度，最后订立完毕后要具备合同的法律效力。

而在履行体育合同的过程中，必须遵循"按约履行"的原则。即合同双方要按照约定的条款内容按时、全额履行对方的切实权益，不能擅自改变或者剥夺对方的受益。在具体执行过程中，一方应当充分履行合同义务，尊重和保障另一方的权益。如果因为某种原因无法履行合同，应当及时与对方沟通协商，寻找解决方案，不得擅自解除或变更合同。

在规范履行体育合同的过程中，如果发生合同纠纷，应依法进行处理，比如，可以采取诉讼、仲裁等法律途径解决。如此一来，体育合同当事方的权益得以有效保护，体育活动可以健康有序地进行。

在体育合同的管理中，充分体现出了法律与维权理念的融合，强化了体育产业的合法性和规范性。科学订立和规范履行体育合同的策略与方法，是保证体育产业健康发展，维护体育主体权益的重要手段。同时，随着社会发展和科技进步，体育合同的管理将更加具有先进性、科学性和规范性，使得体育产业在更多层面实现公平、公正和公开。

二、体育合同的履行原则与规则

履行体育合同的基本原则，是指在执行体育合同时需要遵守的一些基本原则和规则。这些基本原则与规则为良性体育事务的运行提供法律保障，体现了法律公正与公正地对待各方的观念。

体育合同的履行原则首要的是合同自愿原则。合同法的自愿原则是指合同的订立、修改、解除或终止，应当由合同双方当事人的真实意愿决定，不受不正当干扰。在体育合同中也应遵循此原则。各方参与者应自愿签订合同，自愿履行合同，公平交换，自由协商，尊重各方的合法权益。

其次，在履行体育合同的过程中，必须尊重公平交易原则。在体育合同履行的过程中，要求双方在平等的地位上进行交易，保障双方的权益不受不公平交易的损害。如果体育合同的一方利用其优越地位，剥夺另一方的合法权益，那么这种行为就违反了公平交易原则。

另一个重要的原则是诚实信用原则。诚实信用原则是民法总则的基本民法原则，也是体育合同中的一种基本要求。体育合同的各参与方应诚实履行合同，以实现合同的主要功能，即调整体育活动的权益关系。如果一方违反诚实信用原则，无论其行为是否构成违约，都会对其合同的履行造成影响。

体育合同中还需要遵守非违法原则。任何合同都不得违反国家的法律法规，否则便会视为无效合同。所以在体育合同中，当事人的行为都必须符合国家的法律体系，不能违反法律法规。违反法律法规的体育合同对社会公众可能会造成伤害，甚至可能会对体育的健康发展造成威胁。

体育合同的实物履行和期限规定也是不可忽视的原则。体育合同的实物履行原则要求按照合同的约定进行实物履行。体育合同的期限规定原则要求在合同规定的期限内完成合同的履行，超过合同的约定期限履行合同的责任是无效的。

此外，履行体育合同还应遵守合同内容的明确性和可理解性原则。合同需明确规定合同双方的权利和义务，明确的合同内容能够确保合同的履行顺利进行，同时也能够方便解决可能出现的争议。

总的来说，体育合同的履行原则并不是孤立的，它们之间相互影响，共同构成了体育合同的法律构造。这些原则的遵守能够确保体育合同的公正公平、公信力，也是体育事业健康发展的重要保障。

体育合同履行的普遍规则是对双方合同关系人的行为规范，集中体现了公平、诚实信用的原则。这些规则对于保障体育活动的规范和体育权益的实现具有重要的意义。

体育合同需遵循的首要准则即是公平原则，被誉为合同法的"王者之道"。体育合同中的公平原则体现在合同双方在对等和自由的状态下成立合同，意志表示真实，没有诈骗、胁迫等问题。这种公平不仅表现在合同签订阶段，也延伸到合同的履行、解除乃至争议解决方面。

其次，体育合同必须尊重和保护参与者的人格权，特别是在个人隐私、名誉权等方面。在履行体育合同过程中，需尊重合同双方的人格尊严，违反这一规则可能会导致合同的无效性。对于涉及使用名誉权、形象权等人格权的事项，体育合同双方需要进行明确的约定以防止权益的侵害。

此外，体育合同的履行还需遵循诚实信用的原则。这项原则在合同法中具有基石地位，体育合同也不例外。在体育合同的履行过程中，体育运动员、体育组织和俱乐部等合同主体需要履行约定的义务，并确保运动的公平、公正。例如，体育运动员需要对待比赛的公正性负责，维护体育精神。

另外，在体育合同履行的普遍规则中，我们不可忽视合同的履行可能面临变化的环境和不可预测的因素。因此，体育合同应当包含一定的灵活性和适应性，以适应经济环境、法律环境甚至运动员自身状态的变化，确保合同的可持续履行。

而在体育合同的履行过程中，也需要关注合同的执行效率。体育业务的特殊性和紧迫性经常需要合同在短时间内得到履行，面对这种环境，各合同实施主体应尽快完成各项约定行为，提高合同的执行效率。

同时，为保障体育合同合法、有效地履行，监管部门和职业体育组织的规则和纪律也需要被充分考虑到。有必要强化对体育合同履行情况的监管力度，以防止违约或不公行为的发生。

综上所述，对于体育合同的履行，不仅需要遵循公平原则，尊重和保护参与者的人格权，诚实信用原则，还需要考虑到合同的灵活性、适应性和执行效率；同时，也需要强化对体育合同履行情况的监管，以达到公正和公平的体育环境。我们只有全面理解和严格遵守这些普遍原则，才能真正做到体育合同的有效管理，推动体育事业的健康稳定发展。

体育合同履行的特殊规则是实践中体育合同履行规则的特别形态，这些规则在普通商业合同中并无法找到。这些特殊规则获取法律依据不仅仅是从合同法中，更是来自体育法以及相关的体育行业规定。它们在保护参与体育活动的主体权益，维护体育市场的公平性，规范体育产业运行等多方面发挥了重要作用。

体育合同履行的特殊规则主要表现在以下几方面，一是体育合同的个人尽力特性；二是体育合同的长期性；三是体育合同的公开性；四是体育合同的专业性和排他性。

体育活动的特性决定了体育合同的履行具有明显的个人尽力特性，例如，运动员由于技能、体质、经验、年龄、个人风格等因素的差异，不能被其他人替代的特性。此外，运动员在某些情况下可能因受伤、疾病或其他原因不能履行合同，这也需要特殊的规则进行处理。

体育合同的履行通常具有长期性，合同的履行过程常年甚至数年。因此，体育合同中的许多约定需要在长期中进行履行，并需要独特的法律保障机制。例如，在运动员转会合同中，运动员需在整个赛季或数个赛季中为球队效力，这就需要合同对运动员的职业生涯进行长期规划。

体育合同的履行通常具有公开性。体育合同的履行结果如比赛成绩、荣誉等都是公众关注的焦点，公众有知情权。因此，体育合同的订立、履行、解除等程序都应具备公开、透明的特点。例如，足球运动员转会合同的订立、履行等相关情况，需向国家体育总局足球管理中心报告备案，通过媒体向公众公告。

体育合同的履行还具有专业性和排他性的特点。体育合同的履行主体如运动员、教练等都具有专门的专业技能，这给体育合同的履行带来了专业性。例如，运动员、教练必须具备某种专业技能才能履行其职责。另外，由于体育竞赛的竞技性和商业化走向，导致体育合同的履行在一定程度上具有排他性。比如，在篮球合同中，运动员在合同期内只能为一个俱乐部竞赛并接受一个教练的培训和管理。

这些特殊规则对保护体育合同各方权益，推动体育产业的发展具有重要意义。但同时，也要注意避免这些特殊规则对参与人权利的过度限制。因此，在制定和实施体育合同的特殊规则时，需考虑到公平性、合理性、公正性，尽可能搭建一个公平、有序、健康的体育市场环境。

体育合同违约处理与履行保障是体育行业合同管理中的一个重要问题。体育合同的履行，关系到俱乐部、运动员、赞助商等各方的权益，必须要得到法律的充分保障。

体育合同违约处理的问题，首要从违约行为的界定着手。体育合同的违约行为主要表现为：不完全履行、不执行和逾期履行等。对于这类情况，法律规定了相应的处理方式。一方面，违约方应当承担相应的违约责任，如改正违约行为，恢复原状，偿付违约金等；另一方面，受害方有权选择继续履行或者解除合同，要求违约方赔偿损失。

理解体育合同违约处理，需要强调的是其特殊性。相较于其他类型的合同，体育合同具有明显的特殊性，如合同的主体、履行的时间、地点等因素，导致违约处理手段的选择有所差异。例如，运动员因伤不能履行合同，或者比赛因特殊情况延期等，这些情况都需要法律在处理上给予特殊对待和保障，不能简单套用一般的违约处理方式。

体育合同的履行保障方面，其重要性无须过多强调。对于各方而言，如何保证合同的正常履行，也是法律需要考虑的问题。保障体育合同的履行，包括但不限于合同的形成、特定履行情况下的合同效力维持、合同期满终止等环节。

合同的形成主要遵循自愿、公平、实体、诚实信用的原则，保证合同的合法有效。特定履行情况主要考虑合同中各方的权益，如运动员的身体健康、赛事的公平公正等，需要由法律规定相应的保护措施和强制规定。合同期满终止则主要关注合同的废止和终止情况，如期满合同终止、合同终止的通知和公示等，保证合同的合理结束。

在实践中，要做好体育合同违约处理与履行保障，需要做到以下几点：一、合同制度的明确和完善，对体育合同的违约行为和违约责任进行明确规定；二、加强合同的监督和管理，尤其是在比赛期间加强对合同履行的监督，防止合同违约；三、健全违约责任判决和执行机制，对违约行为进行有效制止和处理，以保护合同各方的权益。

体育合同违约处理与履行保障对现代体育事业的发展至关重要。因此，要合理设计和运用法律手段，保障体育合同的正常履行，维护体育市场的稳定和公正，推动体育事业的发展，只有这样，体育合同才能发挥其应有的作用。

第三节　体育合同纠纷的解决

一、体育合同纠纷的解决方式

体育合同纠纷的类型与特性是体育合同管理法律实务的重要部分，其关系到体育组织、体育员工、体育代理人和其他涉及体育产业的各方的利益关系。可以说，对体育合同纠纷的类型与特性的把握，对于维护体育法治秩序，保障体育权益具有重大意义。

在类型方面，体育合同纠纷主要分为三大类：其一，体育劳动合同纠纷，主要涉及运动员与俱乐部、代理人之间的劳动权益问题，如工资待遇、解雇合同、转会等问题；其二，体育服务合同纠纷，主要涉及体育服务提供者与服务接受者之间的权益问题，如服务质量、服务范围、服务价格等问题；其三，体育商业合同纠纷，主要涉及体育标示权、广告代言、转播权等商业权益问题。

具体到这三类体育合同纠纷，他们与其他类型的合同纠纷一样，因违反了原定合同约定，导致双方或多方之间发生权益冲突而产生的纠纷。虽然原因相同，但由于体育本身的特性，这些纠纷显示出明显的独特性。首先，体育合同纠纷的时效性，球员的成长期、状态高峰期及退役期均不长，一场赛季、一个赛事周期就可能改变一切，因此争议的解决时效性强，不能拖延过久。其次，体育合同纠纷涉及的利益关系错综复杂，不只是单一的金钱权益，还包括商业利益、人格利益、赛事利益、社会公共利益等多方利益，需要细致入微地考虑各方权益。

另外，体育合同纠纷以其公共性和影响力，展现出显著的社会属性。体育赛事本质上是为广大群众服务的公共产品，因此，体育合同的履行与否、有否违约、结果如何，往往引起公众高度关注，影响面广。而这些特性，要求处理体育合同纠纷必须遵循公开、公正、公平的原则，全面考虑各方权益，合理解决争议。

由此，体育合同纠纷的解决不仅需要法律专业知识，还需要对体育行业、体育经济、社会心理、公众需求有深入了解。只有这样，运用综合性解决办法，才能达到周全考虑和解决问题的目的，有效解决体育合同纠纷，维护体育市场秩序，保护相关各方权益，推动体育事业健康发展。

我们应当积极推动体育法律实施，加强体育法教育，提高各方尤其是体育员工的合法权益意识和自我保护能力；同时，完善体育法律制度，规范体育合同行为，有效遏制体育合同纠纷的发生。对于那些已经发生的体育合同纠纷，我们必须按照法律程序，公正公平地处理，打击违法行为，保护合法权益。

传统法律途径被广泛应用于体育合同纠纷的解决中，包括诉讼和仲裁两种方式。诉讼是一种传统的、常规的解决合同纠纷的途径，它的优点在于严密的程序和公正的裁决，因此在很多情况下，诉讼仍然是解决体育合同纠纷的主要方式。然而，诉讼的成本相对高昂，程序复杂，耗时长，有时不能满足体育事业发展的需要。

诉讼是通过司法机关，对发生的法律问题进行公正、公平的审查和裁决。在体育行业中，诉讼通常用于解决涉及重大利益冲突，或重要原则问题的体育合同纠纷。诉讼能够最大程度地保障各方的合法权益，为纠纷的解决提供一种公正和有效的方式。

然而，诉讼的复杂性和时间消耗可能会对体育行业的正常运行产生影响。体育合同往往涉及到体育竞赛、赛事组织、选手转会等问题，这些问题都是非常紧迫和重要的，因此迅速解决纠纷成为了重中之重。而诉讼过程长，复杂，可能不适合处理这些问题。因此，新的解决体育合同纠纷的手段不断出现，其中最为重要的就是仲裁。

仲裁是一种独立于司法系统之外的解决纠纷的方式，它的优点是程序简单、灵活，且成本较低。特别是在解决体育合同纠纷中，仲裁既能确保纠纷的公正解决，又能节省时间和经济成本。涉及体育合同的案件，比如，运动员和俱乐部的合同问题，运动员和教练的合同矛盾，以及运动员和赞助商之间的合同冲突，都可以通过仲裁快速、公正地解决。

然而，仲裁作为一种解决合同纠纷的方式，并非完全没有缺点。首要的问题就是仲裁裁决的公正性和公平性。因为仲裁员通常是双方的共同选择，因此可能存在偏袒一方的可能。此外，仲裁的程序并不像诉讼那样严格，因此可能导致裁决的公正性和公平性受到影响。然而，总体来看，传统的纠纷解决方式——诉讼仲裁，仍然是目前最为常用也是最为有效的方式。

将来，随着体育行业的发展和法律制度的完善，可以预见到更多其他的解决体育合同纠纷的方式将会出现。但无论哪种方式，其最终目标都应当是公正、公平地解决纠纷，最大程度地保护双方当事人的合法权益。

体育仲裁机构在体育合同纠纷中起着至关重要的作用。体育合同纠纷的解决方式各异，其中仲裁是最主要的一种解决方式，体育仲裁是在体育合同中发生纠纷时，由双方或多方自愿选择由独立的第三方仲裁机构通过非司法程序进行公正、公开、公平的审判和裁决的方式。

体育仲裁机构的崛起取决于体育合同纠纷处理的特殊性。其一，体育行业的特殊性，使其涉及的法律问题复杂多样。其二，参与体育活动的各主体不局限于一国，涉及多元法域、多元文化背景和复杂的法律规定，强烈要求有一个能适应国际体育环境变化，具备专业知识且高效快捷的矛盾解决途径。其三，体育锐意追求公正、公平的精神与非诉讼纠纷解决方式的宗旨高度一致。

体育仲裁机构的选择是争议主体的权利，双方可以在合同中预先约定，也可以在纠纷发生后协商决定。具体的仲裁机构选择多取决于争议主体的信任度和其核心利益点。例如，CAS（Court of Arbitration for Sport，体育仲裁法庭）是具有广泛影响力的国际性体育仲裁机构，被誉为体育的"最高法院"，这是因为其对体育规则的深度理解、仲裁席和仲裁员的高度专业素质以及其裁决的公正、公平并且具有强制执行力。

体育仲裁机构的职责主要是解决体育合同纠纷，包括但不限于运动员与所在俱乐部、运动员与其代理人、赞助商与其被赞助方之间的规则符合性、合同执行和解约等问题。

体育仲裁机构在处理争议时，强调公正和公平，同时注重效率，以达到快速解决纠纷的目的。仲裁裁决以书面形式公告，并对双方有约束力。当某一方不服仲裁裁决的，可以申请法院进行复核，但往往会受到地域、法域间立法、司法制度的约束，因此，对于体育仲裁裁决的复核，法院通常采取严格的审查标准以确保其公正公平。

体育仲裁机构处理争议应建立科学的程序制度，包括选择仲裁员、听证程序、保密制度等，以保障争议解决的公开、公平、公正。

体育合同纠纷解决需谨慎选择解决方式，仲裁作为主要的解决方式，是体育合同纠纷解决的最佳选择，因为仲裁遵守专业、公正、公开、高效的原则。而体育仲裁机构对体育合同纠纷解决发挥着重要作用。您如果在体育合同问题上有疑惑，一定要选择专业、公正、公开、高效的体育仲裁。

体育合同纠纷是体育行业中常见的法律问题，预防这类纠纷的策略与建议是本次主题的重点。体育合同作为体育市场的核心装置，参与者应对其含义、性质、特征、效力有清晰、完善的认识。

理解体育合同的性质和特征是预防体育合同纠纷的第一步。因为合同是法律意愿的表达，任何朦胧、不清晰的地方都可能引发纠纷。在体育合同中，特别是运动员的履约期限、训练、跟队、比赛、商业宣传的权利和义务等应该具体明确，这有利于当事人在履行合同过程中，明确方向，减少冲突。

同时，明确体育合同的权利义务分配是预防合同纠纷重要的一环。在合同约定的权利义务中，尤其是体育运动员与俱乐部之间的损害赔偿问题，应清晰界定各自的权利和义务，避免因模糊的权责关系引发纠纷。

对于体育合同的风险管理也是预防纠纷的重要策略。包括并不仅限于运动员的职业生涯风险、训练比赛风险、商业利益风险、形象权风险等。而这些风险的管理，需要运动员、俱乐部及其法律顾问等各方共同完成。

预防体育合同纠纷的最有效方法之一是进行专业的法律审核。对合同的每一个条款进行详细的解释和论证，确保每一项都符合法律，没有明显的违法或过分偏向某一方的问题。

对于可能引发纠纷的因素，可以通过合同中设置解决争议的条款进行规避，明确的争议解决机制将为各方提供一种公正、公平的处理方式。

在制定这些策略的过程中，应注重合同各方的合法权益，而非单方面倾向，以实现公平公正、公开透明、诚实信用的原则。

通过提高对体育合同法律理论知识的认识与理解，增强运动员、俱乐部与相关法律服务提供者的法律风险意识和果断解困的能力，必能从源头上降低体育合同纠纷的发生。

在实践中，推动法律从业者、运动员及其代理人，体育组织及其成员，乃至整个社会对体育合同法律制度的尊重与遵守，可以大大降低体育合同纠纷发生的概率。

建立和健全多元化的纠纷解决机制，包括诉讼解决和非诉讼解决，可以因事件的性质选择合适的解决方式。

未来的体育法律实践中，应注重法律服务的专业化发展，进一步完善体育法学的理论研究，提升法律服务的专业素质，以达到防范和解决体育合同纠纷的目标。而预防体育合同纠纷的核心及精髓，也在于尊重和保护各方的合法权益，坚持法治主张，推动体育事业的公平、公正与健康地发展。

二、体育合同纠纷的法律适用

体育合同纠纷是体育法实践领域中的重要问题之一，其范围和性质直接决定了纠纷解决的途径和方法。中国的体育合同纠纷主要涵盖了运动员与俱乐部、运动员与运营商、运动员与代理人、运动员与赞助商等多种合同关系。其性质则分为民事纠纷、行政纠纷和劳动纠纷，不同性质的纠纷适用的法律规定和解决机制有所不同。

根据我国《合同法》规定，体育合同纠纷范围包括了对体育合同效力的争议，如签订、更改、解除或终止合同的争议；对合同内容的争议，如权利义务的划分，付款方式，合同履行的地点和时间等；对合同履行过程中的行为的争议，如合同履行不到位，或合同履行过程中给对方造成的损失等。

进一步说，体育合同纠纷的性质具有一定的复杂性。就体育合同纠纷的主体来看，它既可能是运动员与俱乐部之间的权益争端，也可能是赞助商与竞技体育组织之间的商业冲突。此外，还可能涉及运动员个人权益的保护，如肖像权、姓名权的争议等。也正因为如此，体育合同纠纷往往并不单纯，它涉及的法律问题既有合同法的内容，还有公司法、知识产权法、劳动法等多个法律领域的问题。

在解决这些问题时，我国的法律制度提供了多种途径。首先是诉讼方式，体育合同纠纷可以由双方通过法院解决，这是最传统也是最普遍的方式。其次是调解方式，即由体育行业协会或者行政机关协调解决，这种方式更加适合处理涉及行业规则的争议。再次是仲裁方式，即由专业的体育仲裁机构如 CAS（体育仲裁法庭）进行裁决，这种方式的优点在于保证了处理结果的公正和公开，而且可以大大提高处理效率。

要解决我国体育合同纠纷面临的问题，我们必须对体育合同纠纷的范围和性质有深刻理解，通过诉讼、调解、仲裁等不同机制，合适地运用合同法、知识产权法、劳动法等多方面的法律规定，把握不同类型纠纷的特点，才能有效、公正地保护各方权益，维护体育产业的稳定和发展。同时，要注意在政策法规制定、合同签订和合同管理等过程中的各环节采取预防措施，早期发现和解决问题，降低纠纷的产生。

法律上的体育合同纠纷解决途径众多，可从诸多方面进行探讨。当体育合同产生争议时，涉案方可以采取诸如民事诉讼、仲裁、调解等多种方法争取自己的权益。而每种方法的适用性会根据具体案情、涉案方的意愿和预算等因素有所变化。

一般约定，对民事纠纷，最常用的解决途径就是民事诉讼。诉于法院，通过司法程序，依法处理违约问题，以达到纠纷化解的目的。对于体育界来说，体育员工违约、俱乐部违约、广告商违约等是常见问题，这类问题通过民事诉讼的方式予以解决，能够得到公正、公平的裁决。

与此同时，体育合同纠纷中的仲裁法也日益受到重视。体育合同一般会设有仲裁条款，规定合同双方在纠纷发生时，可以申请仲裁机构进行解决。由于体育行业具有其独特性，例如，比赛项目的特殊性、体育规则的独特性等，往往需要专业的知识。因此，通过专门机构的仲裁，能够迅速解决争议，同时也能更好地维护运动员的合法权益。

同时，非裁判途径也在体育合同纠纷解决中发挥着日益重要的作用。这包括和解、调解、谈判等方式。这种途径以和谐为主，寻求达到各方满意的效果，避免了法律程序的复杂性，同时也能够节约时间和费用。

值得一提的是，针对国际体育合同纠纷，国际体育仲裁法庭已经被越来越多的人和组织所接受。通过专业的仲裁员，公平公正的裁决，让当事人对结果更有信心。

此外，互联网及科技的发展给体育合同纠纷解决也提供了新的途径。如，在线纠纷解决机制（ODR）的应用，使得纠纷的处理更为高效和便捷。

在处理体育合同纠纷时，关键在于选择最适合的解决途径，既要保护当事人的权益，又要尽可能地达到争议的快速解决。而这就需要充分理解各种解决途径的特点和适用条件，确保解决方案的公平、公正、及时和效率。

在实际操作中，当事人应积极参与处理纠纷，主动选择适合的解决途径，并积极寻求合同争议的和解。只有在协商无果的情况下，再采取诉讼或者仲裁。

我国体育法律体系已经建立起来，但对体育合同纠纷的解决方式仍然需要改革和创新。这包括优化司法机制，强化法律保障，推动体育法的实施，完善体育行业的法律服务。

这也就需要我们深入理解和掌握法律上的体育合同纠纷解决途径，加强对法律知识的学习，以便在实际操作中得到准确地执行和保护，不仅促进了体育事业的健康发展，也为社会和谐稳定做出了积极的贡献。

体育合同纠纷在现代体育活动中屡见不鲜，这其中不可避免地涉及一些法律问题。鉴于此，详细分析法律上关于体育合同纠纷的适用法条，不仅对理论探索具有重要价值，对实际操作也具有重要的指导作用。

例如，《体育法》规定了体育活动应遵循的基本原则和体育组织日常经营管理活动的法律规定，可作为补充。

此外还需要参考具体化的法律规定，如《职业足球俱乐部条例》《体育彩票管理暂行规定》等，它们为特定体育项目的合同纠纷提供了具体的法律依据。因此，综合考虑各种法律法规，在体育合同纠纷中选择正确的法条运用，对解决问题至关重要。

因此，结合《体育法》和特定的法律规定，我们能够找到解决体育合同纠纷的多元化路径。针对不同情况，我们需要精准把握各法条的适用范围和适用条件，才能更好地运用法律武器，解决体育合同纠纷。

但是，鉴于目前体育合同法的不完善，建议尽快出台专门的体育合同法，形成覆盖体育行业全链条的法律支撑体系。这样才能对体育合同纠纷进行更为有效和全面的调控，营造公平、诚实、守信的体育市场环境，推动我国体育事业健康发展。同时，也要提高各方对体育合同法的认知，积极维护自身合法权益，共同推进体育法治进程。

体育合同纠纷的法律责任及其法律效果作为一个重要的研究主题，其探讨的主要是当体育合同产生纠纷时，一方或双方承担的法律责任以及该法律责任的实际效果。这个主题接触到了体育法、法律责任以及法律效果等多个方面的问题。

首先，理解这个主题需要认识到体育合同的特殊性。体育合同是体育活动中的法律事实，其法律性质、内容主体和形态等方面，都比其他类型的合同更具有特殊性。例如，体育合同往往涉及运动员、教练、俱乐部等多元化的主体，其内容涉及比赛、训练、商业利益等多个方面，形态既可以是临时性的比赛合同，也可以是长期性的就业合同等。这种特殊性决定了体育合同纠纷的复杂性和独特性，法律责任的确认和适用也需要遵循相应的法律规定。

其次，体育合同纠纷的法律责任主要体现在违约责任和侵权责任两大方面。违约责任主要针对合同当事人未履行合同义务或者履行合同义务不到位的行为，一般包括赔偿损失、继续履行、解除合同等。侵权责任则主要针对合同当事人侵犯他人权益的行为，比如，侵犯运动员的肖像权、名誉权等，需要承担停止侵权、消除影响、赔偿损失等责任。这些法律责任具有预防和惩罚的作用，可以调控体育合同的履行，防止和解决纠纷。

对于法律效果，主要体现在法律责任的实施结果。这包括了直接的经济效果，如支付赔偿金、承担损失等；也包括了间接的行为效果，如合同解除、停止侵权行为、改进履行等。法律效果是体育合同纠纷处理的重要目标，通过实施法律责任，实现合同公正、公平的履行。同时，法律效果还有一定的震慑作用，能防止合同当事人违约或者侵权。

没有足够的理论指导，同时也需要具备经验的指导。在实务过程中，首先要正确判定纠纷的性质，是违约还是侵权，还是两者并存。然后识别出责任主体，运动员、教练、俱乐部等都有可能成为责任主体。识别出责任主体后，要依法确认其应承担的法律责任，同时保护被侵权人的合法权益。

在体育合同纠纷的解决中，法律责任及其效果是不能忽视的一环。无论是对待运动员、教练，还是对待俱乐部，法律责任都是维护规则公正、公平的重要手段。在实践中，正确的处理体育合同纠纷，尽可能降低纠纷对合同正常履行的影响，对维护体育公正、公平、清廉具有重要意义。

体育合同纠纷案例中的法律适用问题及解决策略为近年来体育领域关注度极高的一个话题。其中，法律适用问题是针对案例中存在的法律问题，寻求适当解决的一种方式，而解决策略则是我们在面临法律问题时，所采取的对策和方式。

弄清体育合同纠纷案例中的法律适用问题，需要首先理解体育合同的性质。体育合同既是劳动合同也是民事合同的一种特殊类型，它包含了许多复杂的法律关系，如劳动关系、消费者权益保护关系、公共权益保护关系等。因此，体育合同纠纷案例中的法律适用问题，必然涉及这些法律关系的界定、识别和处理。

对于舞台上璀璨耀眼的运动员，他们的劳动权益保障是法律适用的首要考量。在体育合同的履行过程中，运动员的劳动权益是否得到有效地保障，如何通过合同保障运动员的合法权益，都是体育法律应关注的重要问题。然而，体育合同纠纷的出现往往表明存在着劳动权益保护方面的问题。这类问题需要运动员、俱乐部甚至国家层面的积极应对，寻求法律援助和仲裁，并着力在法律框架中健全运动员的权益维护机制。

另一方面，体育合同纠纷案例中的法律适用问题，又必然与消费者权益保护问题相连。比如，在体育赛事中，消费者可能会面临诸如票务问题、商业欺诈等法律问题。对于这类纠纷的处理，需要引入消费者保护法，适应性地运用合同法，以及依据公平公正的原则，创新解决方案。这既涉及消费者权益保护，又涉及赛事组织方和赞助商之间的法律责任问题。

考虑众所周知的训练伤害和比赛伤害问题，这些又常常引发公共权益保护的问题，如运动员的人身安全权益是否得到足够的保护，或是在比赛中出现的违规行为应如何进行处罚。这类问题往往涉及到的不仅是劳动法、合同法，还可能涉及刑法和民法的适用。对于这类问题，专门的体育法律就显得尤为重要，比如，各种体育处罚规章和裁决机构的设立，就可以有效地保护公共利益，避免和纠正体育赛事中的恶性行为。

为了处理和解决这些复杂的法律问题，策略上需要注重立法、司法和行政三个方面。在立法方面，要强化体育法的立法深度和广度，明确和细化体育合同的法律关系和责任；司法上，需要增强体育法律的司法裁判能力，尤其是在当事人权益保护方面尽可能做到公平公正；行政上，可以通过高效的政策法规，贯彻落实国家战略，监管体育赛事和运动员的日常活动，维护体育市场的责任和状态。

总的来看，体育合同纠纷案例中的法律适用问题及解决策略，需要以保护运动员、消费者和公众的权益，以及适应和支持体育事业的发展为目标，精确的法律适用和策略解决是实现这一目标的必要方式。

第七章　体育组织中的法律法规遵守

第一节　体育组织的法律治理

一、体育组织的内部治理结构

体育组织的内部治理结构对于整个体育组织运作具有关键性的影响，它直接决定了组织的决策过程、资源分配和成员之间的权力关系等核心问题，可谓是形成有效运作模式和良好运营环境的基石，而遵守相关法律法规更是所有治理活动的前提，因此，洞悉了内部治理结构的重要性和功能，就更能透彻理解体育组织的运作机制和发展路径。

首要理解的是，体育组织的内部治理结构的重要性，它是组织能否有效、公正、透明运作的关键因素。在很大程度上，一个合理的内部治理结构可以确保组织决策的公正性，决策的有效性，以及组织的可持续性和稳定性。同时，内部治理结构的设计也直接相关到组织内部成员的权利保护和义务履行，可以预防内部冲突，平衡各方利益。

其次，体育组织的内部治理结构还管控着资源调配和权力运作。这既包括组织成员的权利与义务，也包括组织本身如何合理使用自身资源，以最大限度地实现对象目标。同时，良好的内部治理结构也能确保体育组织真正服从于市场规则，遵守社会公众利益，让体育组织的运作更加公开透明。

从功能上看，体育组织的内部治理结构的第一个功能，是提供一种决策的机制。内部治理结构规定了权力的行使、决策的制定以及执行情况的监督观察，能够使组织内部的决策过程更加标准化、程序化，提供了有序、公正的运作平台。

第二个功能，是通过设立恰当的激励机制和约束机制，引导和监督组织中的各个成员、部门，使其行为符合组织的整体利益。内部治理结构设立的规则和流程，使得组织中每一个单元和个体的行为都能为组织的目标服务。

第三个功能，是促进信息的透明与公开。一个良好的内部治理结构，不仅要确保信息的流通和反馈，而且还要创建一个公开、公正的环境，让各方能获取到关于决策的全部信息，促进信息的公开和分享。

第四个功能，是对组织成员进行教育和引导。内部治理结构可使组织成员明确了解他们在组织中的地位和角色，知道他们拥有何种权利，需承担何种责任。并且，通过合理的规章制度，也可以提高员工的业务素质和业务能力。

体育组织的内部治理结构的重要性显而易见，它的功能也不可忽视，但前提是组织必须遵守法律法规，规范内部治理行为。在体育领域中，涉及的法律法规问题众多，既有刑事责任，也有民事责任，还有行政约束，等等。对于一个体育组织来说，只有严格遵守法律，才能确保其合法运行，保障组织和成员的权益，维护社会公众的利益和体育秩序。因此，内部治理结构的设计和实施，既要符合组织的自身发展要求，也要符合法律法规的规定，这样才能实现体育组织的健康、快速发展。

在论述体育组织中的法律治理时，典型体育组织的内部治理结构模式是一个至关重要的主题。这种模式不仅决定着体育组织的运行效率和权力分配，而且对促进体育组织的健康、合规发展起着决定性作用。

典型的体育组织内部治理结构模式，通常由四个主要部分组成，分别是：成员大会、理事会、执行委员会和监事会。每个部分在组织治理中都有着独特的作用和功能。

首先，成员大会是体育组织的最高决策机构。它由所有成员组成，负责修改组织章程、选举理事会和监事会成员、审议年度工作报告和财务报告等重大事项。在一些体育组织中，成员大会还应该承担调解内部纠纷的职责。

其次是理事会，它是由成员大会选举产生的，负责组织的日常工作和决策。理事会成员由代表各利益相关方的人员组成，保证多元化的决策参与，维护整个组织的权益。

接下来是执行委员会，在很多体育组织中，由理事会从中选出的一部分成员组成执行委员会，负责组织的日常运营和管理。执行委员会成员一般包括组织的主席、副主席、秘书长以及相关部门的负责人。

最后，监事会作为体育组织的监督机构，对组织的财务和法规遵守情况进行监督，以保证组织行为的合规性和透明度。在某些情况下，监事会也可以对理事会提出问责或者弹劾。

以上四个部分在体育组织内部的治理中各司其职，形成了一种有机的结构模式。然而，仅仅有这种结构并不等于能够实现合规的组织治理。有效的治理还需要各部门之间能够有效地沟通与协作，以及公开透明的决策机制。

公开透明的决策机制是体育组织实现良好治理的关键。它要求组织决策过程公开，决策结果可追溯，以及相关决策依据可查。具体实现途径包括但不限于：决策过程的公示，决策依据的公开，听证会的开展等。在这个过程中，信息的传递、意见的交流等都需要健全的制度来保障，以免造成信息的不对等，进一步影响决策的公正性。

此外，体育组织内部治理结构也需注重利益相关者的参与。这里的利益相关者不仅仅是组织的成员，还包括运动员、教练员、场地管理人员、赞助商甚至观众等。通过广泛性的参与，可以充分吸纳各方的意见与建议，保证决策的全面性，同时也提升了决策的接受度。

综上所述，体育组织内部治理结构模式的实现需要全方位、多层次的策略来保障，既包括组织结构的创新，也包括决策机制的公开透明，和利益相关方的广泛参与。只有这样才能最大化地实现体育组织的法律治理，保障组织的合规性，并最终推动体育的健康发展。

提升体育组织内部治理效率的方法和建议主题的探讨中，我们首要的着眼点是理解什么是体育组织的内部治理与其效率。体育组织的内部治理主要是指组织内部规则、管理机构、管理程序等的落实与执行，包含了决策效率、公平性、克服利益冲突等多方面的因素。其效率的高低，对于体育组织的全面发展、资源的优化利用、公众的满意度都有重要影响。

体育组织内部治理效率的提升，是一个系统工程。它涉及各个层面的改进和优化，以及持续不断的自我评估和调整。首选的方法是增强体育组织公开透明的程度，使所有成员和利益相关者对组织的决策过程、经费使用、活动近况有全面深入地了解。这样不仅能提高组织的公信力，同时也为更好地规范体育组织的运营提供有力的社会监督。

其次，对于规章制度的制定和完善有很大的作用。体育组织应积极构建和发展适应自身特性的管理制度，包含有明确的责任和权力划分、完善的决策过程、科学的目标设置和评估机制等，以确保组织各项工作的顺利运行和执行。特别是对规章制度不健全、不清晰的体育组织，更应注意加强此方面的建设。

追求卓越是提升效率的动力源泉，体育组织应持续关注全球最新的研究和趋势，以求在运营和管理中取得更高的效神效能。在这个过程中，也需要定期进行自我评估，通过外部第三方的专业评估机构也能得到更为客观的评价和建议，帮助体育组织进行持续改进。

每一个体育组织都是由人组成的，尊重和激发人的潜力也是提升效率的一种重要方法。通过提供足够的职业发展空间，定期举行培训，实行公平公正的人才选拔和激励机制，可以激发员工的积极性和创新性，从而提升组织的运营效率。

另一个重要方面是注重与各利益相关者的沟通交流，及时了解他们的需求和期待，并尽可能地满足他们，在利益平衡中寻求最大化效益。健全的反馈机制可以让组织的运营更加透明，并有效地增加了信任度。

最后，我们还需要看到，相比于普通企业，体育组织还具有其特殊性。其目标并非仅仅追求经济效益，而是追求体育本身的价值、推广体育精神，并服务于广大的体育爱好者和社区。因此，其内部治理的效率提升，也需要对这些方面进行充分的考虑和照顾。

以上各种方法，都能帮助我们提升体育组织内部治理的效率，但我们需要看到的是，对于不同的组织，特定环境下的最佳策略可能会有所区别，因此体育组织在实施这些建议的过程中，需要根据自身的状况灵活选择和调整优先的策略和方法。同时，持续改进和自我适应也是每个体育组织都不能忽视的任务。

二、体育组织的外部法律环境

在当代体育组织的运营管理中，面临诸多法律法规的约束和引导，其中，国际体育法规对体育组织的影响显得尤为重要。本章将围绕国际体育法规对体育组织的影响展开深入阐述。

国际体育法规，一方面规定了体育组织的行为规范；另一方面规定了体育赛事的制度规则，形成了一个具有法律约束力的规范体系。体育组织在进行日常行政管理、运动员管理、赛事组织等活动时，必须依据这些规范进行，否则将面临重大法律风险。

国际体育法规的存在，有助于形成公平、公正、透明的体育环境，这对于体育组织各项活动的顺利进行极其重要。例如，对于裁判的行为规范、运动员的反兴奋剂规定、赛事组织中的各类规则等，国际体育法规均给出了具体明确的规定，这对于防止体育赛事中的不公正情况，保证赛事的公正公平具有重要作用。

此外，国际体育法规也对体育组织的长远发展产生影响，它规定了体育组织必须遵循的各类基本原则和标准。这从制度层面为体育组织的规范化、专业化和长期稳固的发展提供了有效保障。

然而，国际体育法规在实施过程中也可能带来一些挑战。具体来说，体育组织在遵循国际体育法规的过程中，可能会遇到各种复杂的法律问题与争议。运动员的合同纠纷、赛事管理中的权益冲突、技术设备的使用规定等，都有可能对体育组织的运营产生重大影响。

面对国际体育法规的挑战，体育组织应当积极应对，首要的是体育组织应当尽力准确理解并熟悉国际体育法规的具体内容和精神，以便于在实际工作中准确遵循。

此外，体育组织应设立专门的法律事务部门，该部门负责研究法规的变动，对新的法规进行解析和适应，并为体育组织提供法律意见和建议，以便于其在遇到复杂的法律问题时，能够得到及时有效地处理。

同时，体育组织还应通过多种途径，例如，培训、研讨会、出版物等，将国际体育法规的重要精神和重要内容，普及到主管部门、相关人员和公众，这将有助于提高全社会对于体育法规的理解和遵行。

总的来看，国际体育法规对体育组织的影响是深远且多元的，相关的理解和遵循，既是体育组织发展的必要保证，也是其追求公平、公正、透明体育环境的重要手段。因此，体育组织应当树立法制观念，注重理解和实践国际体育法规，以良好的法律环境促进其自身发展，推动体育事业的繁荣。

在现代社会，体育不再仅仅是一个纯粹的娱乐和健身活动，它已发展成为一个复杂的社会系统，涉及多方面的社会生活和众多的法律问题。因此，深化对体育法律及其实施现状的理解，对于推进体育的法治化，形成科学的体育管理方式具有重要意义。

首要问题是理解体育法的定义和特点。体育法依照体育运行的规律来调整体育关系，是法律制度中的一个子系统。然而，体育法并非封闭的法律体系，它的形成，发展和完善需要与其他法律体系密切对接，例如，民法、劳动法、行政法，等等，体系间相互影响，共同推进。

回顾中国体育法制的发展过程，从无到有，从简单到完善，可见其在努力调整和摸索中处理不断出现的法律问题，使体育活动得以正常、有序的进行。近些年来，中国体育法制的成文化程度大幅提升，其突出特点是有不少专门性法规出台。例如，《体育法》《反兴奋剂条例》《全民健身条例》《职业运动员劳动权益保障条例》等。这些法规构成了中国体育的基础法律框架。

然而，法规的存在并不能单独保证其落实程度和实施效果。尽管体育法规的成文化和专业化有所提高，但其在落实过程中仍然存在一些问题。首先，针对各类体育问题的法规尚且不足，如对非正规或非职业体育活动的法律规范漏洞颇多。其次，由于监管机构和执行力度的不足，法规的践行程度仍待提高。最后，对体育法规的普及程度和公众的法律意识还有待提高，这无疑也成为妨碍法规实施效果的因素。

目前，中国的体育发展正面临着转型升级的关键阶段，需要科学的法律规范和有效的法规执法体系以推动其健康发展。在体育组织中，遵守法律法规不仅是其义务，更是其自身发展的保障。未来的体育法制建设应当注重立法与实际的结合，法律制度化与具体操作的协调，以及法规的公平、公正、公开。

面对未来，体育法的完善需要立牌坊、补短板、强弱项。尤其是在实施环节，我们需要落实体育法律法规，增强体育管理部门的执行力度，提高社会公众的法律认知。现有法规的增修和新法规的制定必须以解决实际问题为导向，执行中的监管也需要体现法律的公正。为此，我们必须致力于建设一个公平、公正、公开的运动环境，以推动中国体育更好地服务群众，更好地发展和进步。

社会、经济、文化等多元因素对体育组织法律环境的影响是个复杂而篇幅广阔的主题，它凝聚了当今社会在体育法律领域的实践积累和理论探索。体育组织的法律环境并非孤立存在，强烈得受到来自社会、经济、文化等多元因素的影响。这些外部力量的介入和构造，让体育法的运行变得越来越具有复杂性和广泛性。

社会因素以其难以预测和控制的特性，对体育组织的外部法律环境产生了深刻影响。体育组织作为社会的一部分，本身就存在于社会的大环境之中，其内部运营和管理活动无不得受到各类社会因素的影响。如，社会公共意识、道德价值观、公众的体育需求等，都将在不同程度上影响体育组织的法律环境。特别是在信息社会，各式各样的社会舆论和公众观点，都可能成为对体育法规的挑战与冲击，对体育组织的法规遵守带来威胁和压力。

经济因素同样在体育组织的法律环境中塑造了重要角色。在市场经济的背景下，体育行业本质上是一种经济活动，体育组织的运营过程中必然与各种经济法律规定相交融。体育市场的繁荣、萎缩，都会影响到体育组织的经济收支，从而影响到体育组织的法律环境。不同的经济政策、体育市场规模、赞助商的策略选择等，都会对体育组织的状况和体育相关的法律环境产生深远影响。

文化因素的影响主要体现在体育组织在遵循法律过程中，注重以各种方式塑造并传递积极的体育文化。文化因素让体育组织在法律环境中更加注重人文精神的体现，强调体育精神的价值，塑造公平、公正、诚信的体育环境。体育组织在遵守法规的同时，需要与民族文化、地域文化等各类文化元素相融合，既遵循体育精神，也维护和提升各种文化价值。

我国现阶段在面临各种社会、经济、文化挑战的环境下，体育组织的法律环境也在持续变化之中。体育组织必须深入理解和把握这些多元素的影响，并积极寻找在多元环境中遵守法律法规的实践路径。只有这样，体育组织才能在多元环境中更好地执行体育法，更好地提供体育服务，同时也为我国体育法的建设和完善提供有益的实践参考和理论支持。

第二节 体育组织法律法规遵守的机制

一、体育组织守法意识的培育

体育组织守法意识的形成在当今社会越来越显其重要性。守法意识是指个体或组织自觉遵守法律规定，尊重法律尊严，诚实信用，公正公平，以法为依归的社会心态。一个健康的体育生态环境，是在体育组织严格守法的基础上建立起来的，而守法意识则是体育组织能否严格守法的核心。

守法意识的形成具有重要意义，首要的是，它可以保障体育活动的公平公正，这是构建和谐体育环境的基础。每个人都期待在体育赛场上看到公平公正的竞争，而这需要体育组织自觉遵守相关法律法规。只有在公平公正的环境中，体育赛事才能发挥其应有的社会功能，塑造正能量，传递正义和公正的价值。

其次，守法意识的形成有助于提高体育组织的社会责任感。体育组织不仅需要为运动员提供公平竞技的环境，也需要关注社会公众的体育权益，以满足广大公众的体育需求。强烈的守法意识可以引导体育组织更好地履行社会责任，为社会和谐做出应有的贡献。

最后，强化守法意识能够预防和减少体育活动中的违法行为。物质利益的诱惑、过度的竞争压力，都可能使体育组织有违反法律法规的可能。强化守法意识，可以使体育组织明确行为规范，树立法治精神，增强守法自觉，从而有效避免违法行为的发生。

守法意识是体育组织灵魂，守法意识的形成对于促进和谐体育环境的建设，保障公平公正竞技环境的形成，以及预防违法行为的发生都起到了关键的作用。因此，只有在尊重法治，倡导守法的社会环境中，体育组织法律法规遵守的机制才能得到有效地支持，体育活动才能更好地发展。所以，我们要充分认识到体育组织守法意识形成的重要性，形成高度的法律意识，以尽快地建立起公正的竞技环境，规范的运营管理，以及健康的体育生态环境。

体育组织守法意识的培养策略是一个严肃亟待思考的议题，它对于体育组织的运营管理、活动参与者的安全保障，乃至于我国体育产业的健康发展都具有无可替代的重要性。因此，需要科学、系统地总结其具体实施策略。

（一）制定严明的守法纪律

要培养体育组织的守法意识，首要任务便是建立起完整的法制环境，尤其是明确的法律法规规范。体育组织在运营管理过程中，必须坚持依法治理的原则，将遵守法律作为管理的一项基本要求，同时对其内部个体进行法律知识的普及教育，提高其守法意识。所有人都需要了解并知晓，遵守的不仅仅是组织内部制定的各项规章制度，更是国家体育立法的有力保障。

（二）提供全面的法律教育

体育组织守法意识的培养并非一蹴而就，需要通过全面的法律教育来不断加强和深化。法律教育贯穿于体育组织的各个环节，包括管理者、教练员和运动员等都需要接受法制教育。同时，还应加强体育法学理论研究，对法律知识开展定期培训，尤其是对于新进成员，应加强入职法律培训，以确保其对法律的基本理解和接受度。

（三）加大法律法规的监督和实施力度

法律法规的成文是基础，而将其应用到实际，则需要有力地监督和实施。对于体育组织来说，需要明确专门的法律部门，负责对所有业务活动进行法律审查，确保其合法性和合规性。并且，对于违法行为，一旦发现，应立即向有关部门报告，对违法者进行严厉的法律制裁，以此警示其他人，严防法律违规现象的发生。

（四）建立健全的法律责任制度

只有当个体意识到其行为可能会对自己带来严重的法律责任和后果，才能真正把守法当成一种自觉而非被迫的行为。体育组织应建立健全的法律责任制度，明确每个人在相关事项上的权利和责任，让法律变为每个人必须遵守的底线，从而达到对守法意识的培养和提高。

（五）合理利用防违法机制的激励与惩罚

为了促进体育组织内部环节遵守法律法规，制定激励与惩罚的机制至关重要。守法行为应予以适当的激励和赞扬，让其收到鼓励，看到守法的好处和效果；同时，违规行为应予以公正严厉的处罚和警告，使其产生深深的忧患与恐惧，也会为其他成员树立起必须依法行事的警示。

通过上述五个策略的实施，能够更有针对性地提高体育组织的守法意识，并结合日常工作中的实践，逐步提升遵法执行的效率。这对于保障体育活动的公平性、公正性以及参与者的合法权益具有重大意义，也是促进体育事业健康、有序发展的必由之路。

在体育领域中，体育组织作为一个重要的参与主体，必须遵守相关法律法规。对于体育组织来说，增强法律责任感，能有效促进其自身发展，同时也有利于推动整个体育领域的健康发展。那么，如何在体育组织中增强法律责任感？

法律责任感首先是一种个体的意识，进而是一种集体的精神力量。对于体育组织来说，加强体育组织的法律责任感，首要任务是提升其成员的法律意识。这需要体育组织通过一系列落实的措施，确保其成员都能充分认识到遵守法律的重要性。包括通过常态化的权益讲解、法律培训等方式，使得成员深化对法律的理解，增强对法律责任的认识。只有深入地认识到法律对自身和组织的约束，才能诚心实意地去履行法律义务，进而形成遵法习惯，不断提高的法律意识将会使他们在实践中自觉遵守法规，增强个体对于法律的敬畏。

一方面，建立一种爱护、尊重和守护法律的氛围。通过合理有效的教育和宣传活动，使成员知法、懂法、守法；另一方面，通过设置严谨的规章制度和操作流程，强化组织自身的法治精神，从而强化其内部成员对法律责任感的激发。

增强体育组织的法律责任感，同样需要体育组织本身作为一个整体，建立健全内部管理制度。通过内部规章制度的约束，使得整个组织的运作更加规范、透明，进而提高组织成员守法遵规的意愿。

除此之外，对于不遵守法律、违反规定的行为，体育组织需要严肃处理。一方面，对于违规行为，需要进行及时、正当的处罚，对于重大违规行为，甚至可以采取开除等严重措施。这种严肃的处罚机制，能够起到威慑作用，阻止组织成员试图触犯法律的行为。

同时，体育组织也应积极寻求与政府机构、法律服务机构等外部力量的合作共赢。通过合理的业务协调和交流，将法律的力量引入日常运营和管理中，为增强法律责任感、提高风险防范意识和能力提供坚实的法律基础和实践保障。

在遵守法律法规的各个环节中，体育组织的法律责任感增强了，这将表现为其行为更加规范，能以更加积极、有效的方式应对法律问题。这不仅有助于提升体育组织工作效率，防范风险，同时也有利于提升体育组织的社会形象和市场信誉。

增强体育组织的法律责任感，需要体育组织通过自我教育、自我管理、严肃处罚违法违规行为等多种方式进行实践，还需要体育组织善于借助外部资源共同推进。只有这样，体育组织才能在法律责任感的驱使下，更好地促进自身的发展和体育事业的进步。

体育组织守法意识的培育是体育法治建设的关键一环，体育组织要健康发展，必须做到严格遵守国家的法律法规。而以法治体育推动体育组织守法意识的普及与提升无疑是其中最为重要的一步。

一言以蔽之，法治体育的主旨是倡导以法律为依据、法律为准则的体育活动，它要求体育组织在运作中严格遵守国家的法律法规，以维护社会公正与公平。它旨在通过增强体育组织的守法意识，彰显法治的力量和魅力，推动体育事业的健康发展。法治体育不仅是对体育活动的规范，同时也是对体育组织的全面要求和约束，它通过制度的建设与完善来推进体育组织法律法规遵守的机制。

因此，推广法治体育，首要任务就是推动体育组织树立强烈的守法意识。这涉及体育行政部门和体育组织管理层对国家法律法规的理解和运用。他们应当把法律法规作为各项工作决策的重要依据，以法制思维和法治方式去构建体育组织的管理制度，改革经营模式，提供服务内容，处理纠纷问题。

一方面，对于体育行政部门，首先应这明确体育法治建设的目标即推进体育人的守法意识，通过加强教育、提高知识、消除盲区误区。例如，通过举办系列的法治教育活动，宣传法治体育的理念，提升公众的法律素养，使得他们明确体育活动的法律底线，理解并主动遵守相关法律法规。

另一方面，对于各级体育组织，应根据体育法治要求，完善组织建设，健全法治运营制度。需要建立健全的组织架构，按照法律法规规定聘任法律顾问，设立独立的法律顾问机构或者授权专业人员进行法律审查，保证体育组织在运作过程中严格遵守国家法律法规，防止法律风险。

此外，多元化的纠纷解决机制也是推进法治体育的重要组成部分。对于体育争议，应通过设立独立公正的仲裁机构、推广体育仲裁方式，让争议得到更公正合理的处理，彰显法律公正之理念。

总的来说，以法治体育推动体育组织守法意识的普及与提升，是体育法治建设的一种战略选择，是体育事业发展的必然趋势。体育法律工作者要积极践行法治体育的理念，促进我国体育事业的健康发展。了解法律、遵守法律，不仅是一种责任，更是一种智慧，这将带领我国体育走上法治化、规范化、科学化的新道路。

二、体育组织守法行为的监督机制

体育组织内部的守法行为监督机制是体育组织遵守法律法规的重要组成部分，直接关系到组织的公正、公平和其可持续发展。此模式有其独特的构成、运作方式以及意义，有必要进行深入地理解和研究。

这种机制主要是由内部监督、自我纠错、内部惩罚三个主要部分构成的。内部监督主要是指组织内部设有专门的部门或者职位，负责监督组织成员的行为是否符合法律法规，同时也包含监督组织内部的制度是否合法、是否可行。自我纠错则主要指组织成员在违反法律规定后，能够自我认识到错误并积极纠正。内部惩罚则是针对违规行为进行相应的惩罚。

像对体育赛事的监督就包括裁判、赛事监管机构和参赛人员自身的遵规行为，这既是一种体现在体育精神上的自我约束，也是一种对公正、公平的诉求。而在组织内部，设立公平、独立的内部监督机构，负责监督检查相关活动的合法性、公正性。

此外，要强化惩罚力度，坚持"违法必究，罚必严重"的原则。建立健全违规行为的处理机制，一旦发现违规行为，应该立即进行调查，并按照相关法律法规进行处罚。设立临时或者常设的调查委员会，负责所有体育活动中的违规行为调查，签署调查报告，就应对违规行为的措施和提出建议，以保持公正、公平的体育环境。

体育组织内部的守法行为监督机制必须坚持公正、公平、透明的原则，强化职责，保证公信力，才能有效地推进组织健康发展，规范其行为，促使其在发展中更好地遵守法律法规。

对内部守法行为的监督机制建设是一个动态和持续的过程，需要对各种可能产生的违规行为进行前瞻性预判和有针对性的防范。在此过程中，体育组织应不断揣摩和理解法律法规的真正意图，以此来指导他们的行为，确保法律法规的最大效度得以体现。

体育组织内部的守法行为监督机制既要充分发挥内部监督、自我纠错和内部惩罚的作用，又要兼顾员工的正当权益，形成一个既符合法律规定，又利于员工个人和组织可持续发展的体制，这样才能为实现组织的长期、健康和可持续发展提供保证。

体育事件的法律监督机制在保障体育比赛公正、公平和公开方面起着关键作用。根据现行体育法制度，设立法律监督机制是为了解决体育比赛中潜在的不公正、欺诈和其他不足。特定体育事件的法律监督，可在多个层面进行深度探讨。

法律监督机制的目标是保障体育比赛规则的执行，保护运动员的权益，保持比赛的公正，以及防止贿赂，操纵比赛结果等不良行为。对于特定体育事件，法律监督机制更是显著地防止了竞技体育中的行为失范。

在构建法律监督的机制上，首要任务是确立与体育组织守法行为相契合的法律监督模型，包括立法、行政、司法等多元化的监督手段，通过多元监督形成制约和平衡。

特定体育事件的法律监督机制还需要设置相应的监督对象。这些对象包括但不限于运动员、教练、裁判员、俱乐部、协会及其他相关角色。通过对这些对象的监督，力求形成一个公正、公平的体育比赛环境。

法律监督的实施取决于独立、公正和有效的法律司法体系。这涉及构建一个透明度高、公平的审判和裁决体系，以及健全的法律援助、申诉等机制。只有在公正和公平的环境下，法律监督才能得以有效地执行。

无论是规则制定还是法律监督，合适的手段和处理方式对于维护体育公平性至关重要。这包括要有严谨的制度设计，灵活但公正的实际操作，以及高效的问题解决和处理机制。

特定体育事件的法律监督不仅涉及组织与负责人，也深深地影响到运动员和公众。这就要求法律监督不仅要严格执行，而且要有定向的宣传和教育，以提高运动员和公众的法律意识。

集中的法律监督机制之下，也应注重实际效果的评估以及持续的改良工作。采取定期审查，对法规进行改进和调整，以更好地适应变化的体育环境和需求。

思考特定体育事件的法律监督机制，不但要因运动项目、运动员角色、比赛规则等多个因素而差异化，还要将现实环境、公众观点以及法律的公正性等多角度进行思考。我们必须深度认识到完善的法规监督机制是维护体育公平性，保护运动员权益的重要手段，也是推进体育法制化进程的重要路径。

无论体育的精神如何提升，法律作为公平的源泉，始终是不可或缺的存在。只有健全的法制、公正的裁决，以及尊重规则的精神，才能真正实现体育的公平和公正，使体育赛事中的每一个人都得到应有的尊重和权益保障。对于特定体育事件，法律监督机制必须实现这些理念，才能彰显其真正的价值。

体育权益纠纷的守法行为监督机制，是体育组织守法行为监督机制的关键部分，它涉及保护运动员权益、维护体育公平等多个重要方面。本章将详细分析此类监督机制的起源、现状以及实施效果，并提出如何进一步完善的建议。

体育权益纠纷的守法行为监督机制起源于对运动员权益保护的重视。作为体育组织的一员，每一个运动员都应享有公平比赛的权利、安全的运动环境以及相关奖励等。然而，实际情况往往因为各种因素，如道德、经济、权力等，导致运动员权益的损害。于是，体育组织通过设立专门的监督机制，以便更好地维护运动员权益。

在现行体系中，体育权益纠纷的守法行为监督机制主要通过以下几方面来保障运动员权益。一是通过法律手段，制定和实施相关法律法规，如《体育法》等，为运动员权益保护提供法律依据；二是通过体育行政监管机构，例如，体育总局、各级体育局等对体育组织进行监管；三是通过公众舆论，并逐步赋予运动员参与权益决策的公民权利。

然而，实际执行中，此类监督机制存在一些问题，如监管力度不够、运动员表达权益的渠道不畅等。因此，需要进一步完善体育权益纠纷的守法行为监督机制。

破解这类问题，有必要从以下几点来着手：一是提升法律的制定科学性与完善性，从源头上保障运动员权益。应广泛听取各方面意见，包括运动员、教练员、法律专家等，实现多元参与，以期制定出科学完善的法律法规。二是加大行政监管力度。行政监管机构需要深化对运动比赛公平性的监管，以及对职业道德等方面的监管。三是广泛发动公众参与，加大舆论监督力度，通过舆论的力量推动体育组织的守法行为，保障公平公正。

此外，应改善运动员的申诉机制，如设立可以接受运动员投诉的独立机构，保障运动员的合法权益能够得到有效的保护，维护体育活动的公平性和公正性。

体育权益纠纷的守法行为监督机制是保障体育组织公平公正运作最为重要的环节之一，任何对此环节的忽视都可能导致体育组织守法机制的失效。因此，我们需要不断地完善监督机制，确保运动员权益得到有效保障，同时也让体育活动更加公平、公正，更有利于体育事业的发展。

监督体育组织守法行为的外部监督机制是现代体育法治建设的重要组成部分。本章将详细分析和阐述外部监督机制的定义、实施主体、监督方式及其在体育组织法律法规遵守中的作用。

在体育组织法律法规遵守的实践中，监督机制对于保障规则执行的公正性和及时纠正违规行为起到重要作用。外部监督机制是指由体育组织以外的工作机构和社会力量进行的监督。这其中主要包括政府部门如体育行政部门、立法机构、司法机构和审计机构的监管，以及社会舆论、公众舆论和媒体的监督。

政府部门是体育组织中最重要的监督力量。主要通过政府的法律法规制定权力和行政规章制定权力及其对体育组织的监察力量，来监督体育组织的法律法规执行情况。立法机构制定体育法律，规定体育活动的法律责任和法律制裁。司法机构则通过审裁体育纠纷以及确立和解释法律适用，来确保体育组织遵守国家法律。审计机构的核算和监督，对体育组织的财务监督有着重要作用。

同时，社会舆论、公众舆论、媒体等非政府部门也是体育组织守法行为的外部监督机制中重要的一环。他们可以通过信息公开、舆论监督、公开诉求等多种途径，弥补政府监督的不足，增强体育组织的透明度，促进体育组织的法律法规遵守。

但是，外部监督机制的实施也面临着一些挑战。由于体育组织的特殊性，外部监督机构在监督过程中可能会出现监督权力过大或监督行为过于干预的情况。因此，应当建立和完善体育组织守法行为外部监督机构的法律制度和运行机制，实现公正、公开、透明的监督，确保体育组织在合法合规的轨道上运行。

外部监督机制对于体育组织的法律法规遵守具有重大的促进作用。通过详细的法律法规监督，强化体育组织的法律意识，提高守法行为的自觉性，对于使体育组织真正实现法治化，具有不可替代的作用。

借助于立法、审判、审计等部门以及社会舆论和公众舆论的双重角色，外部监督机制将对体育组织守法行为起到约束和优化的作用，推动体育组织合规健康发展。其作用的实现需要体育组织积极配合，有序推进，确保体育法治建设的健康发展。

以上即是对监督体育组织守法行为的外部监督机制的全面阐述，希望能够为相关领域的学术研究提供一定的指导，为体育组织的法规遵守提供更为科学、全面的监管方式。

体育组织守法行为优化策略推进机制首要的目的是为了提升体育组织的法律意识，强化法律规范行为，并促进体育组织自身的健康快速发展。以此为基础，机制的设计需要聚焦于体育组织日常运作的具体情况，旨在解决现实中出现的法律问题，完善体育组织的法律制度。

首要，找准问题出处。针对问题出处的确定，需要有清晰的行为与法律规则之间的勾勒对比。具体说，是借助于体育组织内在的法律风险评估系统，发现存在的法律隐患，明确不符合法律规定的行为，进行详尽的记录与分析。

其次，对问题进行分类。问题的分类采用针对性的方式，与人格行为、行政行为、经济行为、竞技行为等不同的体育组织行为相对应。分类的目的是提供基础的信息支持，为策略的优化提供数据基础。

然后，对问题的分析和解答。这是对整个法律问题的分析，从问题本身到可能导致的后果，都需要有详尽而全面的讨论。基于分析，我们可以找出问题的根源，从而构建一套符合法律规定，有助于体育组织发展的规章制度。

当策略优化实施后，效果的验证也至关重要。实时的监督管理与评估，可以善于发现策略中存在的不足，供下一步的优化提供参考。

干预策略的选择。对于不同的问题和不同层面的问题，干预策略的选择也有所不同。有时候，提高法律意识是根本；有时候，调整内部规章制度是关键；有时候，则需要面对外部环境的改变进行应变。

培训教育的执行。法律教育是提升体育组织员工遵守法律的关键。定期的法律课程，面对面的法律讲解，人性化的案例分析，全方位的法律测试，都是提升人的法律素养的有效途径。

实时监控与回馈。监控与回馈是推进策略的关键环节。它包括了对体育组织员工行为的追踪、结果的分析以及反馈这三个环节。通过对体育组织员工行为的定期追踪，我们可以了解员工是否遵守了体育组织的规章制度。同时，通过结果的分析，我们可以了解规章制度的执行效果以及存在的问题。反馈，将分析结果告知员工，从而引导员工调整行为。

通过以上的描述，我们可以看出，体育组织守法行为的优化策略推进机制，不仅涉及法律规则本身的完善，也同时反映了体育组织内部法律管理的全过程。从风险评估，到问题定位，再到策略的设计与实施，每一个环节都需要我们寄予足够的重视。而只有这样，我们才能推进体育组织守法行为的规范化，提高体育组织的综合素质，为体育事业的健康发展奠定基础。

第三节　体育组织违法行为的法律责任

一、体育组织违法行为的类型与后果

体育组织违法行为的类型分析是对体育组织违法行为有一个全面而深入的理解的重要基石。体育组织违法行为主要可以分为以下几类：违反体育比赛公平性的违法行为、违反体育组织内部规定的违法行为、违反体育市场公平竞争的违法行为，以及违反体育员工权益的违法行为。

违反体育比赛公平性的违法行为是最常见的一类违法行为，包括职业运动中操纵比赛结果、在比赛中使用禁药，以及对比赛结果进行操控等行为。这类行为严重破坏了体育比赛的公平性，并且会严重影响到体育赛事的观看价值和公信力。一旦被查实，不仅会被严厉处罚，甚至可能被取消比赛资格，给体育组织带来严重的负面影响。

违反体育组织内部规定的违法行为，包括私自变更运动员合同、非法获取和使用体育组织的运营数据以及私自决定运动员参加比赛等行为。这些行为会严重破坏体育组织的管理秩序，进而影响到整个体育组织的正常运作。一旦被查实，相关人员会被追究法律责任，并且可能会对体育组织的声誉产生巨大的负面影响。

此外，违反体育市场公平竞争的违法行为主要包括违反体育市场公平竞争的规定、垄断体育市场、以及滥用市场主导地位等行为。这类行为不仅破坏了体育市场的公平竞争，也会严重阻碍体育市场的发展。被发现的违法行为，除了可能受到严厉的法律制裁外，还可能会损失大量的市场份额，对体育组织的未来发展产生严重的影响。

最后，违反体育员工权益的违法行为包括非法裁员、不公平待遇、以及不合理的工资安排等行为。这些行为不仅会降低体育员工的工作积极性，而且可能会引发员工的集体抗议，导致体育组织失去稳定的运营环境。一旦被查实，体育组织将面临严重的法律风险，并且可能会对其声誉和运营能力造成极大的损害。

在对体育组织违法行为的类型进行分析后，需要强调的是，无论哪一种类型的违法行为，都会对体育组织的运营和形象产生负面影响，并可能使其承担相应的法律责任。因此，体育组织必须要严格遵守相关法规，注意尊重运动员和市场的权益，并在日常运营中做到公开、公正、公平，以避免产生任何形式的违法行为。同时，也要通过严格的内部管理制度和透明的运营机制，有效防止和应对可能出现的违法行为，以维护自身的合法权益和市场的公平环境。

体育组织，对于社会发展起着举足轻重的作用，其公正、公平、公开的原则为社会带来了正向的影响。然而，一旦体育组织涉嫌违法行为，不仅会给自己带来各方面的负面影响，也会对社会公正产生重要不良影响。

上述述违法行为产生的影响和后果具有多元化特征。在经济方面，体育组织的违法行为可能会导致重大经济损失。如，罚款、赔偿、经济制裁等；与此同时，由于形象受损，可能导致资金链断裂，甚至破产。在法律责任方面，体育组织的主要成员或工作人员可能因违法行为受到处罚，甚至牵涉刑事责任，严重会导致其被司法机关撤销执照。其次，诚信度下滑，对于体育组织而言，注重公平公正是其存在的基础，如牟取不正当利益、强迫运动员兴奋剂使用等行为，将导致其诚信形象严重受损。

除了对体育组织自身带来的影响，其违法行为对社会造成的影响同样不可忽视，在广大人民群众中，体育精神是被广大的推崇的，如超越自我、公平公正、团结互助等都是广大人民深受感染的精神。当体育组织发生违法行为时，将产生极大社会负面效应，破坏社会公正，扭曲体育精神，甚至可能引发社会矛盾，影响社会稳定。

再来看违法行为产生的后果。一方面，短期内，体育组织可能面临重罚，其工作人员会因此受到一定的牵连。长期来看，体育组织的口碑和公信力损失可能影响其长远发展。另一方面，体育组织的违法行为可能引发更广泛的质疑，引起各方对整个体育产业法规制度的反思，影响整个体育产业的稳定性。既有可能引发必要的法规制度改革，也可能对体育产业未来发展产生一定影响。

因此，体育组织违法行为产生的影响和后果可以说分别体现在体育组织自身、社会和整个体育产业之中。对于体育组织而言，任何违法行为都将产生严重影响，不仅仅是短期内的惩罚，还包括长远的对整个体育产业发展的影响。体育组织需要在遵守法律法规的道路上稳步前行，保证自己的职责和义务得以落实。这不仅会维护公众对体育精神的尊严，也会保持社会的公正和公平。

体育组织违法行为的出现是多方面原因的影响结果。有的源于人为的失误和疏忽，有的则是由于组织内部规章制度的不健全，又或者是出于经济利益的驱使，有意为之。无论是哪种形式的违法行为，其类型和后果都是严重的，可能对运动员的权益产生严重影响，同时也会对体育组织的声誉和品牌形象造成损害。

而对于管理与预防体育组织的违法行为，其首要步骤是明确组织内部的法律责任。对于任何形式的违法行为，都应着力构建一种有责任感的组织氛围。体育组织需要明确法律责任的性质和承担法律责任的主体是谁，同时也要构建健全的内部监控制度，防止违法行为的发生。

其次，科学的教育和培训机制也是关键之一。通过定期的法律法规教育，可以增强组织成员对法律法规重要性的认识和理解，从而在日常工作中更加严格地遵守法律法规。另外，对于违法行为的处理，也需要合理和公平，做到有错必纠，用以维护组织内部的公正和公平。

最后，要陆续落实行业标准和规范，缩小各个体育组织在理论水平和实践操作能力上的差距。特别是要强调公正公开、公平竞争的体育精神，倡导优秀的体育道德和行为规范，把这些精神和规范融入到体育组织的每一个角落，形成体育组织自我约束和自我完善的长效机制。

在这个过程中，体育组织自负其责，加强作为一种法律主体的自我约束和自我完善，同时相关政策法规也要立足长远，科学合理地指导体育组织的行为和发展，共同守护体育运动的公正公平和健康发展。管理与预防体育组织的违法行为是一个复杂的系统工程，需要各方面的力量共同努力，利用法律法规的力量，实现体育组织的健康、有序和持续发展。

二、体育组织违法行为的法律责任追究

追究责任的法律依据是确保体育组织在其运营过程中，充分遵守国家的法律法规，并注重公平公正性，保护所有参与者的合法权益的重要手段。作为保持体育竞赛公正，促进体育事业健康发展的重要殷切期望，它的存在对于营造一个公平、公正、健康的体育环境

具有深远的意义。

根据我国体育组织的运营特点，追究其违法行为的法律责任，依托的主要法律依据包括《中华人民共和国体育法》（以下简称《体育法》）《刑法》《行政处罚法》等。其中，《体育法》规定了体育组织运营的基本法律框架，强调了公平、公正、安全的体育运营准则；《刑法》和《行政处罚法》则对体育违法行为进行了专门性规定，明确了体育违法行为的具体处罚措施和追责方式。

例如，《体育法》中明确规定，一切组织和个人在从事体育运动活动时，应当遵守体育精神，遵守国家的法律和法规，尊重医学伦理和公序良俗，维护体育运动员的合法权益。如果体育组织在运营过程中出现违反以上规定的行为，就可以根据"体育法"的相关条款，追究其法律责任。

当体育组织违法行为情节严重到成为犯罪行为时，《刑法》就会参与其中，并根据具体情形对犯罪主体进行刑事处罚。刑罚的形式通常包括罚金、剥夺政治权利、有期徒刑等。具体来说，如赛事操纵、兴奋剂使用等恶劣行为就可能构成犯罪，被追究刑事责任。

对于一些不满足刑事处罚条件但违反行为管理规定的行为，如场地卫生问题、未履行营业执照等程序问题，《行政处罚法》会对其进行行政处罚。行政处罚主要包括警告、罚款、停业整顿、吊销营业执照等形式。这样的行政处罚有助于对体育组织进行规范。

在此背景之下，追究体育组织违法行为的法律责任，并非简单的惩罚，而是要通过法律的手段，落实体育公平竞争、体育精神、体育道德，让体育活动真正成为弘扬人类精神，展示人类勇敢拼搏、平等公认的重要舞台。

同时，对于体育组织而言，须要清楚认识到，遵守法律既是其必须履行的义务，也是其建立良好社会形象，赢取社会信任的必由之路。体育组织必须始终保持对法律深刻的敬畏心态，以便在实践中始终做到守法经营。

责任的追究，法律的执行，更需要我们全社会的参与以及体育组织的自我觉醒。体育组织需要树立正确的法治理念，积极配合法律监管，这样，我们的体育事业才能真正成为公正公平，充满人文关怀和社会责任感的现代化体育产业。

对于违法行为的类型，我们可以从一些常见的场景中进行理解。例如，在赛事中使用禁用药物以获取不公平的竞争优势、私自与他人进行赌博活动或者在比赛过程中进行假赛行为等，都是常见的体育组织违法行为。这些行为严重扭曲了体育的公平原则，损害了公众对体育的信任。而这执行法规的组织和个人所扮演的角色，在保障体育公正、促进体育经济发展等方面起着关键的作用。

当然，违法行为的类型并不止这些，在现代体育中，经济利益的交织使得体育组织违法行为的类型更加丰富。比如，侵犯运动员的个人权利、未经授权进行商业推广或利用体育赛事进行非法牟利等，这些行为与我们上述提到的更加直接的体育违法行为相比，更难以查证和防范。

那么，面对这些违法行为，法律的处罚又是如何呢？

在这里，法律责任的追究并非仅有刑事责任，行政责任和经济责任等多种方式都是对违法行为的制约和惩戒。例如，对于严重扭曲竞赛公正性的比赛造假行为，法律会进行刑事处罚，以此警示和阻止其他可能的违法行为。对于侵犯运动员个人权利的行为，行政责任就显得尤为重要，相应的组织可能会被处以罚款、停止活动甚至解散的行政处罚。

总的来说，体育组织违法行为的类型和相应的法律处罚涉及的是一个相当宽广的领域。然而无论是何种类型的违法行为，无论将面临什么样的法律处罚，我们的目标都是保护体育公平性的基本原则，维护公众对体育的信任，提升体育组织和所有相关参与者对法律责任的认识，让体育这个充满竞争和激情的领域，始终坚守法治的轨道。

体育组织在运营过程中有时会面临法律责任追究的情况，对于这类问题的解析和实例分析能够帮助我们更好地理解体育组织如何处理违法行为和承担相应的法律责任。以案例为基础，对应案例进行解读和剖析，有助于我们理解体育组织在面对法律问题时可以如何有序、有效地处理，避免或者最小化违法行为带来的法律责任。

对于体育组织而言，违法行为的主要表现有：违反体育竞赛规则、贪污舞弊、助长菲斯行为、侵害运动员权益等。这些行为不但会影响体育组织的声誉，严重时还可能会面临法律责任追究。值得注意的是，体育组织在违法行为后并能及时纠正，可以在一定程度上减轻其所需承担的法律责任。

以贪污舞弊为例，当某体育组织的负责人利用职务之便，贪污公款或接受贿赂，严重损害了体育组织的合法权益以及竞赛的公正性，便构成了违法行为。根据中国现行的法律，这类行为会承担刑事责任，具体的法律责任取决于贪污金额的多少。对于助长菲斯行为，如果体育组织或个人知晓运动员服用禁药、以不正当方式提升运动成绩，却不采取任何处罚措施，那么这样的行为也将构成法律责任。

侵害运动员权益的行为包括强制运动员过度训练、不履行合同约定的待遇等，这些行为都会对运动员的身心健康造成伤害。此时，运动员可以通过法律途径，追究体育组织的法律责任。根据《中华人民共和国侵权责任法》，运动员可以要求体育组织赔偿损失，赔偿的金额取决于实际损失的大小。

体育组织如果对其构成违法行为有疑问或者不能正确判断，可寻求法律咨询，确认具体的法律问题，以适当的方式解决法律纠纷。在处理法律问题时，体育组织应以保护运动员权益为主，确保运动比赛的公平公正，同时也要保护自身的符合法律的权益，尽最大可能地避免违法行为发生，为组织的健康发展创造有利条件。

总结来看，体育组织违法行为的法律责任追究不仅向我们揭示了遵守法律的重要性，同时也为我们提供了应对违法行为的具体途径和方法。通过理解体育组织在违法行为发生后的法律责任，我们可以更好地理解如何在面对法律问题时，依法、公正、有效地进行处理，既保护自身利益，也保护运动员的权益，维护体育竞赛的公正性。

改进和预防体育组织违法行为的对策是在探索体育组织违法行为法律责任追究的探索过程中，一个相当重要的主题。体育组织违法行为的法律责任追究不只是对已经发生的违法行为进行惩处，更在于通过预防和改进体育组织的违法行为，使得避免违法成为组织的常态。

我们知道，严格的法律责任追究无疑是对体育组织违法行为的重要制约。然而，这并非唯一的方式，改进和预防也是有效地制约体育组织违法行为的方法。在面对体育组织可能存在的违法行为时，改进和预防对策明显拥有更加积极的意义。

法律责任追究的原则是对违法行为的惩处和预防，其中，改进和预防体育组织违法行为的对策主要表现在以下几方面。

为建立全面的体育组织违法行为防范机制，体育组织要建立有效的内部监督机构，以防范体育组织内部的违法行为。同时，建立公平公正的体育比赛环境，让公平竞争成为体育组织永恒的追求。独立的裁判机构、公平透明的比赛规则和严格的处罚制度，能有效阻止体育组织违法行为的出现。

在体育组织内部，需要提高员工的法制观念。通过体育法律法规的培训与教育，让体育组织内部人员熟知法律法规，明白违法的严重性，从而自觉遵守法律法规，减少违法行为的发生。

对于已经发生的违法行为，除了对当事人进行法律责任的追究外，体育组织需要反思和剖析违法行为的产生原因，从源头上找到防控违法行为的方法。这包括建立和完善相关制度、加强日常管理、增加公开透明度等。

在防范体育组织违法行为的同时，体育组织还应通过引入外部监管，以增加其法律遵从性。这包括接受行业法律法规的监督检查，适时邀请法律顾问对体育组织的法律事务进行审查指导，帮助体育组织找到潜在的法律风险，及时采取措施预防。

此外，体育组织也需要辩证看待法律责任的追究，将其视为遵守法律的重要手段，而不是负面的压力。只有真正尊重法律，才能真正避免违法行为的发生。

在此，我们毫不隐晦地指出，这需要体育组织真正领会和接受对其行为进行法律规制的核心价值，那就是：法律的尊严是不容侵犯的，法律的力量源于它公正公平的实施，法律的行政效力在于它确立了一个安全、公正和公平的社会环境。

每一个体育组织都应深入理解，合法行为是其长期、健康发展的基石。只有深入理解法律责任的追究和防范体育组织违法行为的重要性，以及建立并执行相关的规章制度，才能真正做到遵循法律，实现真正的法治。

由此，我们不禁重提改进和预防体育组织违法行为的重要性。我们希望这样的对策能够有效地帮助体育组织改变他们的行为模式，从而遵循法律，以确保其合法、符合公正和公平的发展，为整个社会体育活动的健康秩序发挥积极作用。

第八章　奥林匹克制度文化与法律保障

第一节　奥林匹克运动的法律地位

一、奥林匹克运动的国际组织性质

奥林匹克运动的国际组织核心理念主要体现在以下几方面：以推动校园和社区体育发展为己任，通过举办奥运会和青奥会等多元化的体育竞赛，鼓励人们参与体育活动和健身运动，倡导全人类享受运动的乐趣，培养全民健身的良好心态与习惯。

奥林匹克精神是奥林匹克运动的国际组织核心理念的核心。奥林匹克精神即强调"参与"胜于"胜利"，它主张顽强拼搏、坚持不懈、奋发向上的竞技精神，同时也注重公平竞争和运动精神的体现。

奥林匹克运动的国际组织核心理念同时也包括包容性和多元化，这是奥林匹克运动成功并且具有广泛影响力的重要因素。无论种族、性别、年龄或者能力，奥林匹克运动都欢迎所有人参与其中，强调公平、公正和透明。

奥林匹克会议是奥林匹克运动的最高权力机构，它具有建立和修改奥林匹克运动的国际组织核心理念的权力。这一核心理念的协调和执行则由国际奥委会来完成。国际奥委会成员，遍及全球，旨在推动奥林匹克运动的普及化和普遍化。

奥林匹克运动的国际组织核心理念更有助于传播正面的社会价值观，以及促进不同文化和国家之间的互相理解和尊重。不论在赛场上，还是在赛场下，都可以看到奥林匹克运动的国际组织积极传播尊重、包容和公平的理念，为建设一个和平、公正的世界做出了巨大的贡献。

奥林匹克运动的国际组织核心理念是全人类应奉行的体育道德规范，对于提高全人类体育道德素质与构建和谐社会具有深远的影响。奥林匹克运动的国际组织提供了一个全球公认的体育道德价值系统，使全世界都能体验到奥林匹克运动的乐趣和精神。

奥林匹克运动的国际组织核心理念深度贯穿在各个方向和层面，包括运动员的培养、国际大赛的组织以及运动项目的开展等。通过普及和深入推广这一核心理念，可以让体育竞技更好地为社会服务，同时也使奥林匹克运动更加充实和有意义。

在不断发展的过程中，奥林匹克运动的国际组织核心理念也会不断丰富和发展，以适应新的、更高的要求，让奥林匹克运动永葆活力和吸引力。

这就是奥林匹克运动的国际组织核心理念。尽管这一理念会因应不同的文化背景而有所不同，但其本质——倡导公平、尊重、包容和个人尽力的精神——是一致的。让所有人都能参与体育运动，实现各自的潜能，并从中获得乐趣和成就感。这个理念不只是一个口号，更是奥林匹克运动的动力所在。

奥林匹克运动的组织架构和运行方式构成了奥林匹克运动的国际法律地位的核心。国际奥林匹克委员会（IOC）作为国际非盈利组织，是全球最高的奥林匹克宪章和想法的代表和解释者。它的主体地位和在全球的权威决定了奥林匹克运动的国际法律地位的重要性。

在 IOC 内部，执行委员会是其决策机构，由 15 名成员组成。其中，包括 IOC 主席、4名副主席和 10 名公认会员。所有委员必须遵从奥林匹克宪章，并且尊重和诚实地履行自己的责任。确保奥林匹克会议、常务委员会及各专门委员会的全部决定全充分得到实施便是其根本任务。

从运作模式上看，IOC 进行规模庞大、影响深远的各类决策，不仅反映了其广泛的参与性，同时也体现了其高效的决策能力。除此之外，IOC 每四年举行一次全会选举，所有成员无论地位高低均有投票权，这体现了其独特的公平和公开形象。并且每个委员的任期为八年，可连任，这说明了 IOC 对于稳定和连续性的重视。

国际奥林匹克委员会的决策通常进行集中式的决策。其特点是对事物有全面考虑，对问题有深入探讨，对决策有科学决策。此外，IOC 具有专业化的运行机构用来应对多原则、多层次和多元化的运动问题。这表现出 IOC 的运行方式既富有弹性有充满活力。

更值得一提的是，IOC 不仅要负责奥运会的规划、组织和运行，还要对全球 150 多个国际单项体育联合会和 205 个国家和地区奥委会进行监管和协调。因此，IOC 拥有与各国体育组织建立联系、协调关系和解决争端的能力也正是其法律地位的体现。

而另一方面，奥运会与其他运动赛事相比，更加重视公正和公平，各种规则和条例更为具体和严格。从比赛规则、反兴奋剂、选手资格审核等一系列方面，都在 IOC 的严格管理和监控之下进行，这种运作模式有力保证了奥运会的公正性和权威性。

在奥林匹克运动的发展历程中，IOC通过独特的组织结构和多元化的运作方式，凭借坚持奥林匹克精神的原则和公正公平的原则，释放出强大的凝聚力，增强了奥林匹克运动的公信力和影响力，使得奥林匹克运动的组织和运行得以良好地推进。

综合以上分析，我们可以看出，国际奥林匹克委员会以其高效率、广泛的参与及其核心的原则，确立了奥林匹克运动的法律地位，赋予了奥林匹克运动的国际组织性质独特的含义。其严格的管理和制度，有效地保障了奥林匹克运动的公正与公信，不断推动奥林匹克运动的发展与进步。

奥林匹克运动的法律地位与法律影响是本主题的重点，我们首先要了解的是奥林匹克运动的发展与办理背后所包含的丰富法律问题。奥运会作为全球最重要的体育赛事，其组织、举办及运作均与法律息息相关。而其背后的核心就是奥林匹克运动组织——国际奥林匹克委员会。

国际奥林匹克委员会是一个掌管奥林匹克运动的国际组织，其自身无疑拥有非常重要的法律地位。首先，从立法方面考虑，国际奥林匹克委员会就是具有类似自治权的国际非政府组织，具有权力编写奥林匹克宪章，这是奥林匹克运动的总章程和基本法，并设定关于奥运会的一切主要规则和规定。

其次，从行政角度看，国际奥林匹克委员会拥有执行权，负责监督和实施奥林匹克宪章的规定，包括策划和决定承办城市，调解各国奥委会、国际单项运动组织的争端，确保奥运会的顺利进行。

最后，国际奥林匹克委员会具有一定程度的司法职权，它设有一个国际运动仲裁法庭，负责处理与奥林匹克运动有关的司法事务，为运动员、教练、裁判和其他与奥林匹克运动有关的各方提供公平的审判。

国际奥林匹克委员会的法律地位在全球体育界都得以普遍认可。其在全球范围内的法律影响也不容忽视，它深深影响了全球体育规则的制定、体育赛事的组织、运动员的权益保障等各个方面。

特别是在近年来的反兴奋剂斗争中，国际奥委会此前有力的法律措施和示范作用促使了全球范围内的反兴奋剂法规体系的完善，保护了公平竞赛原则，赢得了运动员和公众的广泛赞誉。

然而，国际奥委会的法律地位和法律影响并非没有挑战。例如，其自身的权力调整、无法避免的贿赂丑闻，以及在特定情况下对东道主国的人权问题的处置，都引发了对其法治机制和法律责任的讨论。

此外，国际奥委会必须适应全球化和体育商业化的挑战，对其法律地位和影响力进行必要的调整和更新。它需要以更加包容和开放的态度面对新的问题，以法治手段保障奥林匹克运动的正常进行。

总体来看，奥林匹克运动的法律地位与法律影响显著。因为奥林匹克运动组织是全球体育运动的主导者，其法律地位和影响力必然会对世界体育产生深远地影响。

二、奥林匹克运动的法律制度框架

奥林匹克运动的法律制度概述，对于理解其运作机制以及保障和维护奥林匹克运动恰当、公正的发展具有重要的实践意义。法律制度是保障奥林匹克运动公正性和公平性的重要手段，也是奥林匹克运动能否长盛不衰的关键因素。

奥林匹克运动的法律制度可以从其立法体系、诉讼制度等方面进行深入剖析。其立法体系以国际奥林匹克章程为基础，国际体育法则为辅助，结合各国自身的国家法律，形成了一个多层次、多元化的立法体系。国际奥委会是奥林匹克运动法律制度的核心制定和执行机构，其制定的法律体系，如奥林匹克宪章，有效地规范了奥林匹克运动的各项活动和运动员的行为。

在诉讼制度方面，奥林匹克运动有着自己特别的法律解决机制。一旦运动员在比赛中遇到法律问题，可以首先通过体育仲裁法庭进行裁决，体育仲裁法庭对于保护运动员权益，维护比赛公正公平，有着重要的作用。此外，奥林匹克运动也有一套完整的合同法制度，主要体现在赞助合同、运动员商业合同等方面，充分保障了奥林匹克运动的商业价值和运动员的合法权益。

奥林匹克运动的法律制度，还包括对于反兴奋剂的严格规定，这无疑保障了奥林匹克精神的传承和比赛的公正性。反兴奋剂相关法规的制定，实现了对违规行为的有效管制，让所有运动员能在公平公正的环境下进行竞技。

还得注意到的是，奥林匹克运动的法律制度与人权保护的链接。奥林匹克运动秉持"和平、友谊、公平、公正"的信念，因此在法律制度设计中，也充分关照了人权保护。比如，运动员得以公正参赛、人道待遇等，这些都是在国际奥委会的监督下坚决保障的。

奥林匹克运动的法律制度，涵盖了比赛、守则、诉讼、反兴奋剂、人权保护等多个方面，保障了奥林匹克运动的正常运作和运动员的合法权益。其完善的法律制度保障了奥林匹克运动的公平性、公正性，也是赢得全球尊重和认可的重要资本。因此，深入理解和研究奥林匹克运动的法律制度，对于推动全球体育事业的进步，维护公平正义的体育精神都具有深远意义。

构建奥林匹克运动的法律制度的必要性是一个重要的主题，值得我们进行深入研究。奥林匹克运动作为全球最大规模、影响最广泛的体育赛事，其成功运营离不开完善的法律制度。构建奥林匹克运动的法律制度，旨在为奥林匹克运动提供有力的法律保障，维护奥林匹克运动的公平性、公正性及公开性，打造高品质的体育赛事。

构建奥林匹克运动的法律制度有着多方面的必要性。首要之处在于，法律制度将为奥林匹克运动建立起公正公平的竞赛平台。在法律制度的规范下，可以严肃处理各类影响公平竞赛的不正当行为，包括健康浑水、扭曲竞赛结果或严重剥夺其他运动员权利等行为。

此外，法律制度也有助于保护运动员的权益。运动员作为奥林匹克运动的主体，其权益必须得到尊重和保护。如何保障运动员的选手权、使用权和福利权，如何保护运动员免于歧视和伤害，这些都是法律制度需要解决的关键问题。有效的法律制度可以为运动员提供一个公平、公开、公正的竞赛环境，并保障其在运动场上以至场外的合法权益。

奥林匹克运动的法律制度建设也是保护奥林匹克精神，提升赛事品质的重要手段。奥林匹克精神强调的是尊重、友谊、公平、公正和自我超越。缺乏效力的法律制度可能会导致奥林匹克精神被忽视或漠视，公正公平的赛场氛围得不到保障，赛事品质降低。

此外，立法也有助于规范奥林匹克运动的组织、赛事策划和媒体报道，以避免因管理混乱和无序造成的不利影响。例如，利益分配的不公平可能会引起赛事的不稳定，而局部性的法规可能会影响赛事的全球性；而媒体的报道是否存在偏颇和迷信，直接影响着观众对赛事的认知。

这些便是构建奥林匹克运动的法律制度的必要性，这是一个艰巨而重要的任务。毫无疑问，追求公正公平，维护运动员权益，传播奥林匹克精神，提高赛事品质，同时规范运动组织与媒体报道，都需要一个具有完备法规的奥林匹克运动法律制度来实现。未来，构建这样一个制度是奥林匹克运动在全球化背景下的重要挑战，也是加强奥林匹克运动公正板块，提升赛事水平及品质的长远之计。

奥林匹克运动，作为全球最具影响力的体育赛事，其法律地位和法律制度构建以及完善至关重要。理解和掌握奥林匹克运动法律制度的构建和完善，将对184个国家和地区的体育法制建设产生深远地影响。

奥林匹克运动法律制度的构建主要体现在奥林匹克宪章和各类特例法律法规中。奥林匹克宪章，是国际奥委会的基本法规，涵盖奥林匹克运动的行政管理、运动员的权利和义务、竞赛规则等方面。各类特例法则，则针对特定奥运项目制定，如反兴奋剂法规、财务公开法规等，这些法规具有强大的法制约束力和指引功能。

奥林匹克运动法律制度的完善必须基于国际奥委会的权威性，并且要强调奥运精神的价值导向。它需要对奥林匹克运动现有的法律制度问题进行全面的研究和深入讨论，提出切实可行的解决和完善方案，以达到公平、公正、公开的体育竞赛环境。这些改进措施需要在各级奥林匹克运动机构的决策过程中得到广泛认可和支持。同时，完善奥林匹克运动法律制度也离不开国际间的合作与协调，需要多边机构共同参与，形成一种全球性的治理模式。

近些年来，伴随着科技的日新月异，奥林匹克运动的竞技、竞赛方式、广告营销等方面发展迅速，其法律制度正在逐步向细化、具体化发展。其中，对心脏病、脑病等疾病的药物使用，性别和年龄种族等歧视问题，都需要有明确的法律规定。此外，虚拟现实、大数据、人工智能等科技的引入，也对奥林匹克运动法律制度的完善提出了新的挑战。因此，建立完备的法律制度，需要对新出现的问题进行及时的调查和研究，完善和调整相关的法律法规。

全球化下的奥林匹克运动法律制度，必须具备公正、公平、透明、健康等原则，必须满足体育竞赛的特殊性和公共性，必须满足运动员和所有相关参与者的权益保障。也正因为如此，奥林匹克运动法律制度的构建和完善，应当注重参与者的合法权利，注重不合适行为的防范和处理，注重运动员的运动技术、健康、安全、公平竞赛等方面的权益保护。

对于未来奥林匹克运动法律制度的构建和完善，需要将在人道关怀、科技进步、公正竞赛等多方面都应有所体现。公平竞赛、尊重人权和保障运动员权益应成为法律制度的核心原则，这样才能真正体现奥林匹克运动的精神内涵，实现运动公平和人的全面发展。

奥林匹克运动法律制度的实践和挑战在现代体育界中扮演着至关重要的角色。该制度框架建立在奥林匹克宪章的基础之上，以公平、公正、透明、廉洁的原则为指导。

讨论奥林匹克运动的法律制度，不能忽视其实践中的成功以及挑战。实践中，奥林匹克运动法律制度主要包括参与奥林匹克运动的所有成员——无论是运动员、教练员还是执政者——都应遵守的一系列规则。这些规则主要包括比赛规则、奖励制度、纪律处分规则等，目的是保证比赛的公正公平，维护运动员的权益。

然而，奥林匹克运动法律制度实践中也会面临一些重大挑战。如，正在发生的兴奋剂使用问题就是一个突出的例子，这包括兴奋剂检测、处罚制度的公平性问题，以及如何保护清白运动员的权益。此外，奥林匹克运动中的竞赛规则、选手资格、场地设施等问题也需要法律来规范和解决。而对于这些问题，法律制度往往需要在理论和实践间寻找最合理的解决方案。

奥林匹克运动的法律制度框架运行良好的重要因素之一在于其合理有效的问责机制。当奥委会、各国家／地区奥委会、国际单项运动联合会等各主体不遵守奥林匹克宪章，或者滥用职权、犯有腐败行径时，都应受到相应的问责和制裁。问责机制的设置，有力维护了奥林匹克运动法律制度的公正、公平和公开。

虽然奥林匹克运动法律制度在实践中有诸多成功，但存在的挑战同样不能忽视。在整个体育领域，没有一个国家或地区可以完全孤立自己的运动法律制度。所有的国家和地区，都必须在全球环境下公平公正地运行其运动法律制度，这就对运动法律制度提出了新的要求。要应对这些挑战并找到解决方案不易，但这也是法律制度进步和完善的契机。

同时，全球化等新的经济、技术和社会趋势，也对奥林匹克运动法律制度提出了更高的要求。如何在全球化背景下，使奥林匹克运动法律制度保持公正公平，而不是被某些国家和地区操控，成为奥林匹克运动法律制度面临的重大挑战。而对于这一挑战，需要从全球角度，结合各国家/地区的特殊情况，寻找全面的解决路径。

奥林匹克运动的法律制度在实践中有成功，也有挑战。不过无论是成功还是挑战，都应看作推动奥林匹克运动法律制度进一步发展的机会。成功可以提供经验教训，挑战可以激发创新和探索。有了这样的认识，我们可以期待奥林匹克运动法律制度在未来的发展中，更好地适应全球化时代的变化，更好地服务于体育事业的发展。

第二节 奥林匹克制度文化的法律保障

一、奥林匹克知识产权的法律保护

奥林匹克知识产权的定义及其重要性，是奥林匹克制度文化的法律保障的一部分，也是构成现代体育法的重要内容。奥林匹克知识产权，就是指那些与奥林匹克会议、奥林匹克运动有关，以知识、技术、艺术等方式具体表现出来的独立知识财产。

奥林匹克知识产权的定义可从以下几种形式来理解和阐述：一是可以理解为奥林匹克赛事的独特的商业化和版权化。所谓商业化，主要是通过各种形式的商业活动，例如，广告宣传、产品销售等，使奥林匹克赛事产生经济效益；所谓版权化，就是将奥林匹克赛事的图像、文字等所有形式的展示通过法律手段确立其所有权，从而保护其不被无偿或者低价使用。

其次，奥林匹克知识产权还可以理解为奥林匹克精神和奥林匹克运动的文化产权。奥林匹克精神是奥林匹克运动的灵魂，而奥林匹克运动则是奥林匹克精神的载体。只有把这两者当作是知识产权来尊重和保护，才能实现奥林匹克运动的可持续发展。

此外，奥林匹克知识产权的定义还可以理解为奥林匹克组织的组织权利和决策权。奥林匹克组织作为奥林匹克运动的最高管理和决策机构，具有对奥林匹克运动进行管理和决策的权利，这种权利形式也是奥林匹克知识产权的一种表现。

奥林匹克知识产权的重要性表现在以下几方面：一是从奥林匹克运动的发展角度来看，知识产权的合法保护有助于保障奥林匹克精神的传播和奥林匹克运动的发展。没有知识产权的保护，奥林匹克精神可能会被滥用，奥林匹克运动可能会出现乱象。

二是从经济角度来看，知识产权的保护有助于提高奥林匹克活动的经济价值和经济效益。知识产权的保护不仅可以防止无偿使用和低价使用，还可以将其作为重要的商业资源进行合法的经济活动，从而提高其经济价值和获得经济效益。

三是从奥林匹克活动的社会影响力来看，知识产权的保护有助于提高和扩大奥林匹克运动的社会影响力。只有在尊重和保护知识产权的前提下，才能保障奥林匹克精神的传播和奥林匹克运动的推广，从而提高和扩大奥林匹克运动的社会影响力。

因此，奥林匹克知识产权的定义及其重要性，是构建现代体育法，确保奥林匹克制度文化的法律保障，推动奥林匹克运动可持续发展的重要环节。

奥林匹克知识产权，就是奥林匹克组织拥有的所有与奥运会有关的知识产权，其中包括奥运会的商标、名字、标志，等等。对这些知识产权的保护，是对奥林匹克品牌和形象的保护，也是对全世界奥运精神的维护。下面的内容将详细介绍奥林匹克知识产权的种类与特征。

奥林匹克知识产权的种类，从形式上大致可以分为三类，即商标权、著作权及专利权。商标权是奥林匹克品牌最重要的资产，包括奥林匹克五环图、炬火、会徽、口号、吉祥物、主题歌等符号都属于其商标权。著作权则包括奥运会的电视转播权、网络直播权，以及公开场合播放的权利。专利权则涉及一些与奥运会有关的发明、创新，例如奥运会比赛中用到的独特设计的设备、工具等。

每一种知识产权都有其独特的特征。商标权的特征表现在其独特性和非凡的象征意义上。奥林匹克五环图是全世界公认的标志，代表着全球五大洲的团结，是全球最强大的品牌之一。著作权的特征在于其独占性，只有拥有著作权的奥林匹克组织及其授权单位才可以播放奥运相关的比赛和活动。专利权的特征则在于其独创性，涉及的是与奥运会有关的一些独特的新发明、新设计。

对奥林匹克知识产权的保护是非常重要，国际奥委会、国家奥委会以及各个主办国家都制定了一些相应的法律法规来保护奥林匹克知识产权。其中，对商标权的侵权者，可以通过民事立案，采取法律手段来追究其责任。对于侵犯著作权的行为，则可以通过版权法来处罚。对于专利权的侵权行为，可以通过专利法来进行保护。

在实践中，奥林匹克组织通常会和主办国的政府机构、企业以及个人进行合作，建立起一套全面的知识产权保护体系。主办国需要积极执行奥林匹克的知识产权保护计划，以确保奥运会的顺利进行。此外，主办国也可以通过教育公众认识和尊重知识产权来加强知识产权的保护。

通过对奥林匹克知识产权的种类和特性的深入研究，可以看出奥林匹克知识产权的重要性，也可以看出维护这些权利的必要性。只有充分保护奥林匹克知识产权，才能保护奥运会的品牌形象，才能更好地传播奥运精神。所以，无论是对奥林匹克知识产权的种类，还是对其特性的理解，都有助于我们更深入地理解奥林匹克知识产权的保护问题，也有助于我们为保护奥林匹克知识产权，传播奥运精神做出自己的贡献。

奥林匹克知识产权，无疑是奥林匹克运动这一全球运动文化核心内涵的重要组成部分。无论是奥林匹克五环标志，还是与奥运会相关的各种标志、口号、图象，甚至是各种赞助商的广告，都构成了奥林匹克知识产权的重要部分。然而，对于这些知识产权的保护程度，现行法律并未给出足够的关注和保障。这不仅是对奥林匹克运动精神的损害，也是对全球体育产业发展的严重影响。

在现行的法律制度中，对于奥林匹克知识产权的保护主要体现在两个方面：版权法和商标法。版权法主要保护的是与奥运会相关的音像产品、图片和文字，而商标法则主要负责保护奥运标志和符号等。虽然，这两者在一定程度上保护了奥林匹克知识产权，但是却无法满足当今复杂化的知识产权保护需求。

首先，我们可以从两个方面来看现行法律对奥林匹克知识产权的保护程度：一是保护的对象是否全面；二是是否具有完备的权利救济机制。

从保护的对象来看，现行法律主要保护奥运五环标志和与奥运会相关的音像、图像和文字，但对赞助商的商业广告和与奥运会相关的其他知识产权并没有明确的法律保护，这明显不符合现代知识产权保护的要求。这也是为什么在现实中，有很多与奥运会相关的知识产权纠纷无法得到有效解决的原因。

从权利救济机制来看，现在的法律主要通过诉讼的方式进行救济，这对于知识产权的保护来说往往效果并不理想。因为知识产权的侵权行为往往难以察觉，而且侵权的行为也常常涉及多个国家和地区，这就使得诉讼的代价大增，难以实现有效的救济。

因此，现行法律对奥林匹克知识产权的保护程度显然还有很大的提升空间。对于这个问题，我们可以从保护的对象和救济机制两个方面进行改进。例如，可以在现行法律的基础上，加大对赞助商广告和与奥运会相关的其他知识产权的保护力度，同时也可以探索建立快速、有效的救济机制，以更好地保护奥林匹克知识产权。

此外，现行的知识产权法律制度也应该考虑到奥林匹克运动的全球性特点。面对复杂的国际环境，我们应该寻求国际间的法律协作，建立全球性的知识产权保护机制，以适应奥林匹克知识产权保护的需求。

通过对现行法律对奥林匹克知识产权的保护程度的分析，我们可以看到，当代体育法在奥林匹克知识产权的保护上还存在很多问题和挑战。这需要我们在法律研究和理论探索中，不断完善和丰富现代奥林匹克运动的知识产权保护体系，以此来推动奥林匹克运动的健康发展。

当谈到保护奥林匹克知识产权的法律问题及挑战时，必须首先明确奥林匹克知识产权的范畴。奥林匹克知识产权包括但不仅限于奥林匹克五环 logo、奥林匹克名称、吉祥物、口号、舞曲、主题曲等。这些具有商业价值的要素作为奥林匹克的象征，需尽可能地得到有效地法律保护，以维护国际奥林匹克委员会（IOC）及其相关权益人的合法权益。

然而，奥林匹克知识产权的法律保护面临很多挑战。突出的法律问题一是版权保护不力，剽窃抄袭现象频发；二是商标权保护漏洞，假冒伪劣商品层出不穷；三是图样权滥用，某些图样的独占性引发社会质疑。

对于版权保护不力的问题，虽然需要在立法和执法上作出相应改进和强化，但更为重要的是要诚信，尊重知识产权。一些剽窃或抄袭奥林匹克知识产权的现象，从根本上说，暴露了社会上对版权保护缺乏底线思维和法治意识。

商标权保护漏洞的问题，主要源于监管措施的不足和执行力度的不够。假冒伪劣商品的猖獗，甚至已经危害到奥林匹克知识产权的核心价值和品牌形象。在此，除了需加强对知识产权保护的立法，更应通过严厉的执法，形成一套有效的打击制假的机制，压实商家的违法成本。

图样权滥用的问题，往往引发社会纷争。一方面，图样权的独占性是知识产权保护的基本要求，但过度地挤压公众的利益，会引发社会对奥林匹克知识产权的争议。因此，有必要在法律上进行更精细的规定，界定各类情况下的图样权合理使用范围。

再者，在奥林匹克知识产权保护过程中，多元化的法律问题也引发了不少挑战。如何理顺知识产权与公众权利之间的利益关系、处理好利益相关各方之间的矛盾对立，这些全都需要我们在法律层面上进行深入探索。

作为行之有效的解决方案，我们需要在多维度上推进法治化的进程。在立法上，需要适时制定新的法律和调整现有的法律，确保其满足现代社会发展的需要，并能对奥林匹克知识产权进行全方位的保护。在执法上，应该加强监督和执行力度，下大力气侦破知识产权案件，让违法者付出沉重代价。

此外，为了在全社会营造良好的知识产权保护环境，公众的知识产权意识也十分重要。对此，我们需要加强相关的宣传教育活动，提高公众的法律意识，让他们知道尊重知识产权的重要性，并积极支持和配合相关的法律保护措施。

而对于奥林匹克委员会而言，他们也需要更加明确自己的知识产权保护策略，加强与各国相关法律机构的沟通和合作，以期更好地保护和实践其知识产权。

这些法律问题及挑战一方面展示了我们在知识产权保护上还需要付出更多的努力；另一方面也为我们提供了机会去寻求更多的法律解决方式和办法。我们相信，随着社会的进步和法治精神的提升，这些问题将会得到有效的解决。

提高奥林匹克知识产权保护的现实策略和建议是一个重要的议题。在全球化的背景下，知识产权保护显得尤为重要，特别是体育领域的知识产权，如奥林匹克知识产权，更是国际社会乃至各国政府关注的焦点。在提高奥林匹克知识产权保护方面，可从以下几方面进行探讨：立法保护、司法保护、行政保护、市场保护以及公众教育和意识提高等方面。

立法保护是提高奥林匹克知识产权保护的重要环节。建议各国政府在立法方面做出改革，增加与奥林匹克知识产权保护有关的法律条款，对侵犯奥林匹克知识产权的行为进行严厉的法律惩处。此外，可以考虑在立法上引入更为明确的保护规定，明确各种权益的定义、范围及其享有者，提高保护的明晰性。

司法保护在知识产权保护中起着关键作用，即使再完备的立法，也需要有强大的司法支持才能得以执行。各国政府应该提高对侵犯奥林匹克知识产权案件的审判效率和专业性；同时，通过严厉的刑罚措施，对侵权行为形成有效的威慑。

行政保护是另一个重要的环节，有可能涉及版权管理、商标注册、典当业务等多个领域。建议各级行政机关提高效率，减少烦琐的行政审批流程，具体举措可以包括建立统一的奥林匹克知识产权制度数据库，实现信息的快速共享和查询。

市场保护则要求商业组织、企业和公众共同参与。需提醒公众，尊重和保护知识产权，包括奥林匹克知识产权在内，是每个人的义务和责任。同时，据此建立健全市场竞争规则，对那些侵犯知识产权的行为进行商业惩罚，从而形成有效的市场保护机制。

公众教育和意识提高作为长效策略，也不可忽视。借助多种媒体平台，通过组织公益宣传活动等方式，提高全体公众对奥林匹克知识产权保护重要性的认识，激发公众参与保护奥林匹克知识产权的积极性，使得社会公众从被动接受法律规定，转变为主动遵守并肯定知识产权的价值。

提升奥林匹克知识产权保护的实践策略和建议多样且全面，关乎政策、法律、市场和公众四个层面。其中，任何一个层面的举措，都无法独立完成这项艰巨任务。唯有通过跨部门的合作，以及市场与公众的广泛参与，才能形成全方位的，强大的保护网络，最大程度地保障奥林匹克知识产权的稳定与持续发展。

二、奥林匹克运动反兴奋剂的法律措施

世界反兴奋剂机构（WADA）是对抗兴奋剂的全球主导机构，基于其职责和影响力，为奥林匹克制度文化提供了重要的法律保障。

在了解世界反兴奋剂机构的职责时，需明确其制定反兴奋剂政策、规定及流程的核心角色。WADA 的主要职责包括：制定反兴奋剂规则和政策，监督其执行情况；设置并管理世界反兴奋剂代码以及重要的标准和规则；监督各个成员国家及体育组织的反兴奋剂机构的工作；开展教育和研究工作，以防止和消除使用兴奋剂的行为；以及对官方实验室进行授权和监管，以确保他们在抓取的样本中检测兴奋剂的工作的科学严谨性和有效性。

对于 WADA 的影响力，不仅仅表现在其全球范围内的反兴奋剂行动，还体现在教育、训练和科学研究等领域。在教育方面，WADA 制订了各种政策和计划，以提高人们对服用兴奋剂的危害的意识，同时培养公众维护公平竞争的精神。在科学研究上，WADA 通过支持并推动各类研究计划，帮助预防和检测兴奋剂的使用，并在此过程中积极减少滥用兴奋剂对社会和体育项目的破坏。

另外，WADA 还拥有一种特殊的力量，即制定并实施惩罚措施。一旦运动员或体育组织被发现使用或协助使用兴奋剂，WADA 有权推动对其施以严厉的惩罚，包括资格取消、禁赛和罚款等，这种惩罚力量显著提高了运动员对违规行为的警惕性，对保障奥林匹克运动的公平性起到了至关重要的作用。

同时，作为全球唯一的反兴奋剂机构，WADA 对于国际体育运动中的公平性和清洁性的保护，具有不可替代的地位和作用。WADA 的存在和发展，意味着国际体育界对于公平竞争的坚持不懈，反映了世界各国对于公正、公平的体育精神的热爱和尊重。

在宏观层面，WADA 的职责和影响力还表现在全球范围内的政策影响和国际法规的实施。从这一角度来看，WADA 的存在对于确保奥运会这一全球最大体育赛事的公平性，以及保护和推动全球范围内的体育工作的公正性，都具有深远和广泛的影响和意义。

在此，我们能够看到，世界反兴奋剂机构的职责及其影响力在奥林匹克运动反兴奋剂的法律措施中具有不可忽视的地位和作用，WADA的存在和影响力极大地推动了全球范围内体育运动的公平性和公正性，为奥林匹克制度文化的良性发展提供了有力的法律保障。

奥林匹克运动反兴奋剂法律体系是近年来国际体育运动的重要组成部分，以其严明的法规和规定，对并未完全公开的"后台运动员"行为进行规范和制约，捍卫奥林匹克文化的公平、公正、公开精神。

在体育竞技中，公平是首要之本，规则是底线。但是，有些运动员和组织为了追求竞技成绩的提高，不惜采取非法手段，使用兴奋剂来提高运动员的表现。这种行为不仅违反了奥林匹克精神，严重损坏了体育竞技的公平性，而且对运动员的身心健康也造成了极大的伤害。

对于奥委会来说，保障体育公正、公平、公开是其神圣的责任。奥委会秉承着这一宗旨，始终坚决反对兴奋剂使用行为，为此，奥委会结合世界反兴奋剂组织等国际组织的相关规定，形成了一整套奥林匹克运动反兴奋剂的法律体系。

概括而言，奥林匹克运动反兴奋剂法律体系主要由预防教育、检测与处罚以及申诉与复议等三部分构成。预防教育是预防性措施，通过广泛普及反兴奋剂知识，提高运动员们的法制观念，以实现从源头控制兴奋剂问题的目标。检测与处罚是关键性措施，通过科学严格的检测程序，对于使用兴奋剂的运动员进行发现，并严惩不贷。申诉与复议则是保障性措施，为了保障运动员的合法权益，将其纳入系统的就诉程序。

然而，法律体系并非一成不变，随着科技进步和规则的发展，奥林匹克运动反兴奋剂法律体系也需要时刻更新，以适应新的挑战。目前，该法律体系面临的主要挑战是兴奋剂检测技术和规则的更新以及全球执行力的提升。因此，如何通过法律渠道提高兴奋剂检测准确度，如何确保全球各地都能够公正公平地执行这一体系，就成为重要的议题。

至于如何完善这一法律体系，可从以下几个方面开始考虑：强化国际间的合作，通过共享信息、资源和经验，来实现兴奋剂的准确检测；加强法律的制定和执行力度，确保每一个人都将受到法律的公正裁决；加大教育力度，使运动员意识到兴奋剂的危害，自觉遵守法规。

在这一过程中，我们应始终铭记矢志不渝的奥林匹克精神，把公平、公正、公开作为指导原则，通过法律的武器，捍卫运动员们的权益、捍卫奥林匹克的尊严、捍卫公众的信任。

奥林匹克运动反兴奋剂的法律措施是维护运动公平性的重要手段之一，其中，国际反兴奋剂法律条约与国内法律的衔接是一种涵盖多层次、多领域的法律行为和行政合作。这种衔接旨在将体育行业的反兴奋剂工作规范化，以实现公平竞争的体育环境，保护运动员的权益，维护奥林匹克制度文化的纯洁性。

在国际层面，由全球反兴奋剂组织（WADA）牵头推动的反兴奋剂工作，制定了达到国际性法律强制力的《世界反兴奋剂代码》。该代码为打击兴奋剂问题提供了文本基础和执行标准，凡是签署该代码的国家和地区，必须接受并执行该代码的规定，否则将面临被剥夺参与国际比赛资格的惩罚。

然而，虽然《世界反兴奋剂代码》具有广泛的权威性，但其实施需要得到各国的具体法律支持与配合，也就是国际反兴奋剂法律条约与国内法律的衔接。由于法律规定的具体实施依赖于各国的内政权限，因此需要国内法律为实施《世界反兴奋剂代码》做好配套。对于不同的国家和地区，实现国际反兴奋剂法律条约与国内法律的衔接，主要需要依据《世界反兴奋剂代码》进行立法或修订现有的相关法律，使国内法律与国际反兴奋剂法规相一致。

实现国际反兴奋剂法律条约与国内法律的衔接还需要建立起完整的法律机制，包括教育防范、监测检测、追责惩罚等多环节。在教育防范环节，要依法进行反兴奋剂教育，提高运动员和公众的法制意识。在监测检测环节，要依法扩大检测范围和频次，建立高效的检测系统。在追责惩罚环节，要依法对使用兴奋剂的运动员、教练员等进行惩罚。

总体而言，国际反兴奋剂法律条约与国内法律的衔接是一个复杂且长期的过程。它的终极目标是通过全球范围内的法律联动和配合，实现对反兴奋剂工作的全面治理，确保体育运动的公平性和纯净性。因此，各国政府和体育机构应认清这一工作的重要性和紧迫性，加大教育宣传、法律监管、科技支持等多方面的力度，共同推进国际反兴奋剂法律条约与国内法律的有效衔接，为奥林匹克运动的健康和可持续发展创造有利条件。

兴奋剂在体育比赛中的应用一直以来都是备受争议的问题。提到兴奋剂，人们更多的关注点可能在于其对运动员身体健康的影响以及公平竞争原则的破坏，而在兴奋剂问题背后，更深层次的是兴奋剂检测技术与法律策略的现状与挑战。

在兴奋剂检测技术上，我们应该优先考虑其及时性、准确性和公正性。及时性，是指检测应能在比赛期间或比赛之前完成，以防止有兴奋剂违规行为的运动员参赛，并保护公平竞争的环境。准确性，是指检测结果要尽可能地接近真实情况，避免出现误判或漏检的情况。公正性，是指兴奋剂检测要针对所有运动员公平进行，防止部分运动员因为种种原因逃避检测。

然而，当前的兴奋剂检测技术面临着一些挑战。其一是兴奋剂种类的增多，使得检测变得更为困难。新型兴奋剂种类繁多，并且在持续扩大，这使得检测工作的难度不断提高。其二是兴奋剂的使用方式不断变化，也增加了检测的难度。例如，有些运动员可能使用微量固定频率的方法来使用兴奋剂，使得兴奋剂在体内的存在时间变得更短，难以被检测。其三，检测方法的局限性也是一大问题，例如，血液检测和尿液检测不可能检测到所有类型的兴奋剂。为了解决这些问题，我们需要对现有的检测技术进行全面的提升和改进，研究更为精确、先进和高效的检测方法。

兴奋剂的法律保障策略，着眼于对运动员的公平权益，选手应有权对检测结果提出质疑，甚至要求重复检测。这不仅可以保护运动员的合法权益，更能通过制度保障，使兴奋剂检测更具公信力和权威性。同时，兴奋剂检测中的误判与漏检问题，也需要引起重视，误判可能会误伤无辜的运动员，损害其职业生涯，甚至影响其名誉；漏检则可能使违规运动员逍遥法外，破坏公平竞争环境。

然而，法律保障策略的实施也面临着诸多挑战。在整个案件处理过程中，如何对违规的运动员处以适当的处罚，以起到警戒和惩戒效果，是一个需要权衡的问题。同时，如何保护运动员的基本权益，包括出庭陈述权，获取证据权等，也是法律保障策略面临的重大挑战。此外，还必须注意避免法律保障策略的实施过程中出现的任何形式的歧视或不公平待遇。

在理性地看待兴奋剂检测技术与法律策略的现状与挑战的同时，我们应认识到尽管检测技术和法律策略都在不断发展和完善，但仍然存在着难以短期解决的问题。因此，除了不断发展和完善这些策略，还需要更多的有关各方积极参与，包括运动员、教练、医生、科研机构、相关的政府部门以及广大公众，共同努力，以提高兴奋剂检测的科学性和公信力，加强法律保障，形成社会各方共同抵制的强大力量，净化运动环境，让公平竞技的阳光普照每一片绿茵场。

第三节　奥林匹克运动法律纠纷的解决机制

一、奥林匹克运动法律纠纷的类型与处理原则

奥林匹克运动法律纠纷，作为体育领域中的特具法律复杂性、公众参与度高和影响范

围广的一类纠纷，早已引起了各方面的高度关注。其主要类型大致可分为以下几类。

其一，运动员权益保护相关的法律纠纷。运动员是奥林匹克运动的主体，他们的权益保护直接关系到奥运运动的公平公正。例如，对运动员竞赛权、训练权、健康权、名誉权、利益权的保障，以及运动员遭受伤害、滥用药物等行为产生的纠纷。

其二，商业开发和市场运作相关的法律纠纷。伴随着奥林匹克运动的市场化和商业化，相关的广告投放、赞助签约、品牌授权、版权传播等业务环节也可能产生纠纷。例如，商标权、著作权、肖像权、名誉权等方面的纠纷。

其三，赛事组织和管理相关的法律纠纷。这种类型的纠纷一般涉及赛事组织方、参赛者、裁判等多方主体，问题涵盖赛事规则的制定、底线的设定以及执行等多环节，比如，奥运会投票选址、赛事规则违反、裁判判定问题等。

处理奥林匹克运动法律纠纷的原则主要包括：一方面依法公正公开、客观公正的处理纠纷，以体现和保护合法权益；另一方面，考虑到运动的特殊性，有些情形下根据奥林匹克宪章和相关规则进行处理，这既体现了体育赛事的特殊性，也是对涉体育运动员，组织等特殊群体的人权保障。然而，无论何种类型的法律纠纷，处理原则和机制的设计，显然需要在尊重运动员的权益、维护赛事的公正公平、保障赞助商的合法权益、促进奥林匹克运动健康发展的价值取向中进行。

奥林匹克运动法律纠纷，严格来说，不仅仅是体育运动的一种矛盾冲突表现形式，也是社会规范和法律规定的体现。法律应对这些纠纷进行定义和规范，通过法律和法规来设定运动员，赞助商，赛事组织者等主体的权责关系，及时、公平地解决这类纠纷，避免对运动员法律权益的损害以及对赛事公正公平的破坏。

理解奥林匹克运动法律纠纷的主要类型和处理原则的重要性，以及正确做法，不仅能够帮助运动员，赛事组织者，赞助商等各方在面临法律纠纷时，有更为正确和专业的处理方式和思路，也能够更好地推动奥林匹克运动的健康发展，实现运动公平、公正的核心价值。这也是我们所有深入研究和分析奥林匹克运动法律纠纷主题的初衷和最终目标所在。

破解运动法律纠纷的关键，首先在于理解处理原则。它是解决运动法律纠纷的指南针，也是在法律条文下，实际执行法律如何取舍、、何去何从的方向标。在这一主题中，将着重讨论法律纠纷的几个类型，以及处理这些纠纷的基本原则是什么。

奥林匹克运动法律纠纷的类型大致可以分为竞技体育纠纷、市场经济纠纷以及社会文化纠纷。竞技体育纠纷主要涉及运动员、教练、赞助商、观众等各方之间的权益冲突，包括运动成绩、运动员转会等问题。市场经济纠纷主要涉及到广告、转播权、商品代言等商业争端。社会文化纠纷则包括贩卖假冒奥运商品、非法盗播奥运电视、侵犯奥运知识产权等问题。

理解处理原则，首先要明确纠纷的本质，即要清楚纠纷的是什么，同时要理解纠纷的背后原因。打破常规的思考，不必拘泥于纠纷的表面表象，而应深入到纠纷的背后。其次，解决纠纷需要考虑到所有相关方的权益，坚持公平原则，必要时要充分倾听各方的意见，然后做出公平的判断。另外，解决纠纷还需要考虑到局部和整体的关系，作出的决策要能够兼顾局部利益和整体利益。在法律处理中，还需坚持合法和公正原则，及时地对法律纠纷进行调解和解决，让法律发挥应有的效用。

破解运动法律纠纷的关键在于坚持公正公平、扬弃权宜之计、持久不衰，有的放矢。运动法律纠纷的解决过程要按法非分明，科学公正的手段前行，既要保证奥运精神的传承和光辉，也要维护相关各方的权益。在奥林匹克运动法律纠纷处理中，尤其要把握的是公平公正。一切的决策，应以公平公正为首要目标，维护各具体体育主体的个体权益，保持相应社会次序的正常运行。在面对纠纷时，破解的关键也需要看到实施规定背后的精神，那就是公平公正，并有其持久不衰的力量。

综上所述，我们可以看出，运动法律纠纷处理的关键在于理解处理原则，根据公正判断处理的规则，把握公平原则和符合奥林匹克精神的处理方式，依次破解运动法律纠纷。运动法律纠纷的解决，需要公正公平、客观准确的原则和方法，也需要准确无误的知识和理论指引，秉持的是公平公正而非简单的权宜之计。这是体育赛场上准确无误的精神原则，也是运动法律纠纷解决的一种指导思想，它提供一种基于公正公平的处理机制，使我们能够更好地处理这些复杂的问题。

奥林匹克运动赛事之中，比赛规则违规事件乃是最普遍的法律纠纷类型。其涵盖的范围十分广泛，包括使用兴奋剂等非法药物、以不公平的方式对抗、不遵守比赛规则等情况，都可能引发运动法律纠纷。这种类别的法律纠纷，无论在奥运会还是其他世界级体育比赛中，都能见到其影子，其普遍性和重要性都是不言而喻的。

由于各项体育运动在规定和性质上各不相同，对比赛规则的遵守也就呈现出了多样性。有的竞技项目要求高度的公平性和公正性，一旦有运动员违反比赛规则，可能对比赛的公正性造成直接冲击，也可能影响到其它运动员的利益。例如，在足球比赛中，故意犯规、手球等行为就可能构成侵权行为。

同时，比赛规则违规也可能涉及到更复杂的法律问题，比如，使用兴奋剂等违禁药物。如果运动员在赛事中被检测出服用兴奋剂，不仅可能被剥夺比赛资格，其所在的团队和教练也可能因此承担责任。这一类的违规行为会触动更多的法律问题，除了体育法之外，还涉及药品法、刑法等多个方面。

处理这类法律纠纷的原则上首选以和解为主，尽量以非诉讼方式解决问题。在大部分情况下，由运动员对比赛规则的违规行为后，会被其所在的运动团队或组织进行内部处罚，如罚款、禁赛等。如果双方无法达成一致，运动员有权向其所在国家或地区的体育法庭提出申诉。

对于涉及药物违禁等更复杂的法律纠纷，常常需要引入专业的体育仲裁机构，如国际体育仲裁法庭（CAS）。CAS 的决定广泛受到国际社会的认可，被视为最终裁决。一旦CAS 作出判决，运动员必须服从，否则将面临更严重的处罚。

对于比赛规则违规这类普遍的奥林匹克运动法律纠纷，建立科学合理的解决机制和处理原则是十分必要的。尽快解决纠纷，最大程度地保护合法运动员的比赛权益，营造公正、公平、公开的赛事环境是所有运动赛事、组织、运动员和公众的共同期待。同时，它也是维护奥林匹克精神，推进体育运动健康、有序发展的重要保障。

奥林匹克运动是全球最大的体育盛事，其中包含的竞技体育项目多种多样，选手来自于全球各地，每一次的比赛都吸引着全球观众的关注。在这个过程中，维护一个公平公正的竞技环境至关重要。因此，规则制定者和执行者需要充分理解奥林匹克运动法律纠纷的类型，并根据处理原则详细地处理这些纠纷。

公平公正是奥林匹克运动的核心价值之一，也是其法律处理原则的关键因素。在这个环境中，每一位参赛选手都有权利在同等的条件下进行比赛，并享有公平的处理任何可能出现的法律纠纷的权利。公平公正不仅可以激发运动员的竞技精神，更能确保比赛的公正性，增强观众的观赛体验。

让我们首先看一下奥林匹克运动法律纠纷的类型。常见的纠纷主要包括赛事裁决争议、选手资格问题、使用禁药等道德问题、运动员权益保护、奥组委与各成员国的关系问题等。这些问题的存在，都可能对公平公正的竞技环境构成威胁。

在处理这些纠纷时，公平公正的原则是至关重要的。无论是对裁判的判决，还是对遭到禁药指控的运动员的处理，都需要严格遵循该原则。对每一起纠纷进行公开、透明的调查和处理，岂论涉及者的身份地位如何。在处理过程中，并非只是依赖法律条文，更需要借鉴过往的经验和案例，注重实质的公正。

然而，公平公正并不仅仅体现在处理纠纷的阶段，更应从预防纠纷的阶段做起。这就需要在运动的规则制定、裁判员的选拔、赛事的组织等层面坚持公平公正。例如，各项运动的比赛规则应当公开透明，裁判员的选拔应当公开公正，赛事的组织应当公平无私。

总的来看，在奥林匹克运动法律纠纷处理中，公平公正原则体现重要性。它不仅是一种法律原则，更是体现体育精神的一种方式。那种尊重规则，公平比赛的精神，才是奥林匹克运动的真谛，也是奥林匹克运动赢得全球观众喜爱的重要原因，奥林匹克运动法律纠纷的处理，不能只关注规则的执行，还要坚守公正公平的原则，这样才能让比赛真正体现出体育的核心价值。这也是任何一个法律制度，特别是体育法律制度，应当坚持的原则，只有这样，才能让体育赛事真正实现公平，体现出体育的价值。

保护运动员权益是奥林匹克运动法律纠纷处理原则之二，在这一原则下，所有的奥林匹克运动法律纠纷的解决都应该以保障运动员的权益为首要的考虑因素。奥林匹克体育竞赛中，运动员是一个不可替代的角色，他们的权益保护至关重要。明确自身的权益，理解相关法规，是他们能够在规则之下公平竞赛，积极发挥的重要保障。

运动员权益的保护，不但涵盖经济上的补偿和奖励，也涉及他们的名誉权、人格权等。具体来看，经济权益指的是运动员在参与奥运比赛过程中所取得的奖金、代言费、广告费等。名誉权以及人格权主要指运动员的名誉不受损害，以及他们的个人隐私得到尊重等。在奥林匹克运动法律纠纷的处理过程中，处理机构应严格遵循这一原则。

奥林匹克法律纠纷处理机制作为一个独立的法律体系，对保护运动员权益的问题有着明确的法律规定。一方面，有关机构必须制定公平、公正的规则，保障每一位运动员拥有平等的比赛机会，此外还应提供合理的训练和竞赛环境、提供维护其生命安全和身体健康的保障措施。另一方面，该制度还规定了运动员在竞赛中如遭受不公平待遇、权益受损时，有权进行申述、投诉，并对赛事行为进行复议和仲裁。

在解决奥林匹克运动法律纠纷的过程中，维护运动员的合法权益就是通过各种机制和方法，尽最大努力减少或者消除运动员在奥运会比赛过程或者比赛准备过程中可能受到的各种损害或者不利影响。

运动员之所以能够在赛场上全情投入，奉献精彩的比赛，是因为他们相信比赛的公正，相信自己的权益得到了严格的保障。当他们在比赛过程中遇到任何问题时，还可以依赖有力的法律手段来维护自己的权益。这种权益保障的环境，正是奥林匹克精神得以延续的重要因素之一。

然而保护运动员权益并不是一件易事，需要得到各方面的共同努力，包括奥委会、各国运动员协会、相关的法律人员，甚至是公众的视角和关注。事实上，这不仅仅是法律问题，更是关乎到体育精神的核心之处。

全力保障运动员的权益，是我们对奥林匹克精神的应有之义，是对公平、公正竞赛的坚持，也是对运动员自身尊严的高度尊重。法律总是以最严肃的态度对待每一个运动员，我们应该以此为鉴，切实做好运动员权益的保护工作，让他们在赛场上无后顾之忧，全心全意为比赛、为国家贡献出最佳的自己。

二、奥林匹克运动法律纠纷的解决途径与程序

奥林匹克运动法律纠纷的性质和特点，无疑是理解其解决途径与程序的关键。从一个更正式和系统的角度去研究这一主题，是有助于更深入理解当代体育法的实践运用，同时为应对实际问题提供理论指导。

首先，要认识到奥林匹克运动法律纠纷的性质，建立在奥林匹克精神的基础之上。奥林匹克精神强调公平、公正、公义的比赛环境，使得奥林匹克运动法律纠纷着重于维护公平竞争，保障运动员权利，以及维护竞赛的公正性。这一性质，对于确定解决纠纷的途径以及运用何种法律原则及程序具有突出的重要性。

奥林匹克运动法律纠纷的特点则多元而复杂。对于具有跨地域、涉及多元文化和法律背景的奥林匹克运动法律纠纷，通常面临法律适用及诉讼管辖的问题。同时，鉴于运动规则的特殊性和技术性，如何在司法审判中准确理解和应用运动规则，以及如何对运动员举证责任、证据标准等进行合理规定，都构成了该类纠纷的主要特点。这些特点，既决定了解决途径的选择使用，又对程序的设计提出了特殊要求。

纠纷的解决，显然需要有充分的理论指导和实践操作。基于奥林匹克运动法律试纠纷的性质和特点，我们得出其解决途径与程序的理论洞察。

解决路径可借鉴之处在于尊重体育法律的特殊性，即体现体育公正、公平、公开的原则。奥林匹克运动法律纠纷的解决，需要依靠专门的体育仲裁机构，如国际体育仲裁法庭、国家体育仲裁机构等，它们以保确公正公平的体育比赛为宗旨，具有严密的审理程序、专业的仲裁员队伍和独立的裁决权利。

解决程序需要体现尊重国际公约的原则，追求法律的统一和效率。一方面，遵循"奥林匹克宪章"和各项国际公约的相关规定，特别是对运动员的权利进行充分保障；另一方面，注重解决途径的高效性和时效性，往往采用快速而合理的程序来决定纠纷。尽管奥林匹克运动法律纠纷的性质与特点，造就了其解决路径的独特性，但基于该领域对公平公正的追求和尊重各方权益的原则，我们应当以更高的法治理想，构建更加规范的解决机制，保障奥林匹克运动的公平、公允和公开。

《奥林匹克法院和国际体育仲裁法庭的应用》是奥林匹克运动法律纠纷解决途径与程序的重要组成部分。该主题主要关注这两大国际体育法律机构在解决运动纠纷中的运作机制，以及它们如何在奥林匹克运动中发挥法制保障的作用。

奥林匹克法院（formally known as the Court of Arbitration for Sport，CAS），是由国际奥

林匹克委员会（IOC）于1983年设立的，主要任务是解决因体育竞赛而产生的法律纠纷，包括运动员使用兴奋剂、竞赛结果争议、运动员参赛资格、运动员权益保障等问题。奥林匹克法院的设立，旨在建立一个公平、独立、专业的机构，为运动员提供高效、公正的纠纷解决服务。奥林匹克法院在处理相关案件时，不仅需要遵循普遍的法律原则，同时还需符合奥林匹克精神和体育特性。

国际体育仲裁法庭，又叫 Sports Arbitration Court（SAC），是国际奥委会在奥林匹克法院外设立的一个独立机构，主要负责处理国际体育纠纷。相比于奥林匹克法院，国际体育仲裁法庭处理的案件范围更为广泛，可以包括运动员、教练、裁判、余暇与职业体育组织之间的纠纷。国际体育仲裁法庭致力于提供专业的法律服务，以确保运动竞赛的公平公正。

奥林匹克法院和国际体育仲裁法庭，作为奥林匹克运动法律纠纷解决途径与程序的重要组成部分，其作用在于通过法律的手段建立公正公平的竞赛环境；维护参与运动的各方权益；并对运动竞技中出现的各种纠纷给予妥善、及时的解决。它们都强调独立审判和公平主义，旨在对奥林匹克运动和全球体育活动形成有效的法规保障。

对于奥运运动员来说，如果遇到运动法的纠纷，如遭受不公平的判罚、证明药检错误等情况，可以通过奥林匹克法院或国际体育仲裁法庭申诉。这些机构会适时进行调查，并依据相关规定进行决策，从而保障运动员的合法权益，维护赛场公平。

通过设立奥林匹克法院和国际体育仲裁法庭，有效地提升了体育纠纷解决的效率和公正度。在有效防止各种舞弊行为，保证运动竞赛真实公正的同时，也有力地维护了运动员的权益，激励了他们积极参与体育运动，更好地投身奥林匹克运动的庄严环境。而这，正是奥林匹克运动发展的基础和核心。因此，奥林匹克法院和国际体育仲裁法庭，是以法为桥，通过公正、公平的方式，提升奥林匹克运动制度的规范性和执行力。

体育竞技有其独特性，虽有广泛的社会认同和大众关注，但运动员的权益、赛事公平性、赞助商问题等进退两难的问题有时难以避免，需要在法律层面进行严密防控并有针对性地解决。奥林匹克运动，为世界顶级的体育大赛，其法规设计和纠纷处理手段格外引人关注，其遵循的规则和实践方法对其他体育竞事有着参考意义。

在国内立法中，解决奥林匹克运动法律纠纷的手段主要包括通过体育行政部门的介入与调解，例如，体育局是国内体育事务的官方管理机构，对各类体育纠纷有着初步调解权利。此外，填补法律空白的特殊法规也是一种手段，如《体育法》，明确规定了体育竞赛的基本规则和参与各方的权益，同时为特定竞赛设定了具体的法律维权渠道。中国的《体育法》在奥林匹克运动方面也有"体育赛事组织者应当与运动员、教练员等签订合同，明确双方的权利和义务"等特殊规定。

跨国立法方面，国际奥委会比较重视独立的仲裁机构，如国际体育仲裁法庭（CAS）作为解决奥运纠纷的主要机构。CAS 解决体育纠纷的方式主要包括诉讼仲裁和顾问仲裁两种。诉讼仲裁，又称为复议程序，主要针对对国际奥委会等国际体育组织的决定不满的申请复讨。顾问仲裁则主要是在争议发生前，为各方提供专业的法律意见。

此外，尽快解决运动员的不满情绪，降低赛事争议的影响，CAS 设立了专门解决奥运会期间纠纷的临时法庭。临时法庭所有裁决在仲裁庭作出裁决后立即生效，以尽快解决赛事中紧急问题。

国际奥委会还注重国际法和各国国内法律的有机结合，即通过奥委会和其他国际体育组织的规定，以及国家的相关法律、行政法规等手段共同协商解决奥林匹克运动法律纠纷。这主要包括精神和规则的相互尊重——奥委会规定了如何解决国际体育纠纷的程序，但具体解决途径还需要符合各国法律，也就是国际法和国内法要有机结合，实行双轨系统。

在纠纷解决环节，注重程序公正和尊重运动员权益，确保每个参与方有充分发表观点的机会，尽力做到公平、公正、公开。运动员和相关机构之间的权益关系处理要明确，同时要求各环节的公正公平。

至于选用何种方式解决奥林匹克运动法律纠纷，取决于纠纷的性质和相关方的选择。如果是纯业务性的问题，例如，赞助合同的争议，一般可由相关的司法机构进行审判。而对于涉及比赛规则，或是可能对运动员比赛资格产生影响的争议，CAS 的角色就显得尤为重要。

这是国内和跨国立法中解决奥林匹克运动法律纠纷的主要手段。奥林匹克运动法律纠纷的解决，不仅要考虑运动的公平性，还要充分尊重运动员的权益。建立完善的解决体系，可以帮助减少不必要的纠纷，保障赛事的正常进行，也是体育精神的重要体现。

优化奥林匹克运动法律纠纷解决的流程和步骤，首先需要我们明确奥林匹克运动的法律纠纷特性，以及之前存在的问题和不足。特性上，奥运纠纷具备国际性、专业性和复杂性，多发生在对运动规则的违法行为、运动成绩的争议和奥运权益的侵犯方面。而传统的解决方式，多是通过国际体育仲裁院或者公法法院解决，存在针对性不强、处理周期长、结果不公正等问题。

在此背景下，优化奥林匹克运动法律纠纷解决的流程和步骤变得尤为重要。具体而言，这包括设立专门的解决机构、建立科学的处理程序、完善相关的法律保障和提高处理的效率以及公正性等方面。

设立专门解决机构，对于大部分奥林匹克运动法律纠纷的解决，都需要一个专门的、对运动规则有深度理解的机构来进行处置。这样一来，不仅能够更好地解决专业性强、需要专门知识的纠纷，还可以为解决其他具有类似性质的纠纷，提供重要参考。

建立科学的处理程序，充分考虑奥林匹克运动法律纠纷的处理特性和敏感性，提出有序化、规范化的处理程序和步骤，不仅有利于澄清事实，还可以减少纠纷的发生，确保运动的公平公正。这个程序应该包括如何提交申请、怎样进行案件审查、如何进行听证以及判决等步骤。

完善相关的法律保障，是优化奥林匹克运动法律纠纷解决的另一个重要环节。具体包括制定全面的法律规定，为奥林匹克运动提供必要的法律保障，同时还需要定期修订和更新已有的法律，以适应奥林匹克运动的发展和变化。

提高处理的效率和公正性，要提高处理的效率，关键在于引入现代科技和信息化手段，比如，使用第三方仲裁软件、在线仲裁等方式，减少仲裁的时间和成本。而公正性的提高，需要确保仲裁员的独立性和公正性，防止任何形式的干预和利益冲突。

综上所述，优化奥林匹克运动法律纠纷解决的流程和步骤，是一个系统性的工程，需要各方面配合和努力，特别是体育员工、政策制定者和社会的力量，才能在实践中，不断完善和修正，最终实现公正、公平的解决奥林匹克运动法律纠纷的目标。

参考文献

［1］杨桦，仇军，陈琦，孙晋海，方千华，韩春利，周良君，王雷，钟建伟．新时代我国体育哲学社会科学研究现状与发展趋势——基于国家"十四五"体育学发展规划调研分析［J］．体育科学，2020，40（08）：3-26.

［2］韩勇．《民法典》中的体育自甘风险［J］．体育与科学，2020，41（04）：13-26.

［3］赵红松．水利工程施工中环境保护设计探讨［J］．河南水利与南水北调，2019，48（11）：12-13.

［4］陈华荣．实施全民健身国家战略的政策法规体系研究［J］．体育科学，2017，37（04）：74-86.

［5］吴建喜，李可可．巴西足球运动发展及对我国的启示［J］．北京体育大学学报，2015，38（04）：136-140.

［6］安徽省农村环境保护与治理研究［J］．经济研究参考，2013，（64）：3-57.

［7］马建华．推进水生态文明建设的对策与思考［J］．中国水利，2013，（10）：1-4.

［8］刘春华，李祥飞，张再生．基于政策工具视角下的中国体育政策分析［J］．体育科学，2012，32（12）：3-9.

［9］韩勇．体育伤害自甘风险抗辩的若干问题研究［J］．体育学刊，2010，17（09）：26-31.

［10］陈德旭．社会治理视域下我国农村公共体育服务体系建设与运行研究［D］．上海体育学院，2017.

［11］张文鹏．中国学校体育政策的发展与改革研究［D］．华中师范大学，2015.

［12］张一鸣．中国水资源利用法律制度研究［D］．西南政法大学，2015.

［13］张茜．南水北调工程影响下京杭大运河文化景观遗产保护策略研究［D］．天津大学，2014.

［14］张秀琴.气候变化背景下我国农业水资源管理的适应对策［D］.西北农林科技大学，2013.

［15］刘冠凤.聊城市地表水环境问题及对策研究［D］.武汉理工大学，2012.

［16］张晓琳.中美竞技体育管理体制与运行机制的比较研究［D］.北京体育大学，2011.

［17］王资峰.中国流域水环境管理体制研究［D］.中国人民大学，2010.

［18］康汉起.城市滨河绿地设计研究［D］.北京林业大学，2009.

［19］DL/T 5083-2010，水电水利工程预应力锚索施工规范［S］.